스페인 문학: 황금세기에서 은의 세기로

스·페·인·문·학

황금세기에서 은의 세기로

나송주

도서출판 월인

머리말

스페인 문학의 전성기는 '황금세기'라 불리는 17세기와 '은의 세기'로 불리는 20세기 초반이다. 황금세기 동안에는 근대 소설의 창시자라 불리는 세르반테스, 근대극 운동에 지대한 영향을 미친 로뻬 데 베가와 깔데론, 돈 후안이라는 인물을 창조한 띠르소 데 몰리나를 비롯하여 대표적인 바로크 시인인 공고라나 께베도 같은 작가들, 은의 세기 동안에는 가르시아 로르까, 우나무노, 안또니오 마차도, 후안 라몬 히메네스 같은 작가들, 이들이 스페인 문학의 전성기를 대표하는 작가들이다.

1부에 포함된 글들은 황금세기를 중심으로 구성되어 있다. 먼저 스페인 제국의 몰락에 대한 시대적 배경을, 궁정식 사랑의 전통과 스페인적인 수용, 세르반테스의 대표적인 작품들에 대한 해석을, 그라시안의 대표적인 작품인 『엘 끄리띠곤』, 공고라의 시와 고전 신화에 대한 해석 등을 그동안 관심을 가지고 있었던 분야에 대한 현대적 해석을 중심으로 쓰여진 글들이다. 내적인 모순과 갈등으로 가득 차 있던 시기에 영원한 구원을 향한 꿈과 그 좌절, 새로운 이데올로기의 등장으로 전통과의 사이에서 갈등하는 시대적 우울함, 변화와 전통 사이에서 갈등해야만 했던 시대에 대한 묘사이다.

2부는 은의 세기에 대한 글들이다. 20세기 초의 스페인은 18~19세기 동안의 고통스런 현실이 계속되었다. 마지막 남은 식민지마저 빼앗겨 버리면서 경제적·정치적으로 끝없는 쇠락의 길로 떨어진다. 이런 비극적인 현실을 타개하고자 일군의 작가들과 지식인들이 변화에 대한 개혁을 부르짖으면서 스페인 사회는 새로운 지적 운동이 일어나게 된다. 이런 사회적 분위기에서 17세기의 황금세기 문학에 영감을 받은 뛰어난 작가들이 등장하게 된다. 만약 스페인에 황금세기라는 문화적 전통이 없었다면 20세기의 독창성과 향토성을 현대적으로 표현한 작가들이 등장 할 수도 없었을 것이다. 이에 은의 세기를 대표하는 우나무노, 아소린을 중심으로 20세기 초의 스페인의 현실을 해석해 보았다.

마지막으로 3부는 스페인 문학의 동양적 요소를 다뤘다. 스페인이 위치한 이베리아 반도는 지리적 위치로 인해서 옛날부터 동양과 서양의 가교 역할을 하였다. 그리스・로마에서 시작해서 아랍의 지배까지 스페인의 기나긴 역사시대는 상이한 문명들이 끊임없이 서로 충돌하고 영향을 미쳤던 지역이다. 이러한 역사적 경험으로 인해 스페인은 주변 문화를 인정하고 수용하고 문학 작품들에는 여러 유형의 이질적인 문화가 녹아 있다. 이에 스페인 문학의 동양적 사고의 수용 양상들에 주목해서 비교 문학적 측면을 다루었다.

『스페인 문학: 황금세기에서 은의 세기로』는 스페인 문학에 관심 있는 모든 사람들이 흥미 있게 읽을 수 있는 글들이라 생각된다. 문학사적인 개괄적 소개가 지닌 따분함에서 벗어나 외국인이 현대적으로 해석한 스페인 고전에 대한 글은 스페인 문화를 이해하는 데 조금은 도움이 될 것으로 기대한다. 그러나 여러 가지로 부족하고, 반론을 제기할 수 있는 부분이 많다고 본다. 그런 비판과 반론은 필자의 부족한 경험과 한정된 지식에서 비롯되었음은 의심의 여지가 없다. 아무쪼록 독자 여러분의 따끔한 질책과 격려 바라며, 이것이 발전을 위한 첫 걸음이라고 여겨주시길 간곡히 부탁드린다.

마지막으로 졸저의 출판을 허락해 주신 월인출판사 박성복 사장님께 감사의 말을 전하고자 한다.

2009. 5. 10.

나 송 주

차 례

2부 은의 세기

1부 황금세기

I. 반종교개혁과 스페인의 몰락

1. 들어가는 말

문명은 시계추처럼 반복되거나 순환적으로 성쇠를 거듭한다. 유기체처럼 생성, 발전, 노화의 순환적인 단계를 겪는 문명의 역사에서 스페인도 예외가 아니다. 스페인은 17세기 세계의 패권자에서 주변부로 밀려나게 되는데, 그 쇠퇴의 원인이 어디에 있는가를 두고서 수많은 학자들 사이에 끝없는 논쟁이 계속되고 있다. 역사학자, 사회학자, 작가, 성직자들, 정치가들 심지어는 자연 과학자들까지 이 논쟁에 참여하여 각자의 관점에 따라 쇠퇴의 원인을 다르게 설명하고 있다. 스페인의 쇠퇴를 두고서 그처럼 논쟁을 불러일으키는 것은 그 원인을 크게 정치적, 사회적, 경제적 요인으로 설명하려는 사람들과 가톨릭의 반종교 개혁으로 인한 시대적 분위기로 돌리는 사람들 사이에 너무나 현격한 시각 차이가 존재하기 때문이다. 먼저 당시 스페인의 정치, 문화적 현상에 대해 수많은 글을 발표했던 트레보르 로퍼, 안또니오 도밍게스 같은 사람은 스페인 왕실 재정의 과다 지출, 계속되는 전쟁 비용, 경제적 불균형을 그 원인으로, 또 많은 역사가들은 까따루냐 지역의 반란, 록후아에서 스페인 보병의 참패, 포르투갈과 네덜란드의 독립, 피레네 평화 협정 등 암울한 외부적 현실, 이로 인한 사회적인 불안 등 정치적, 경제적 요인에서 찾는다. 이들은 왕실의 사치와 행정 분야에 종사하는 사람들의 증가 등 비생산적인 일에 모든 자원을 투입함으로써 자본 축적을 할 수 없었다고 설명한다. 반면에 17세기 과학의 쇠퇴를 기본적으로 종교개혁과 가톨릭 간의 종교적 갈등의 산물로 설명하는 입장에서는 과학과 반종교개혁의 신학적 이론 사이의 충돌로 인한 지적 능력의 저하와 창조적 정신의 죽음을 그 근거로서 제시하고 있다. 가톨릭의 세계관에 의하면 분명 신이 창조한 완전한 세계라는 기독교적 개념에 기반을 둔 세계 인식, 자아, 인간의 정신, 자연을 바라보는 인식 체계와 과학 사이에는 분명 간극이 존재한다. 얼마 전 생명 과학의 발전으로 여자 혼자서 남자의 정자 없이 임신 하는 실험이 성공했는데, 가톨릭 교리에 의하면 여성이 혼자서 임신 하는 것은 신이 인간에게 부여한 고유의 역할을 침범하고 자연의 법칙, 창조의 법칙을 넘어선다고 강하게 반발한다. 즉 과학이 창조의 법칙을 넘어서고, 반인륜적이고, 반자연적이고, 반종교적이라고 여기는 것이다.

17세기 스페인 과학의 쇠퇴에 대해 본 글에서는 과학과 가톨릭 사이의 충돌로 생각하고 이에 초점을 맞춰 살펴보고자 한다. 17세기 스페인 과학의 쇠퇴에 대한 원인을 경제적·정치적·사회적으로만 설명하는 데는 분명히 한계가 있다는 회의에서 출발한다. 경제적·정치적·사회적 요인들이 쇠퇴의 중요한 요소이지 결정적으로 영향을 미쳤다고 보기는 어렵다는 것이다. 그러므로 정신적인 요소를 포함한 시대정신이라는 좀 더 포괄적인 관점에서 접근할 필요성이 제기되는 것이다.

2. 동시대의 유럽

저명한 사회학자 소로킨은 『사회적·문화적 동학』이라는 책에서 문명 또는 문화를 관념적 문화와 감각적 문화 2가지로 구분한다. 그의 설명에 의하면 관념적 문화란 속성상 정신적이고 금욕적인 특징을 가지고 있고, 그래서 신학적이며 인간의 내적인 삶을 변화시키는데 일차적인 관심을 둔다. 반면 오늘날의 사회가 속하는 감각적인 문화의 경우 물질주의를 추구하며 외부 세계의 변화에 그 기반을 두는 등 합리적이거나 과학 지향적이라고 구분한다.[1] 그의 설명은 페터 슬로터디예크가 「종교의 탄생과 공간 윤리의 길」에서 현대 사회의 속성에 대한 설명, 즉 합리성, 개인의 자율성의 확인, 제도적 기관의 전문화를 특징으로 하는 사회 조직을 전제로 한다는 주장[2] 이나 막스 베버가 "가톨릭은 전통적으로 은둔적이며 영리주의에 별다른 관심을 보이지 않았음에 반하여, 프로테스탄트는 자본주의적 영리추구의 생활과 신앙, 그리고 초세속적인 금욕을 양립시킬 수 있었던 것이다."[3]라는 설명과도 같은 맥락이다.

과학 지향적인 감각적인 문화가 지배하는 세계는 더 이상 신의 섭리에 의해 움직이지 않고 과학의 법칙에 의해 움직인다. 갈릴레이의 지동설, 코페르니쿠스의 『천구의 회전에 관하여』는 종교에 대한 당대인들의 태도를 변화시켰고, 과학에 대한 꾸준한 관심을 증대시켰다. 특히

---

1) 모리스 버만, 『미국 문화의 몰락』, 서울: 황금가지, 2003년, 133-134면.
2) 이브 미쇼 외 38인 지음, 『문화란 무엇인가 1』, 서울: 시공사, 2003, 748-50면.
3) 김용준, 『사람・종교・과학』, 종교와 과학, 정진홍 외, 서울: 아가넷, 2000, 257-58면.

다이엘 에르비외 레제는 「새로운 사회, 종교, 신자」라는 글에서 현대성의 개념으로 1. 모든 행동에서 합리성을 강조한다는 것이다. 2. 인간의 행동을 통해 완벽하게 합리화되는 세상을 꿈꾸는 것으로, 우리가 세상과 맺고 있는 특별한 관계가 표현된다. 우리와 세상이 맺는 관계는 개인이 주체가 되어 살아가는 세상을 만들 수 있고, 개개인의 존재에 의미를 주는 작용을 스스로 만들어 갈수 있는 자율성의 확인으로 요약된다. 3. 제도적 기관의 전문화를 특징으로 하는 사회 조직을 전제로 한다. 이런 사회에서 정치와 종교, 경제와 가계, 법과 도덕도 분리된다고 설명한다. 다니엘 에르비외 레제, 이브 미쇼 외 38인 위의 책, 「새로운 사회, 종교, 신자」, 749면.

베이컨과 데카르트는 과학과 신학을 분리시켰고 인간 운명의 개선을 과학의 의무로 생각했다. 데카르트는 인간과 움직이는 물체를 기계구조로 설명하여 기계론적 우주관의 발전에 기여했고 갈릴레오는 자연의 언어를 수학으로 파악하여 가설에 입각한 수학적인 분석과 실험에 의한 확인 작업을 결합시켜서 움직이는 물체의 법칙을 설명하려 했었다. "갈릴레이는 자연적 모든 규칙을 수학적으로 설명하였다. 그가 주장한 과학의 의미는 어떤 대상을 연구하는 데 있어서 그 대상의 물질적인 특성, 즉 크기라든지 움직임 따위를 수로 표현하는 행위에만 국한되는 것이라고 주장했다. 과학의 대상은 모든 물체가 잴 수 있어야 하며 양으로 표현 가능한 것으로 한정된 것이다. 데카르트는 세상을 정신과 물질로 구분하여 설명하였고, 두 속성은 독립적이라고 주장하였다. 특히 그는 물질적인 세계를 기계로 파악 하였으며 전체보다는 부분을 강조하였다. 그러므로 데카르트의 주장은 종교와 과학은 서로 분석적으로 접근하고 분리시키고 사회는 이를 철학적으로 뒷받침 했던 것이다. "17세기는 신관에 있어서도 기계론적 세계관에 근거하고 있다. 뉴턴의 물리학이 지배하는 시대에는 이 우주를 하나의 결정론적 기계로 생각했으므로, 유물론자들은 물리학을 이용하여 자유의지, 신, 은총, 신성, 그 외에 정신과 유사한 모든 문제를 부정하였다. 자연 전체는 수학적 신의 수학 공식에 의해 만들어진 불변의 법칙들에 의해 창조되었다고 보았다. 때문에 이 세계의 신은 기계공, 설계사, 수학자라는 이미지로 귀결되었다"[4] 데카르트의 '나는 생각한다, 고로 존재한다'라는 말은 물질과 마음을 별개의 것으로 취급하는 물심이월론(物心二元論)을 의미한다.

합리적 추론과 실험으로 증명 가능하고, 사실에 입각한 방법론에 바탕을 두고 있는 이런 과학적 사고와 과학 이론은 기독교 교리와 충돌

4) 이형복, 김종우, 『종교와 과학』, 창조과학연구, 3권, 명지대학교, 2000, 31면.

하고 논쟁을 불러일으킨다. 특히 중세적 사고방식과 근대 과학적 사고의 차이는 권위에 대한 태도에서 극명하게 드러난다. "스콜라주의자들에게는 성서나 기독교 신앙의 교리 그리고 (거의 마찬가지의 수준으로) 아리스토텔레스의 가르침 등은 전혀 회의의 대상이 아니었다. 독창적인 사고는 물론 사실의 탐구조차도 이렇게 대담한 사변을 통해서 형성된 결코 바뀔 수 없는 한계를 넘어서는 안 되었다".[5] 권위에 대한 도전과 회의 같은 과학적 사고에 대해 가톨릭은 단호하게 대처했다. 연금술적 전통과 마술 같은 이교도적 사고는 위험하다고 여기고서 억압해 버린다. 반면 프로테스탄트 진영은 사회에 새로운 토대를 제공하기 위해 과학과 종교의 연합을 시도한다. 정치적 사고와 자연과학적 사고를 연결시켜 신학을 설명하는 것으로 이어진다. 조셉 폰타나는 그 예로 뉴턴의 스승인 아이작 배로를 든다. 그에 의하면 "자연계가 정치세계를 이해하는 데 필요한 모델을 제공한다고 주장한다. 그의 제자인 뉴턴은 이 우주-사회적 모델을 발전시켜 「하늘과 땅으로 이루어진 전체 자연계는 국왕과 인민으로 이루어지는 전체 정치계를 의미한다.」"[6] 라고 했다. 그의 주장은 자유주의 사상과 공화주의적 전통의 연속과 더 연결된다고 할 수 있다. 이런 새로운 사상들은 출판 기술의 보급과 함께 새로운 지식의 전파가 더욱 더 빠른 속도로 전파되는 것을 도와준다.

새로운 패러다임의 프로테스탄트 진영의 나라들에서 과학의 발전은 종교와의 분리를 바탕으로 이룩되었다. 과학이 종교에 예속되어 과학이 종교의 일부이었거나 과학과 종교가 일체였던 시대에서 과학 이론은 기독교 교리를 어긋나지 않는 범위 안에서 허용되던 시대에서 벗어나 새로운 사회로 진입했던 것이다. 즉 과학 혁명의 시대를 거치면서 신학적 이론에 종속되어 있던 자연에 관한 지식은 서로 분리 되었던

5) 버드란드 럿셀, 『종교와 과학』, 서울: 신천지, 1992, 17면.
6) 조셉 폰타나, 『거울에 비친 유럽』, 서울: 새물결, 1999, 201면.

것이다. "17세기의 과학혁명이 16세기의 종교개혁을 거치면서 이루어졌다는 사실은 부인하기 어려울 것 같다. 클라렌 교수가 지적한 대로 르네상스 그리고 종교 개혁을 거치는 동안에 사람의 사고 패턴이, 쿤의 용어를 빌자면 패러다임이 바뀐 것이다. 즉 구원의 종교에서 창조의 종교로 패러다임이 이행한 것이다. 바로 이 패러다임의 이행이 프로테스탄티즘의 윤리와 퓨리터니즘의 새로운 행동 강령을 탄생케 한 것이다. 바로 이 새로운 창조의 윤리가 17세기의 과학 혁명을 유발시키는 원동력이 되었던 것이다."[7)]

이제 유럽의 종교 개혁을 경험한 나라들은 비판 의식과 회의주의에 기반을 둔 과학주의 사회로 변화해 간다. 이들은 기존의 억압된 틀에서 벗어나 자유로운 세상을 만난이들처럼 왕권신수설이나 귀족적 질서 등 기존 정치사상을 무너뜨린다. 인간 중심적 세계로 나아가는 새로운 세계에서는 계급, 권력, 물질이 사회를 지배하고 종교의 권위를 더욱 약화시키는 요인이 된다.

3. 스페인의 상황

하지만 소로킨, 페터 슬로터디예크, 막스 베버의 분류에 의하면 17세기 스페인의 모습은 중세의 관념적인 사회의 연장을 시도하는 나라라고 할 수 있다. 스페인은 프로테스탄트 유럽의 이런 새로운 세계관을 '반기독교적' '파괴적인 것'으로 부정해 버린다. 왜냐하면 이런 과학적 정신이 불러일으킬 정치, 사회적 여파를 우려하여 과학에 대하여 반감과 우려를 가지고 있었기 때문이다. 또 웨스트 팔리아 조약에 의거 종교의 자유를 허락하는 것도 트렌토 공회에서는 가톨릭적 전통이 세속

7) 김용준, 앞의 책, 263면.

화되고 자유화되는 것이라고 생각했다.

생물학에서는 분류법에 대한 첫 시도들이 이뤄지고, 경험적인 생리학의 기초가 세워지고, 해부학은 갈렌의 전통적인 의학에서 벗어나서 새로운 시도들이 프로테스탄트 진영의 유럽 국가들에서 과학이 발전하는 동안 스페인은 과학의 발전에 대한 탄압을 행한다. 과학자들은 정치적이고, 사회적, 종교적인 이유로 그의 책들이 금지되고 탄압 받는다. 그리고 이때에 탄압은 더욱 강하고 직접적으로 행해졌다. 이런 과학 서적에 탄압은 금서 목록에 그대로 나타나 있다. 스페인에서 신학과 과학의 전개에 있어 1555년의 위기가 가장 큰 분수령이 된다. 세 차례에 걸친 트렌토 종교회의 결과 프로테스탄트와의 화해는 종말을 맞게 되고 이들에 대해 가혹하게 대처한다. 이제 분위기는 살벌해지고, 외부의 적들에 대해서 엄격해진다. 이런 과정을 거치면서 전통을 옹호하고 프로테스탄트의 싹은 잘라 버린다.

스페인에서 1555~60년을 지내면서 스페인 사회에서 신학자들의 역할은 더욱 더 중요해진다. 그들은 종교적인 것과 정치적인 것, 과학적인 것 사이의 관계의 망을 세우고서, 이교적인 생각들이 돌아다니는 것을 통제하고 믿음에 대한 순수성을 확립하고 외국 책의 판매를 통제하는 등 외국과의 사상의 교류를 회피하려 했다. 특히 1559년 펠리페 2세가 가톨릭 지역인 로마, 코임브라, 볼로니아, 나폴리를 제외하고 프로테스탄트를 믿는 나라에서 공부하는 것을 금지하는 법령은 외국과의 단절과 지적인 쇠퇴에 큰 요인이 된다. 게다가 발데스(1559년)와 끼로가(1583년, 1584년), 베르난도 산도발(1612년), 사빠따(1632년)의 금서 목록 발표는 이 기간 동안 유럽에서 일어났던 과학 혁명의 새로운 지식들과 사상들이 스페인에 유입되는 것을 근본적으로 차단하면서 스페인 사회를 더욱 암울하게 만든다. 발데스의 금서 목록과 끼로가의 금서목록에서 이교적인 것과 관련해서 제한적으로 금지 되다가 과학 서적에 대한 탄압은 산도발과 사빠따에 점점 더 급진적으로 이뤄진다.

유럽의 다른 나라들은 새로운 사상들과 지식으로 무장하고 새로운 시대를 열어 가는 반면에 스페인에서 과학과 신학은 서로 밀접하게 연관되어 자연세계의 과학적인 개념까지 깊게 관여한다. 17세기에 스페인의 과학에 대한 관여는 너무나 명백해서 그 증거를 찾는 것이 어렵지 않다. 심지어 금서목록을 만든 사빠따 자신조차도 의대를 졸업한 후 의사가 못된 이유는 의사고시를 통과하지 못해서가 아니라 '피의 순수성'(Limpieza de sangre) 증명서를 갖추지 못했기 때문이라고 한다.[8)]

1559년 발데스 금서목록부터 1707년 마린의 금서목록까지 759권의 과학서가 금지되었다. 이 정도면 전체 책 중에서 5~8%라고 한다. 이 책들 중에서 349권이 1560~1630년 사이에 프로테스탄트 작가들에 의해 출판되었다고 한다.[9)] 문제는 이 시기가 유럽의 기술과 경제적인 발전을 가능케 했던 과학 혁명이라는 분수령이 되는 시기라는 점이다. 하지만 그 시기에 스페인에서 과학의 연구는 의심스럽게 된다는 것이다. "예를 들어 1632년 990페이지에 달하는 사빠따의 두꺼운 금서목록은 과학 서적 122작품을 다시 더 이상 언급하지도 허가하지도 않고 삭제하겠다고 약속하는 것을 확인하는 것은 수치스럽게 되었다. 금서목록은 스페인에서 혁신적인 과학적인 기여라는 지식의 측면에서 종교재판소의 검열이 만들었던 무시무시한 간접적인 충격의 이유들 중의 다른 면이다.[10)] 종교재판관들은 코페르니쿠스의 이론이 스페인에서 알려져서 유통되는 것을 두려워했다. "종교재판소가 이런 종류의 책들을 금지했던 배경은 너무 박식하지 않던 민중이 거의 항상 신의 생각을 외곡하고 개인의 자유의지의 책임감을 억제 할 수 있는 믿음을 끌고 가 버리는 주문(呪文)과 다른 미신적인 이용을 하지 않을까하는 두려

8) Melquíades Andrés Martín y otros, *El siglo de Quijote (1580-1680)*, Madrid, Espasa, 1996, p.284.

9) Ángel Alcalá, *Literatura y Ciencia ante la Inquisición española*, Madrid, Laberinto, 2001, p.158.

10) *Ibid*., p.160.

움 때문이었다."[11] 르네상스 시기 살라망카에서 파리보다도 더 빨리 코페르니쿠스이 이론을 가르쳤다. 하지만 이제 이것은 옛날 이야기가 되 버렸다.

그래서 종교재판과 금서 목록은 과학 발전을 가로막는 하나의 원인 이라기보다는 쇠퇴의 표현이라는 말이 더 맞는 말 일 것 같다. "M. 갈톤은 종교재판이 엘리트 가족과 재능이 풍부한 가족들을 사라지게 만든 가족 숫자가 상당하다고 생각했는데, 그런 파괴는 산업, 예술, 문학을 마비시켰다. 동시에 스페인은 부정적인 의미에서 철과 불을 이용해서 가장 열렬한 양심과 가장 강한 의지를 제거하면서 ≪종교적인 선택≫을 실행했다.(…)"[12] 찰스 다윈의 스페인의 종교재판에 대한 생각을 봐도 종교재판이 스페인의 쇠퇴와 직접적인 원이 되었는지 알 수 있다. "스페인에서 3세기 동안 1년에 천명에 가까운 사람들을 제거했을 뿐이지만, 가장 유용한 사람들, 다시 말해서 사물들에 대해서 의심하고 그런 것들에 대해 토의했던 사람들을 제거 했고, 의심의 여지없이 진보는 불가능하다."[13]

금서 목록을 통해서 이교적인 교리의 출판과 성서와 배치되는 자연과학서의 출판에 대한 감시는 종교재판소의 임무 중의 하나이다. 특히 책을 통해서 새로운 사상이 도입된다고 보고, 새로운 책의 도입을 엄격하게 통제한다.

이런 시대적 상황으로 인해 유럽의 과학 지도에서 스페인의 과학자들이 나타날 수 없었던 것이다. 스페인의 물리학자, 천문학자, 수학자, 화학자들 중에서 코페르니쿠스, 갈릴레오, 케플러, 뉴튼, 파스칼과 경쟁할만한 학자들이 누가 있었는가? 과학 분야에서 전세계적인 과학자자

---

11) *Ibid.*, p.164.

12) Eduardo Zorita Tomillo, *Ideas para una interpretación de la decadencia española*, Oviedo, Universidad de Oviedo, 1968, p.80.

13) *Ibid.* p.92.

누가 있는가? 아메리카를 발견한 콜롬부스나 여행가, 정복자들을 빼고는 누가 있는가? 대답은 아무도 없다고 할 수밖에 없다. 혹자는 비베스, 수아레스, 페레이라, 모르시야 같은 과학자들을 언급하지만, 이들을 코페르니쿠스, 갈릴레오, 케플러, 뉴턴과 동급으로 비교한다면 수긍할 사람이 얼마나 있겠는가? 스페인은 정치적으로는 과학 혁명을 이끈 유럽의 나라들보다 훨씬 더 강력했고, 또 프로테스탄트 국가들과의 지리적 근접성을 이용해 상호 교류로 쉽게 새로운 문물을 접할 수 있는 위치에 있었음에도 불구하고 현실은 그렇지 못했다. 오히려 국경을 폐쇄하는 쇄국 정책으로 새로운 지식과 문물에 대해 문을 걸어 채워버렸다.

스페인 과학의 쇠퇴에 대해서 마송 드 모르빌리예가 『잉시클로페디 메쓰디크 Encyclopédie methodique』(1782)에다 '에스파뉴 Espagne'라는 논문을 기고하면서부터 본격적으로 시작되었다고 잘 알려져 있다. 그러나 안또니오 마르께스는 이미 16세기에 금서 목록의 문제와 함께 과학의 쇠퇴는 시작되었다고 지적한다. 그는 스페인에서 과학의 쇠퇴에 대한 원인과 시점을 두고서 1542년 다미안 데 고에스(Damián de Goes)와 세바스띠안 문스떼르(Sebastian Munster) 사이에 『지리 Geographia』에서 이스파니아(Hispania) 판의 묘사를 두고서부터 이미 시작되었다고 한다.[14)]

그 논쟁이 언제 누구에 의해 시작되었든 또 원인에 대해서도 다른 입장을 가지지만 그 논쟁의 한편에는 항상 종교재판소가 위치하고 있는 것은 확실하다. 모든 연구자들이 종교재판소가 사회·정치적 분위기 형성과 시스템을 통해 스페인 과학 발전에 방해가 되었다는 것은 공통적으로 동의하는 바이다. 종교재판소가 검열을 통해 과학의 발전에 행한 그 영향의 정도는 문제 될 수 있겠지만 그 자체를 무관하다고 하는 것은 극단적인 전통주의적 사고라고 생각된다. 그래서 호세 델

---

14) José Pardo Tomás, *Ciencia y censura, La Inquisición española y los libros científicos en los siglos XVI y XVII*, Madrid, CSIC, 1991, p.5.

페레호(José del Perojo)는 펠라요의 주장에 대해 아주 단호하게 반박한다: "종교 재판이 모든 권력을 장악하기까지, 스페인에서 문명의 선두에 서서 나아가면서 항상 최고의 재능을 가졌었다. (…) 그러나 이미 지적했다시피 종교재판소의 권력이 증가함에 따라 그들 이름으로 행해지는 잔인한 전쟁의 결과 (종교 재판소의 이름으로) 우리들의 이름 명성은 줄어들어간다. (…) 종교 재판의 장작불에서 사라져간 과학적인 실력을 가진 사람들 숫자는 헤아릴 수 없을 것이다. (…) 마침내 모두들 침묵했고 무덤의 고요는 우리들의 과학적이고 지적인 운동을 지배했다."[15)]

17세기 종교재판소가 과학자를 추궁하고 그들을 감옥에 가뒀다는 것이 과장된 주장이나 거짓은 아니다. "스페인에서 종교재판이 만들어낸 불행들 중의 하나는 과학, 문학, 예술의 진보를 방해한다는 점이다. 스페인의 종교 재판소 예찬론자들은 이 진실을 결코 인정하지 않으려고 했다. (…) 종교 재판소의 예찬론자들이 어떻게 프랑스, 영국과 산업화된 다른 나라들의 부를 만들어낸 정확한 과학의 근대적인 발견물들을 알 수 있겠는가? 어떻게 스페인에 현자들이 있을 수 있겠는가? 단지 종교 재판의 금지하는 법들만이 남아 있다. (…) 특히 종교재판이 있은 이후부터 기소되지 않은 뛰어난 문학가가 거의 없다는 것을 보면서 그런 위험을 무릅 쓰라고 용기를 북돋아 주는 사람은 거의 없다.[16)]" 호세 루이스와 마리아노 페셋은 "1583~1584의 종교재판관 키로가의 금서목록을 통한 스페인의 과학의 단절"이라는 논문을 발표한다. 그들은 세르베토, 아르나우 데 빌라노바, 아마토, 루시타노, 우아르테, 파라셀소, 아드리아누스 후니우스, 에스카리헤로, 헤스네르, 카르다노, 레인올드와 알버트에 대한 경우를 인용한다.

반종교개혁의 믿음에 충실했던 펠리페 2세와 3세대의 폐해를 느낀

15) *Ibid.*, p.8.
16) *Ibid.*, p.8.

펠리페 4세 때는 일시적이나마 종교의 영향을 약화시키고 사회를 세속화 경향으로 이끈다. 그는 너무 많은 성직자 수와 수도원은 농사와 상업에 종사하는 사람의 숫자를 감소시키고, 그 결과 사회의 생산력이 감소한다고 생각했다.[17] 하지만 이런 시도도 잠시뿐, 스페인 사회에서 그러 노력은 지속적으로 이뤄지지 못했다는 데 문제가 있다. 펠리페 4세와 카를로스 2세를 비롯한 대부분의 왕들은 과학에는 관심도 없다. 펠리페 4세 때가 예외적으로 가톨릭의 병폐에 대해 문제 제기가 되고 세속적인 문제 해결에 관심을 갖는 일시적인 시기였지 않나 하는 생각이다. "이곳에서 정부들은 거의 과학을 기억하지도 못하고 좋아하지도 않는다. 과학을 벗대로 주무를 때 과학의 불행이란! 지금 당장 과학적인 교육은 경제와 함께 가장 고통을 당한 결정인지 보도록 하자. 필요 없다고 하고서 산탄데르에 있는 생물학 연구소를 폐지해 버렸고, 지질 연구소와 통계청과 그리고 마드리드에 있는 기상청은 위태로운 순간을 거쳐야 했다. 여러 과학 단과 대학을 폐지하려고 계획하고 가난한 교수들의 월급을 더 깎으려고 한다.[18]

4. 다시 종교적 기준이 지배하는 사회로

위에서 보았듯이 스페인에서 반종교개혁은 단순한 종교적인 사건으로 그치지 않고 지적 정서적인 영역까지 포함한 총체적인 삶을 지배하는 문화적인 현상으로 퍼져나간다. 종교적 사고가 정치, 도덕, 예술 등 스페인을 전반적으로 지배하게 되는 것이다. 합목적, 가치중립적인 과학 및 기술의 변화에 대한 종교적 반동은 스페인 사람들을 침묵하게

17) R. Trevor Davies, *La Decadencia española 1621-1700*, editorial labor, S. A., Barcelona, 1972, pp.85-6.

18) Enrique García Camarero, *op. cit.*, p.402.

만들었고, 이런 양상은 하나의 시대정신을 형성하게 된다. 이와 같은 사회적 조류는 17세기 당대 현상으로 끝나는 것이 아니라 18세기와 19세기까지도 지속되었다.

이런 시대적 상황은 어느 개인의 문제가 아니라 시대적 상황에 기인한다고 봐야한다. 자유와 종교 간의 싸움은 처음에는 국내에서 그리고 국외에서 계속된다. 변화에 대한 노력이 좌절로 끝나자 절망으로 변한다. "교회가 위험시한 것은 이런 것들이 아니라 과학이 과학 자체뿐만 아니라 사회의 토대를 이루는 전통의 정당성과 권위에 대해 의문을 제기한다는 사실이었다."[19] 비슷한 맥락에서 버트란트 럿셀도 중세의 사고방식과 과학의 사고방식 사이의 차이는 결국 독창적인 사고를 어떻게 받아들이냐 또 권위에 대한 태도에서 찾는다. "과학의 명제들이 어떤 중요한 권위에 근거해서 참이 되는 가를 묻지 않고 오직 감각의 증거에 호소하여, 그런 명제들이 필요한 관찰을 하려는 사람들 모두가 접근할 수 있는 사실에 기초하고 있다고 믿는다. 이러한 새로운 방법은 이론과 실제적인 면 모두에서 커다란 성공을 거둔 반면, 신학은 스스로를 점차 과학에 순응시켜 나가야만 하였다."[20] 기대가 컸던 만큼 절망의 부피와 무게도 그만큼 커진다. 관용이 없는 나라에서, 종교적 근본주의 광기가 판치는 나라에서 과학적인 사고나 과학의 발전을 기대한다는 게 자연스러운 것은 아닐 것이다. 종교 재판소의 눈치를 볼 필요가 없는 루이스 데 레온, 산타 테레사, 산 후안 데 라 크루스 같은 신비주의 작가들이 나오는 것이 더 당연할 지도 모른다.

가톨릭 국가인 스페인은 프로테스탄트와의 대립이 격화되면서 16세기에 나타났던 개혁의 싹이 말라버렸다. 스페인에 커다란 반향을 일으켰던 에라스무스의 사고는 의심의 시선으로 바라봤고, 전통적인 사고와 교회의 제도에 고분고분한 것이 가장 아름다운 덕목으로 찬양받았다.

---

19) 조셉 폰타나, 앞의 책, 200면.
20) 버트란드 럿셀, 앞의 책, 18면.

물론 영국도 프로테스탄트에 불관용이 야만적인 힘을 발휘하였다. 또한 프랑스와 독일도 종교적인 피로 온 나라가 물들었다. 그러나 그런 나라들에서 경험했던 역사는 "그런 박해는 냉정하고 체계적인 잔인함보다는 분노와 폭력의 딸들이다. 그런 것들이 자유의 시기와 교체했다. 가끔씩은 문화에 어떤 혜택도 가져다주지 못하는 요소들이 유행하곤 했었다. 그렇지만, 그런 것들 어떤 것도 자유로운 사상의 발전을 방해하지도 과학의 발전에 어떤 결박도 하지 않았다는 점이다."[21] 이런 차이점이 영국, 프랑스, 독일에서 베이컨, 데카르트 뉴턴 같이 종교 사회의 뿌리를 뒤흔드는 사상들의 등장을 가능케 했던 것이다. 이들 나라들에서는 정치적인 세속 권력과 종교는 분리된다. 그렇다고 세속적인 정치권력이 깨끗하다거나 도덕적이라는 말은 아니다. 교회권력 보다도 더 폭력적이고 파괴적일 수도 있다. 그러나 이들은 다른 생각들이 같이 함께 공존한다. 예를 들어 프랑스에서는 1598년 낭트칙령을 통해 한정적이지만 종교적인 자유가 허용된다. 하지만 스페인은 교회권력에만 집착한다. "전쟁이나 평화시에, 그런 나라들에서는 승자나 패자, 박해자나 피해자들의 다른 신념이 공존했다. 여기에서는 죽음의 통일성, 무덤의 고요함이 지배했다"[22] 문제는 스페인에서는 종교재판소가 만들어진 이후 19세기에 폐지될 때까지 지속적으로 작동되었다는 점이다. 그런 지속성에 문제의 뿌리가 있다. 스페인에서 종교재판소가 프랑스나 독일에 비해서 상대적으로 관대롭다고 할지라도 그런 지속성 앞에서는 아무런 의미가 없는 것이다.

갈리레오의 주장에 대한 예수회의 멜키오르 인코페르(Melchoir Inchofer) 신부의 주장을 들어보면 얼마나 과학에 대해 반감을 가지고 있는지 단적으로 알 수 있겠다. "지구가 움직인다는 견해는 모든 이단설 주에서도 가장 혐오스러우며, 가장 사악하고, 가장 괘씸한 것이다.

21) Enrique García Camarero, *op. cit.*, pp.203-4.
22) *Ibid.*, p.204.

지구가 움직일 수 없음은 대단히 신성한 것이다. 영혼의 불멸성이나 신의 현존, 신자 성육의 교리 등에 반대하는 논증은 지구가 움직인다는 것을 증명하려는 논증에 비하면 오히려 관대한 처분을 받아야 한다."[23)]

유럽은 예술과 과학에 있어 상당한 진보가 이뤄지기 시작하지만 스페인은 이렇게 그 전 시대로부터 새로운 시대로 더 나아가질 못하고 있었다. 가톨릭의 수호자란 종교적 상징을 앞세우고 실속 없는 정치적인 전쟁을 일으키거나 유태인과 이슬람교도들의 추방과 강제 개종, 쇄국 정책을 실행한다. 창조적인 지성은 고갈되고, 정신적으로 빈곤한 이런 정책은 17세기 시대정신과 동의어로 받아들여진다. 그런 침묵과 공포의 뿌리는 종교적 요인에서 기원하고 있었던 것이다. 엘리엇은 스페인의 이런 모습을 다음과 같이 묘사한다. "대학들은 안에서 문을 걸어 잠그고 그 안에 쳐 박혔으며, 지식인들과 운동가들은 서로 따로 놀았다. 이런 현상이 초래한 가장 두드러진 지적 반향의 하나를 우리는 예술보다 더 집단적인 노력과 중단되지 않는 전통에 의존하는 과학의 영역에서 발견할 수 있다. 17세기 초에 연속성은 거의 확립되어 있지 않았고, 사회와 국가는 이 과학에 흥미를 잃고 있었다. 그 결과 카스티야의 과학은 소진되거나 지하로 들어간 소수 헌신적인 사람들에 의해서 그들에게 극히 비우호적인 지적 분위기 속에서 비밀리에 추구되었다."[24)] 종교적 요인에서 기원한 이런 분위기는 후세 스페인 사람들의 감성과 이념 형성에 일정한 영향을 미쳐왔고 아울러 일정한 행동양식을 형성하도록 작용해 왔다는 점에서 더 큰 중요성을 지닌다고 지적할 수 있겠다.

프랑스나 영국은 나중에 전통적인 종교와 다른 새로운 믿음을 수용하지만, 스페인은 끝까지 그들의 최후의 존재 이유로 전통적인 종교를

---

23) 버트란드 럿셀, 앞의 책, 40면.

24) 존 H., 엘리엇, 『스페인 제국사 1469-1716』, 서울: 까치, 2000, 438면.

든다.[25] 이 과업을 수호하기 위해 스페인이 그 중심지를 자임한다. 모따 신부의 말을 빌리면, 국왕 까를로스 5세는 '이 왕국에서 살고 죽기로 결정했다'라고 말할 정도로 왕은 신앙의 수호자였다. 이미 프로테스탄트 나라들은 새로운 과학 시대로 접어들었음에도 불구하고, 스페인은 시대에 뒤떨어진 가치관에 집착하고 있었다. 결국 까를로스 5세가 그의 제국을 종교화시키려는 이상은 현실화된다. 그리고 스페인은 비엔나, 튀니지, 알제리에서 터키에 대항에서 싸운다. 그리하여 예수회와 트렌토 공회의 스페인 출신 신학자들로 교회는 지배된다.

께베도는 당시 시대적 분위기를 반영하는 비행동적이고 과거지향적인 지성인을 비판한다. 그는 자신의 시대를 변화하는 시대가 아닌 침묵하는 시대로 규정하는데, 그의 말은 세상이 늙어가고 있다는 말이다.

> 용감한 정신이라는 것은 결코 없는 것인가?
> 우리는 말한 것을 언제나 후회해야 하는가?
> 우리는 불만에 대해서는 결코 말 할 수는 없는 것인가?[26]

이런 시대적 분위기에서 자유로운 사고를 통해 새로운 지식을 전한할 과학서가 나온다는 것은 불가능하다고 봐야 한다. 신교 운동으로 유럽은 과학 혁명을 겪고 있는 동안에 과학 지식은 스페인의 풍습, 통일성, 종교를 중대하게 해친다고 주장하면서 교회는 옛날 그대로 전통에 얽매여 살게 된다. 그리하여 '금서목록'이라는 효과적인 수단을 억압적인 통제 시스템으로 도입해서 새로운 사고와 표현으로부터 방어하고자 했던 것이다. 해로운 가치들로부터 사회를 보호한다는 명목으로 모든 책들에 대해 감시를 하게 되었고, 진보하는 듯이 보였던 현실은

---

25) Americo Castro, *La realidad histórica de España*, editorial Porrua, México, 1971, p.140.
26) 카를로스 푸엔테스, 『라틴 아메리카의 역사』, 서울: 까치, 1997, 213면.

점차 체계적이고 엄격한 검열을 받게 되었다.

5. 마치면서

종교적 믿음의 체계는 사람들이 가지고 있는 세계에 대한 시각에 영향을 미친다. 신학과 과학의 관계는 더욱 밀접했던 중세 때 이런 영향은 심하다는 것은 다 알려진 사실이다. 이 당시 신학과 과학은 단일한 시스템에 바탕을 두고 있었고, 믿음은 우주의 질서에 대한 모든 사고를 이끌었었다. 그러나 이런 관계는 자연 과학의 발전과 함께 커다란 변화를 겪게 된다. 과학의 발전과 종교적 믿음은 서로 충돌하고, 자연 현상 근대라는 긴 시간을 거치면서 천천히 그러나 지속적으로 믿음과 과학은 서로 분리된다. 우리는 이 둘 간의 분리를 당연하게 여기지만, 과학이 종교적 믿음에서 벗어난 지 얼마 되지 않았다는 점도 잊지 말아야 한다.

과학 발전과 종교를 너무 밀접하게 연관시켜서 문화를 해석하는 것에 반대하는 사람들은 정신적인 종교를 역사화시킨다고 하면서 비난을 한다. 이들은 사회적·경제적·정치적 측면에서 스페인의 몰락을 설명한다. 분명 이들의 반론은 타당성이 있다. 하지만 17세기 스페인 쇠퇴의 경우는 사회적·정치적이고 경제적인 요인보다는 본질적으로 종교와 연관시켜 해석해야 하는 측면을 지니고 있다. 물론 가톨릭, 반종교개혁, 종교재판으로만 돌리는 것도 편향된 시각이겠지만 종교는 사람들의 의식에 녹아들고 내면화되면서 집단화 되고 그러면서 시대정신을 이룬다. 따라서 17세기의 역사적·문화적 맥락 속에서 이뤄진 시대정신과 과학을 별개의 것으로 보는 주장은 현실과 종교가 유리되어 있고, 현실을 탈역사화 된 것으로 보는 것의 다름 아니다.

새로운 시대로의 급속한 변화의 시기에 이런 변화를 저지하려는 압제는 언제나 존재했다. 기존의 가치를 고수하려는 집단에 대한 투쟁은 정치적인 형태를 띠기도 하고 지적, 심미적, 도덕적인 투쟁의 성격을 지니기도 한다. 17세기에 유럽은 종교, 국가, 계급의 틀을 타파하고서 인본주의적인 추구와 과학이 바탕이 되는 실증적 사고를 삶에 있어 본질적인 것으로 추구된다. 그러나 스페인에서 종교는 더욱 강화되고, 과학의 급격한 발전으로 인해 새로운 역사관이 제시되는 프로테스탄트 국가들과의 간격은 더욱 심화되었던 것이다.

❑ 참고문헌

모리스 버만(2003), 『미국 문화의 몰락』, 서울: 황금가지.

이브 미쇼 외 38인 지음(2003), 『문화란 무엇인가 1』, 서울: 시공사.

김용준(2000), 『사람 · 종교 · 과학』, 종교와 과학, 정진홍 외, 서울: 아가넷.

이형복, 김종우(2000), 『종교와 과학』, 창조과학연구, 3권, 명지대학교.

버드란드 럿셀(1992), 『종교와 과학』, 서울: 신천지.

조셉 폰타나(1999), 『거울에 비친 유럽』, 서울: 새물결.

Melquíades Andrés Martín y otros(1996), *El Siglo de Quijote (1580-1680)*, Madrid, Espasa.

Ángel Alcalá(2001), *Literatura y Ciencia ante la INuisició española*, Madrid, Laberinto.

Eduardo Zorita Tomillo(1968), *Ideas para una interpretación de la decadencia española*, Oviedo, Universidad de Oviedo.

José Pardo Tomás(1991), Ciencia y censura, La Inquisición española y los libros científicos en los siglos XVI y XVII, Madrid, CSIC.

José Martínez Milán(Director)(1998), *Felipe II (1527-1598) Europa y monarquía católica*, Madrid, Editorial Parteluz, S. L..

Americo Castro(1971), *La realidad histórica de España*, editorial Porrua, México.

Francisco Olmos García(1970), *Cervantes en su época*, Madrid, Ricardo Aguilera.

카를로스 푸엔테스(1997), 『라틴 아메리카의 역사』, 서울: 까치.

Enrique García Camarero(1970), *La Polémica de la ciencia española*, Madrid, Alianza.

R. Trevor Davies(1972), *La Decadencia española 1621-1700*, editorial labor, S. A., Barcelona.

Juan Sempere y Guarinos(1998), *consideraciones sobre las causas de la grandeza y de la decadencia de la monarquía española*, Alicante, Instituto de Cultura Juan

Gil-Albert.
Miguel de la Pinta Llorente(1953), *La Inquisición española y los problemas de la cultura y de la intolelancia*, Madrid, Ediciones cultura hispánica.
Francisco Olmos García(1970), *Cervantes en su época*, Madrid, Ricardo Aguilera.

II. 공고라 시 속의 고전 신화와 바로크적 표현

1. 서론

경험적이고 합리적이며 실증적인 지식들에 익숙한 우리 현대인들이 신비한 안개처럼 존재하는 신성한 이야기들, 그리고 어린이들의 동화와 마법 이야기와 별 다를 게 없는 것처럼 보이는 오래된 이야기, 그것도 <그리스·로마 신화>에 열광하는 모습을 보면서 새삼스럽게 신화의 지속성에 경탄하지 않을 수가 없다. 또한 『해리포터』나 『반지의 제왕』의 환상적이고 매력적인 이야기들도 어렸을 적 많이 읽은 동화나 신화의 이야기 위에 첨단 기술을 이용한 이미지들을 가미했을 뿐, 신화의 뿌리는 변함없이 생명력을 갖고 있다. 이렇듯 신화의 서사 줄거리들은 오늘날에도 영화와 애니메이션, 광고에 이르기까지 지속적으로 차용되고 있는 것이다.

이런 신화의 지속성은 문학에서는 더욱 분명히 나타난다. 그리스 시대 소포클래스의 『오디프스』, 『안티고네』에서부터 시작된 신화 이야기는 20세기 카뮤의 『시지프스』, 제임스 조이스의 『율리시즈』까지 지속되고 있는 것이다. 문학 작품들은 신화를 자양분으로 상징성을 획득하고 시적 경지에 도달한다. 고대 그리스 시대의 신화 이야기와 모티브들은 여전히 문학적 이야기에 영감을 제공하고, 문학은 이를 더 가꾸고 다듬어 미학적 가치를 부여한다.

스페인 문학과 신화도 이런 흐름에서 예외가 아니다. 그리스·로마와의 지리적 근접성 때문만이 아니라 물질 문명과 지적·정신적 유사성 때문에 항상 직접적으로 영향을 받았다. 흔히들 로마인들은 스페인에 언어와 문화를 주었다고 말한다. 이는 곧 스페인이 오랫동안 로마의 통치를 받으면서 이베리아 반도에 살고 있던 부족들의 언어와 문화가 그리스·로마문화에 동화되었음을 의미한다. 16세기 지금의 영토를 근간으로 하는 국가가 형성되었을 때 이미 그리스·로마의 문화와 기독교가 스페인 사람들의 문화로 정착되어 있었다. 이런 역사적 배경으로 인해, 남유럽의 지중해에 접한 다른 나라들처럼 그리스·로마 신화를 공통으로 공유할 수밖에 없는 역사적 경험을 가지고 있다. 19세기가 지나고 나서야 비로소 그들 고유의 민족적 정체성을 찾으려는 의도로 잊혀진 민담, 신화 등 설화를 발굴하려 했지만 결국 스페인 사람들 사이에서 공유되는 신화는 그리스·로마 신화를 반복할 뿐이었다.

로뻬 데 베가를 비롯하여 까스띠예호(Castillejo), 뻬레스 시그레르(Pérez Sigler), 산체스 데 비아나(Sánchez de Viana), 갈베스 데 몬딸보(Gálvez de Montalvo), 바라오나 데 소또(Barahona de Soto)[1]같이 공고라와 동시대의 많은 작가들이 고전 신화를 시의 모티브로 사용했다. 공고라도 자신의 글쓰기 전략으로 신화적 모티브나 테마들을 주된 모티브로 사용했다. 하지만 기존의 시각은 공고라 시의 본질을 바로크적 과시주의로 정의하고, 라틴어의 사용, 신조어의 빈번한 사용, 도치법 같은 과시주의적 특성에 초점을 맞추어 그의 시를 분류해왔기 때문에 자연히 그의 시에 있어서 신화의 의미는 별로 중요성을 획득하지 못하였으며, 또한 그의 시에서 나타나는 신화 세계의 의미나 메시지에 무

---

1) Dámaso Alonso, *Góngora y El Polifemo*, Madrid, Gredos, 1994, p.157.

관심했다. 따라서 본 글은 기존의 공고라 시의 분석 방식에서 벗어나 그의 작품 속에서의 신화 세계를 새롭게 조명하고자 한다. 다시 말하면, 공고라에 있어서 신화가 그의 시 세계에서 차지하는 의미와 그것이 과식주의를 표현하는 수사법으로 이용되는가를 살펴보고자 한다. 이를 위해 먼저 신화의 의미와 지속성을 먼저 살펴본 다음, 17세기 사회적인 맥락과 그의 개인적인 경험과의 관계 속에서 신화가 그의 시에 어떤 의미를 지니고 있는지를 짚어볼 것이다. 이는 공고라 시 속의 신화를 통해서 역사적 존재인 인간의 유한성과 일회성을 초월하려는 꿈을 상상해 보는 기회이며, 동시에 의미 작용의 한 양식으로서 바로크 시대의 시학에 대한 연구이기도 하다.

본 연구에 인용될 작품은 그의 후기 작품으로 분류되는 『고적한 것들』(Soledades)과 『뽈리페모와 갈라떼아의 우화시』(Fábula de Polifemo y Galatea, 이하 '뽈리페모'로 약칭)이며, 이 작품들 속에서 그리스·로마 신화를 차용해서 그의 바로크적인 박식함과 전통적인 신화소들이 어떻게 17세기 사회적인 맥락에서의 기능을 수행하고 있는지 알아보고자 한다.

2. 신화의 의미와 그 지속성

2.1. 신화의 본 기능과 의미

원래 신화라는 것은 보이지 않으면서 초월적 힘을 갖고 있는 어떤 신성한 존재를 그리고 있기 때문에 '신성한 이야기'라고 할 수 있다. 그 신성한 존재들은 현실 세계와 분리되어 독립적인 영역을 갖고 그들의 고유의 법칙에만 종사한다. 즉 신화 속의 초자연계의 신은 인간사에 직접 간섭하면서 죽지 않는, 즉 신성과 인성을 함께 지닌 불멸의 존재들이다. 신화 속의 환상적인 초자연계와 현실세계는 별개의 세계가 아니라 하나였다. 또 이들은 자연의 속성을 지니고 있는 존재들로 저마다 한 가지에 능력과 단순한 성격을 지니고 있다. 즉, 호기심, 용감성, 무모함이라는 추상적인 성격을 지니면서, 바다나 태양, 달처럼 자연 현상을 각자 나타낸다. 그래서 이들 행동은 단순하고 명료하다. 테세우스의 임무, 파에톤의 예를 통해서 볼 수 있듯이, 신화 속 이야기는 주인공 한 명의 한 가지 능력과 성격에 집중되어있다. 예를 들어, 사랑은 큐피드, 전쟁은 마르테, 음악은 오르페오, 속도는 아트란타, 탐욕은 미다스, 남성적인 아름다움은 아도니스로 대표된다.

그런 신화에서 등장하는 불멸의 신들은 소위 '집단 무의식' 속에 저장되어 생동하기 때문에 이들은 언제라도 기억 속에서 되살려서 현실이 될 수 있다. 집단 무의식은 세상 사람들의 중요한 경험을 보존하며, 모든 민족들이 공유하는 상징과 심상과 우화의 저장소이다. 이는 상상적 삶을 한껏 재현시켜주는 한편, 시에 절대적 근원으로서 힘을 갖게 된다. 이런 기억을 통해서 신화 속의 인물들과 접촉하고 과거의 질서와 진리를 느끼면서 이들을 현실과 연결한다. 이런 과정 속에서 그가 살았던 당시와 과거는 무의식 중에 연결되는 것이다.

그래서 신화의 성격과 사회·문화적 가치에 대해서는 종교인류학의 전통을 따르는 말리노프스키와 비교신화학자인 뒤메질은 공통적으로 신화는 그 신화를 만든 공동체의 삶과 의례 믿음 등 집단적인 의식을 담고 있는 사회 문화적인 관계 속에서 이해해야 한다고 주장한다. 뒤메질은 비교신화학적 입장에서 다음과 같이 말한다. "신화들은 그 신화를 이야기하는 사람들의 삶과 단절되어서는 이해되어 질 수 없다. 그리스에서 신화들은 정치조직이나 사회 조작과 무관한, 의례나 법률, 관습들과 무관한 무록(無錄)의 극적 또는 서사시적 창조물이 아니다. 신화의 역할은 반대로 이 모든 것들의 근거를 대는 것(justify), 이 모든 것들을 조직하고 유지하는 대 사상들(great ideas)을 이미지(image)형대로 표현하는 것이다."[2] 또 베이컨은 『고대인의 지혜』라는 글에서 고대 신화들을 비전(秘傳)의 철학적 지혜의 보고로 여기고서 순전히 우화적인 해석을 부활시키려 했다.[3]

이렇듯 신화는 사회가 담고 있는 이데올로기와 가치관을 대변하기도 하지만 이와는 반대로 이들 인물을 통해서 그 당시 사회를 비판하고 있다. 신화학자 질베르 뒤랑의 경우도 신화를 신화적 담론은 과거의 단순한 재생이 아니라 가장 현대적인 담론이다. 아니 현재적 담론의 분배자이다. "한 문화적 총체의 풍경 혹은 풍토를 이루는 것은 바로 이 신화적 담론이다. 이 신화적 담론은 정연하게 정돈된 그 무엇이 아니라, 온갖 부조화, 기후 불순으로 들끓고 있는 가변체이며, 그 부조화 그 뒤섞임이 한 시대의 제반 양식들, 제반 문제들, 한 문화적 순간의 꿈들을 적시고 있다."[4]

융, 바슐라르, 질베르 뒤랑, 노드럽 프라이, 레비스트로스 등 이런 모든 신화학자들도 문학과 신화의 연관성에 대해서 서로 다른 의견을 개진하지만[5] 공동적으로 신화의 집단적 성격을 지적하고 사회적인 문맥과 의미와의 관계 속에서 해석한다. 개인의 주관적인 표현임과 동시에 역사적 상황과 사회적 의미를 두루 총괄하는 의미로 자리 매김 한다.

2.2. 문학적 신화와 그 지속성

그리스·로마 신화는 유럽의 전통 유산으로 오늘날까지도 유효하다.

---

2) 김현자, 「신화 연구 방법의 모색을 위한 성찰」, 『구비문학연구』 제 13집(2001. 12.31), 297면에서 재인용

3) 김병익 외, 『문학과 신화』, 서울: 예림기획, 1998, 103면.

4) 진형준, 『상상적인 것의 인간학 - 질베르 뒤랑의 신화 방법론 연구』, 서울: 문학과 지성사, 1992, 113면.

5) 질베르 뒤랑은 문학과 신화의 연속성에, 프라이는 신화를 원형으로 삼아 문학은 이를 변형시킨 것으로 말한다.

신화 비평가들과 인류학자들은 각 시대마다 그것의 의미와 가치를 다르게 수용하고 있다고 설명한다. 스페인 문학에 있어서도 신화의 주제는 유럽의 전통 속에서 차지하는 의미와 마찬가지로 스페인 사람들의 의식과 무의식을 지배하고 그들의 행동 양식에 전범을 제공해 왔다. 그러나 그 신화의 주제는 확정적이고 단일한 의미가 아니라 시대가 변해감에 따라 처음과 다른 의미를 획득하면서 새로운 신화소를 만들어 낸다. 예를 들어 프로메테우스는 그 전형적인 예가 된다. 원래 그는 신으로부터 불을 훔쳐서 인간에게 전해준 은혜로운 신이다. 그러나 원래의 의미에서 변형이 되어 인간과 신을 동등하게 해주었으며 금지된 것을 행하는 인물로 그려지고, 그래서 금지된 행위, 또는 자유를 위해서 금기를 깨는 인물로 확장되게 된다. 이런 식으로 시간이 지남에 따라서 원래의 의미에다 새로운 의미들이 첨가, 확장되어 사용되게 된 것이다. 또 오디프스는 갑자기 닥친 비극적 운명으로 말미암아 자기 스스로 눈을 빼버리고서 유랑의 길을 걸어야하는 비극적 인물이다. 그러나 프로이드가 정신과학에서 차용함으로써 '오디프스 컴프렉스'라는 새로운 의미를 지니게 된다.

그래서 그 기능적인 면에서 중세와 르네상스 때 신화가 수행했던 기능이 서로 다를 수밖에 없다. 즉 종교 중심의 중세 시대에 의미했던 신화소와 그리스·로마를 이상화하고 반교권주의적인 르네상스 시기의 신화소는 다른 의미인 것이다. 그래서 쿠르티우스는 중세 시대 신화의 기능을 칭찬하는 것에서 그 의미를 찾았다. 즉, 어떤 부인의 아름다움과 그 당시에 일어난 사건들에 대한 예찬으로서의 신화였다. "칭찬하는 이야기는 중세시에서 가장 영향을 끼쳤던 것이다. 주된 주제는 예찬이었다(…). 칭찬하는 문체의 영향은 서정시까지 확대되었다. 생활 속에서 근대 시인들이 만드는 서정적인 주제의 대부분은 후기 중세의 문학이론에 의해서 작업된 토픽 리스트에 이미 포함되어 있다."[6] 이들은 그리스 로마 신화의 인물들을 새로이 인용하여 세속적인 면들을 상징적으로 나타내었던 것이다. 왜냐하면 기독교가 지배하는 사회에서 종교 사회적인 면에서의 해석은 금지되었기 때문에 그런 의미밖에 지닐 수가 없기 때문이다. 비록 스페인이 기독교화 된 뒤로는 그리스 신화의 모든 신들이 미신으로 간주되어 이들을 섬기는 것이 금지되었지만, 여전히 사람들은 신들을 갖가지 권능으로 현실 생활에 도움을 주는 신으로 여겼다. "그래서 신화가 도덕적 우화로 혹은 인간 정서와 열망의 순수한 시적, 예술적 표현으로 해석되는 한도 내에서 교회는 관용을 베풀었다. 이러한 관용은 기독교의 이상을 상징적으로 나타내는 것을 허용하고 있었던 초기 기독교 자체의 예술적 전통 때문에 용이한 셈이었다."[7)]

르네상스기부터 본격적으로 문학의 모티브가 되고, 신화 재창조의 근본적인 기능을 미학적인 기능에서 찾는다. 대표적으로 로랑 바르트를 들 수 있겠다. 그는 인용된 신화 속의 이야기를 읽으면서 독자들은 감탄한다고 말한다. 그는 설득과 영웅들에 대한 예찬에서 벗어나, 언어의 미학적인 기능을 신화의 기본적인 기능으로 보고 있는 것이다. 비슷한 의미로, 코시오(J. M. de Cossío)도 르네상스 시기 동안 변형된 의미로서 고전 신화의 기능을 설명한다. "르네상스 전에 신화적인 이야기의 가르침은 역사의 교훈으로 간주되었다(…) 르네상스 시기에는 모든 것이 허구이고 진기한 역설로 여기고서, 칭찬하는 이야기의 주인공으로서 이용되기를 멈추었다." 한편, 루이스 디에스 델 꼬랄(Luis Díez del Corral)도 이런 맥락에서 그리스 로마에 시선을 돌렸다. "르네상스, 그리고 특히 바로크는 고전 신화의 알레고리적이고 상징적인 개념을 발전시켰다. 그 개념 안에서 점차적으로 이미지와 의미가 분리되어 갔다."[8)]

---

6) Ernst Robert Curtius, *Literatura europea y Edad Media latina*, I, México, Fondo de cultura económica, 1989, p.226.

7) 김병익 외, 앞의 책, 102면.

이러한 경향은 바로크 시기에 더욱 심화되었다. 다른 작가들처럼 공고라도 신화적인 멋진 표현을 더욱 혁신시켜 탈신화의 경지까지 도달하려 한다. 신화의 이야기에서 벗어나, 신화적인 전통에 사회적인 의미와 요소들을 도입하면서 시인에 의해 창조된 다른 의미를 가진 또 하나의 신화가 만들어진다. 목가적인 틀 안에 신들과 함께 목동이나 실제인물들이 등장하게 된다. 이렇게 문학적인 상관 관계에 있는 사람들이 공존하는 것은 전통적인 구조와는 전혀 다른 새로운 형식이었던 것이다.

반면, 18세기 계몽주의자들에게 신화는 기독교의 진리와 모순되는 허황된 것으로 여겨졌다. 볼테르 같은 합리주의 철학자에게 신화란 미신에 불과하였으며, 사제들이 대중을 속이기 위하여 고의로 만들어 낸 허구라고 극도로 불신하였다.[9)]

다시 19세기에 들어서자 낭만주의자들은 다시 신화적 모티브를 빌어서 그들의 상상의 영역을 무한히 확장한다. 신화 속의 인물들을 이용해서 그들의 문학적 사상을 자유롭게 표현했던 것이다.

그러나 비록 문학이 보편적인 신화적 요소들을 동원하여 작품을 만든다고 하더라도, 문학작품은 특정한 시대와 특수한 상황에서 탄생된다. 이 때문에 시대와 상황 그리고 수용의 태도에 따라 작품에 담긴 신화적 상징의 의미는 달라질 수 있다. 그래서 문학이 신화적인 세계를 그리지만, 궁극적으로는 신화라는 매개를 통한 현실 풍자와 비판적 기능을 무시할 수 없는 것이다. 신화가 당대의 삶과 정치·사회적 현실을 이해하는 방식을 제공하며 근본적으로 설득력 있는 세계관을 제

8) Luis Díez del Corral, *La Función del mito clásico en la literatura contemporánea*, Gredos, Madrid, 1974, p.74

9) Cf. 김병익 외, 앞의 책, 103면: 이러한 사회적 분위기에 유일하게 반대했던 지오반니 바티스타 비코의 『신과학』은 우의의 요소와 역사적 축소주의를 결합시킨 것이었다. 그는 신화의 민족학적 가치를 인간 사고와 사회 제도의 통시적 진화의 중요한 역사적 기록을 포함한다고 평가했다.

시하기 때문이다. 즉 신화를 통해서 결국은 현실로 귀착되는 것이다. 신화는 시적인 표현을 풍부하게 해주고 지적인 유희를 허용하지만 동시에 현실을 비판하는 다른 방법이 될 수 있다. 이것은 마치 역사 소설이 과거와 현재를 연결하는 것과 같다. 왜냐하면 신화도 현실을 바라보는 또 다른 눈이며, 현실을 비추는 또 다른 얼굴이기 때문이다.

3. 공고라의 삶의 배경과 작품

3.1. 삶의 배경과 사회적 상황

공고라는 1561년 꼬르도바에서 출생해서 그리 행복한 어린 시절을 보내지는 못했다. 그는 아버지의 재혼으로 태어났으니 그의 출생부터 순조롭게 못했다. 부모로부터 상속을 받을 만큼 부유하지도 못했다. 그는 한때 성직자 생활을 하기도 했으나, 1590년 종교재판소 일원이 되려는 그의 처남 때문에 큰 불행을 겪게 된다. 그는 여러 곳을 옮겨 다니다가 1617년에야 비로소 마드리드에 정착할 수 있었다. 하지만 도박에 탐닉한 나머지 항상 채권자들로 쫓겨다녀야 했고, 그가 죽기 일년 전인 1626년에서야 비로소 귀향할 수 있었다. 이러한 그의 인생 역정은 평탄하지 못했고 빈곤과 고난의 연속이었다. 당시 스페인 최고의 시인으로 그가 누렸던 문학적 지위와 가장 학식 높은 작가로서 명성을 누렸을 것이라고 상상하지만, 그는 사람들로부터 항상 공격을 받았다. 게다가 그의 타고난 무뚝뚝한 성격과 방탕한 그의 생활 때문에 나이가 들어가면서 점점 더 현실에 적응하지 못하고 신화 속의 세계에 빠져들게 된다. 그는 기존관념과 외적 상황에 강한 염증과 불만을 품고 반항적인 태도를 지녔기 때문이다.

이런 개인적인 배경과 사회적 상황은 그로 하여금 현실적 불만에 대한 도피처를 찾게 만들었으며, 자연스럽게 그는 불멸의 존재들이 영생하는 평화로운 신화 세계를 탐색하게 된다. 그리고 현실 속의 궁정과 도시는 이런 상상을 불가능하게 만들었으므로 궁정과 정치에 대한 환멸은 소박하고 단순한 시골 생활을 이상화시킨다. 또 상상과 정서의 세계를 파괴하는 과학과 세속화된 종교적 성직자들의 태도를 부정한다. 그리고 이에 대한 대안으로 대대로 전승되어온 전통으로부터 확실한 시적 세계의 근원을 찾는다. 그래서 공고라는 예술과 종교의 공통수단이 신화적 상상이며, 바로 이 상상을 통해서만 자유를 얻을 수 있다고 믿었기에 그의 시에서 신화는 필수적이었다. 결국, 현실에 아주 비판적이었던 공고라는 염증과 환멸을 느낀 현실을 벗어나, 신비한 상상의 신화 세계를 이상적이고 평화로운 세계로 삼게 된다.

공고라가 가졌던 사회비판적 시각은 존 비벌리의 해석에서도 잘 나타난다. 존 비벌리는 공고라의 『고적한 것들』을 다음과 같이 사회적 맥락에서 해석한다. "『고적한 것들』은 스페인의 목가소설도 ≪순수시≫도 아니다. 『돈키호테』나 께베도의 복고적인 풍자처럼 스페인의 국가적인 위기의 문제를 제기하는 하나의 형태이다."[10] 그리고 스페인의 쇠퇴기를 보여주는 하나의 징후일 뿐이라고 해석한다.

이처럼 공고라는 동화 같은 환상을 통하여 부패한 절대 군주를 신랄하게 풍자하고 비판한다. 기존의 가치관을 조롱하고 의도적으로 이에서 일탈하고 현존 질서 밖의 세계를 묘사함으로써 현실을 전복한다. 이것은 곧 공고라가 그렇게 염원한 현실과의 화해가 불가능함을 신화를 통해서 암시한 것이라 할 수 있다. 공고라는 앞에서 말했다시피, 이렇게 신화상의 인물들의 관계를 빌어 자신과 현실의 관계를 상징하는 한편, 그의 사적 이야기에 신화적 배경을 끌어들여 신화를 재창조함으로써 바로크 시학의 기본적인 요지인 현시적인 의도를 달성함과 동시

---

10) Luis de Góngora, *Soledades*, edición de John Beberley, Madrid, Catedra, 1989, p.26.

에 자신의 감정에 의미를 부여하고 일반성을 획득한다. 특히 후반기에 쓰여진 『고적한 것들』과 『뽈리페모』와 같은 시집에서 이런 경향이 더욱 심화된다.

3.2. 『고적한 것들』과 『뽈리페모』

『뽈리페모』에서 주인공 뽈리페모는 아름다운 요정 갈라떼아를 사랑한다. 그러나 그녀는 젊은 미남 청년 아시스를 사랑한다. 그러자 뽈리페모는 이에 격분하여 아시스를 죽인다. 그의 처절한 사랑이 아무 결실도 없이 냉혹한 반응으로 돌아왔기 때문이다. 처음부터 불가능했던 그들의 결합은 우울하고 슬픈 사랑이 되고 말았다. 이는 현실 세계에 대한 강한 향수와 미련에 대한 또 다른 표현이라고 할 수 있다. 따라서 공고라는 그의 불행한 현실과 충돌하고 이에 환멸을 느끼고 이에 대한 도피로서, 그의 작품속에 신화적 요소를 등장시켜 자신의 감정을 일반화시키게 된다. 동시에 수사법으로는 신조어나 도치법, 교양어의 사용을 통하여 음성의 효과와 시적 아름다움을 배가시킨다.

공고라는 오비디오의 『변신』을 이 작품의 원전으로 삼는다. 오비디오의 이것은 후에 다른 작가들에 의해 크게 세 가지 방식으로 다뤄지게 된다. 첫 번째는 원작을 충실하게 따르는 방식이고, 두 번째는 오비디오의 이야기 요소들을 그 시대의 사회 상황에 맞춰 각색하는 방식이다. 그리고, 세 번째는 원작의 가치를 그대로 유지하면서 새로운 재창조를 하는 방식이다.[11] 16세기에 들어서 오비디오의 이 작품은 여러 작가에 의해 수없이 번역되고 모방되었다. 특히, 마리노, 스띠글리아니, 루이스 까리요 데 소또마요르 등은 두 번째 방식을 따랐다. 그리고 17세기에 와서는 공고라가 세 번째 방식을 따르며, 자신의 의도대로 원작

11) Dámaso Alonso, *op. cit.*, p.148.

을 재창조한다. 그가 쓴 『뽈리페모』는 원작보다 더욱 성숙하면서도 독특한 신화 창조력이 있는 그의 대표작으로 인정받게 된다. 그러나 『뽈리페모』를 비롯한 모든 모방작들의 공통점은 아시스와 갈라떼아의 사랑과 이들 사랑에 대한 뽈리페모의 복수를 그리고 있다는 점이다.

공고라의 『고적한 것들』에서도 『뽈리페모』에서와 같이 신화 속 인물들이 등장하게 된다. 여기서도 그는 신화적 요소를 이용하며 현실을 일탈하여 영원하고 순수한 사랑을 보여준다. 다만 『뽈리페모』에서와 달리 자연에 대한 예찬이 두드러지는 차이점을 가진다. 자연에 대한 예찬은 원래 목가적이며 아름다운 자연 풍광에 대한 묘사를 다루는 것이지만, 공고라의 경우는 자연과 대립개념인 도시와 궁정에 대해 조롱과 비판의 태도를 갖고서 자연 예찬을 하는 것이다. 자연이라는 것은 사람들에게 늘 편안함을 제공하는 유토피아의 공간이다.

4. 바로크적 수사법과 신화

현실의 고통이 극심하면 할수록 더욱 신화의 세계로 도피하고 싶은 욕망이 커질 수밖에 없다. 신화는 추악하고 부조리한 현실로부터 도피하는 탈출구이며 고통스러운 삶에 대한 위안이자 보상이다. 이때의 환상은 현실의 대안으로 신화를 통해 현재화된다. 신화의 상징성과 생명력은 그것을 어떻게 표현하느냐에 따라서 서로 다른 의미를 획득하기 때문이다. 그리고 이것은 공고라가 상상을 통해 환상적 이상세계와 현실 세계를 대조시키고자한 바로크적 기법이기도 하다. 현실 속의 인간을 초자연계의 보이지 않는 존재들과 대비시키면서 양자를 동일시한다. 공고라에게서 대조의 법칙은 선과 악의 이분법의 양태로 나타난다. 이런 대조 기법은 등장인물들에서도 나타난다. 즉, 삐라모와 띠스베, 에로와 레안드로, 아폴로와 다프네, 이뽀메네스와 아뜨란따, 뽈리페모와 갈라떼아, 오르페오와 에우리디세 등은 서로 대조적 인물들이다.

그리고 공고라는 그의 작품들에서 서구 신화의 원형적 모티브인 분신(도플갱어)의 모습을 웅변적으로 보여주고 있다. 예컨대, 작품 속에서 주인공들이 키르케처럼 여러 모습으로 변장하기도 한다. 이렇게 그의 작품 속에서 주인공들이 여러 모습으로 변신하는 것은 바로 공고라 자신의 내면 속에서 일어나는 갈등을 나타낸다. 다시 말해서 그런 갈등은 곧 당시 사회 상황과 실존 사이의 고민이라고 할 수 있다. 또한 이런 분신의 모습은 한곳에 머물지 않고 끊임없이 변신하는 인간, 즉 돈 주앙의 존재 방식 그 자체이다. 그래서 그의 시에서 현실적인 것과 환상적인 세계가 똑같은 의미를 지닌다. 이런 모습은 바로크 문학의 전형적인 특징이며, 후기에 쓰여진 『고적한 것들』과 『뽈리페모』는 바로크적 특징을 지니고 있다.

잔인한 괴물인 뽈리페모는 외눈박이에다 엄청난 괴력과 큰 키의 소유자이다. 그러나 그 괴물의 영혼 속에는 달콤한 부드러움이 있다. 한 존재 안에 두 가지의 전혀 다른 속성이 있는 것이다. 앞서 언급했듯이 이런 대조적인 기법은 공고라의 창조물이다. 그리고 이런 대조와 모순은 곧 바로크의 특징이기도 하다. 빛과 그림자, 기준과 충동, 우아함과 추함의 대조들은 가장 바로크적인 표현이다. 이에 대해 다마소 알론소는 "외눈박이의 영혼에서처럼 그런 내적인 모순은 예술의 모든 부분에서 추구하는 시대에 기인한다. 그리고 그의 시에서는 대조와 모순으로 표현된다. 그 시대에 뽈리페모는 파렴치한 사람이었고 또 기질적으로 모순적인 부드러움과 공포를 포함하고 있었기 때문에 흥미로운 테마였다"[12]고 언급하고 있다. 그래서 공고라의 뽈리페모는 너무나 흉칙한 모습과 큰 몸집의 거인이지만, 그가 노래할 때는 믿을 수 없을 만큼 부드러운 모습으로 묘사되고 있다. 먼저 뽈리페모에 대한 묘사를 인용

12) Dámaso Alonso, *Ibid.*, p.161.

해 보자. 그는 갈라떼아의 아름다움과 극한적인 대조를 이룬다.

"그는 시실리아의 산에 살지 않는 맹수이며,
잔임함으로 무장한 채 바람을 일으키고 다니며,
잔혹하게 앙갚음하고, 민첩하게 돌아다니고,
그의 피부는 백가지 색으로 얼룩져 있지.
[…] "13)

반면에 갈라떼아의 아름다움은 내면의 아름다움이 아니라, 마치 공작새처럼 밖으로 확연히 드러나는 외면의 것이다. 지속성이 없는 외면의 아름다움은 시냇물의 거품이나 일몰, 그리고 눈의 이미지처럼 사라지고, 또한 수증기가 되어 소멸해 버리는 그런 아름다움으로 표현된다.

"도리스의 딸인 가장 아름다운 요정이여,
숭배하노라. 거품의 땅을 보았던 그녀여.
갈라떼아는 그녀의 이름이고, 그녀에게는 달콤함이 있도다.
우아의 극치인 비너스이지.
[…] "14)

위 두 연의 대조를 통해서 볼 수 있듯이, 갈라떼아는 가장 아름다운 여인이고 뽈리페모는 가장 흉악하고 무서운 큰 괴물로 등장하여 두 인물은 서로 큰 대조를 이룬다. 또 폴리페모는 외적으로 그렇게 거대하고 두려운 존재이면서도 내적으로는 유약하며 품위를 지닌 모순적인 인물이다. 그가 노래할 때의 모습과 그 구절은 너무도 애절해서 뽈리페모가 하는 노래인가 의심을 하지 않을 수 없다. 그의 내면이 드러나 보이는 노래는 매우 감상적이고 부드럽다.

---

13) Góngora, *Fábula de Polifemo y Galatea*, 9연: Dámaso Alonso, *Ibid.*, p.411.
14) Góngora, *Fábula de Polifemo y Galatea*, 13연: Dámaso Alonso, *Ibid.*, p.412.

"아 아름다운 갈라떼아여! 오로라에 쓰러지는
카네이션 보다 더 부드럽도다.
온화하게 죽어서 그 물에서 잠긴
저 새의 깃털보다 더 하얗도다.
[…] "15)

다른 수사법으로 은유, 암시, 현재화, 알레고리, 신화적인 상징을 계속적으로 사용해서 신화-시학의 혁신으로 이끈다. 이 수사법들은 신화 세계를 그리는데 그만의 글쓰기 방식, 새로운 언어는 미학적인 광장으로의 이전이자 혁명이다. 그런데 이런 수사법들을 이용한 신화는 새롭게 혁신되어 소수의 수용자들만이 이해할 수 있는 예술적이고 문학적인 작품의 형태로 수용되고 해석되는 것이다. 즉, 문화적이고 문학적인 기호를 알고 있는 박식한 엘리트만이 이해할 수 있는 표현법이었다. 다시 말해서, 그들 자신이 발신자이자 수신자인 것이다. 고전 신화의 모방에서 출발한 신화는 박식함을 표현하는 것이 주된 목적인 것처럼 혼동되기까지 한다. 현실 속의 사건이나 인물과의 비교적인 기능, 말하고자 하는 것과 비슷한 속성을 설명하는 적당한 예로서의 기능 등의 지시적인 기능은 그의 박식함을 표현하기 위한 한 방편이다.

로사 로모하로는 공고라가 우설법, 신화화-추상적 개념에서 신화적인 구체성-, 현재화-신화적 구체성에서 문맥상의 단절-, 상징적인 본질, 신화적인 인물들의 명명 등의 수사법들을 통해서 그의 박식함을 표현했다고 말한다.16) 그래서 공고라는 작품속의 주인공들을 신화적인 이름으로 대체하여 명명하는데, 이것은 또 자연현상을 지칭한다. 예컨대, 태양을 아폴로로 부르거나, 명명하고자 하는 사람을 신화적인 인물

15) Góngora, *Fábula de Polifemo y Galatea*, 46연: Dámaso Alonso, *Ibid.*, p.422.
16) Rosa Romojaro, *Funciones del mito clásico en el Siglo de Oro*, Madrid, Anthropos, 1998.

이나 별자리로 변환시키는 것이다. 이미 코페르니쿠스의 지동설이 나왔지만, 여전히 시인들은 지구를 중심으로 도는 천동설을 굳게 믿고 이를 작품 속에 사용하였다. 그래서 그들에게 태양은 금성과 화성 사이에 있는 네 번째 행성으로 여겨졌으며, 이 행성은 하늘의 별들에게 빛을 제공한다고 믿었다.

이런 표현은 "우리의 주군이신 펠리페 3세의 건강을 위해서 우리의 아토차 여신에게 바침"이라는 그의 두 번째 소네트에서 잘 나타난다. 공고라는 여기에서 태양은 '페보'로, 달은 '신띠아'로 표현한다.

> " [...]
> 가장 강력한 왕의 무적의 칼,
> 금빛 페보이거나 은빛 신띠아 만큼이나,
> 나팔은 항상 예수의 영광입니다"[17]

태양에 대한 표현은 그의 57번 소네트에서 잘 나타난다. 여기에서 태양은 아우로라, 파보니오, 플로라 등으로 대체하며 이들은 모두 찬란하게 밝아오는 여명을 표현한다. 그리고 햇살은 아폴로의 아름다운 장미빛으로 표현한다.

> "금 빛 태양의 광선은
> 높은 산의 장미빛 봉우리를 장식하고;
> 하얀 아우로라의 붉은 발걸음은
> 온화하게 따라간다;
> 파보니오와 플로라에게 고삐를 풀어준다"[18]

---

17) Góngora, *Sonetos Completos*, edición de Biruté Ciplijauskaité, 6 ed., Madrid, Castalia, 1990, p.102.

18) Rosa Romojaro, *op. cit.*, p.22에서 재인용.

또한 공고라는 그의 76번 소네트에서 북풍의 신인 보레아스를 명명하기 위해 아낄론의 이름을 사용한다. 자연의 기본적인 힘을 의인화한 존재인 보아레스는 오리띠아를 납치한다. 이 소네트도 신화적인 박식함의 형식으로 가득 차 있다.

"아낄론의 세 곱절이여. 푸른 명예로
노여워진 일진의 바람은 녹색 나무와,
꼴꼬스의 동물을 쓸어버리고
다른 많은 것들을 그의 금 빛 동전으로 비췄다"[19]

이 시에서 태양은 아낄론과 페보로 대체시켜 불렀다. 아리에스를 언급하기 위하여 '꼴꼬스의 동물'이라는 신화적인 어투로, 그리고 '금 빛 동전'은 아르고스가 가지러 갔었던 황금 양털을 암시한다.

신화적인 박식함을 표현하는 다른 방법으로서, 한 자연 현상을 지칭하는 단어 – 예를 들어, 태양 – 외에 그와 비슷한 뉘앙스를 갖는 여러 단어들 – 아우로라, 햇살, 장미빛 등 – 을 은유적으로 사용하기도 한다. 이런 표현들은 하루의 시간, 계절의 언급과 시간의 경과처럼 시간적인 공간과 순환을 인용하는 시에서 자주 사용된다. 밤이 지나고 새벽이 되는 여명의 순간과 관련된 표현에서 그 전형을 찾아 볼 수 있다. 특히, 태양이나 그것과 비슷한 표현들은 시간과 때를 구분짓는 과정에서 많이 사용되었으며, 이는 신화적인 행동을 전개시키기 위한 용어로였다. 이러한 방식은 그리스, 로마 시대부터 반복적으로 사용되어 온 전통적인 양식으로 박식함을 인정받을 수 있는 표현법이다. 다음 소네트에서 보듯이, 아침의 첫 빛인 아우로라는 태양의 마차에게 하늘의 문을 열어주는 임무를 맡고 있다. 그리고 아우로라는 '장미의 색깔'로 표현되는 신성한 존재이다. 또한 해가 질 때의 모습도 이와 같은

19) *Ibid.*, p.27에서 재인용.

방식으로 시화된다.

"주홍색 아우로라 뒤로 금 빛 태양이
문을 통해 동쪽에서 나왔다,
장미 빛 이마는 꽃들의 문,
왕관을 쓴 불타는 태양 광선"[20]

이렇게 같은 뉘앙스의 다른 단어를 사용하는 은유적인 표현법은 '죽음'의 의미를 전달할 때도 많이 쓰인다. 예를 들어, 죽음의 의미로서 '공포의 왕국', '영원한 고통', '망각의 강'과 같은 표현들을 사용한다. 이외에도 비너스를 '사랑의 어머니'로, 아폴로는 '높은 곳에 있는 합창대에서 가장 금발의 신'으로, 큐피드는 '장님'으로, 파에톤은 '대담한 청년'으로 묘사된다. 또 에우리디케는 '낯을 잃어버린 사람', 디아나는 '사냥꾼의 혈통', 뽈리페모는 '사나운 외눈박이 청년', 율리시즈는 '그리스의 교활한 사람', 오르베오는 '뜨라시아의 음악가', 쥬피터는 '거짓말쟁이 도둑' 등으로 표현된다.

바로크적인 또 다른 표현으로 암시를 들 수 있다. 이것 역시 다른 수사법과 같이 신화를 바탕에 깔고 있다. 박식함을 추구하는 취향은 암시를 통해서 더욱 극대화된다. 즉, 신화가 표현하는 한 대상에 대해 최소한의 유사성만을 제공하여 마치 수수께끼 같은 혼란을 함께 제시한다. 특히 불사조인 페닉스는 이국적이고 불가사의한 성격을 암시하면서 공고라 작품에 자주 등장한다. 그리고 이것은 역사적인 인물, 순교자, 영혼 등과 같이 고결한 존재의 죽음을 암시하고 그런 이미지와 연계시킨다. 그의 시에서 페닉스와 독수리의 형상에 대한 암시는 시인의 과식주의 문체와 연관된다. 그는 ≪마드리드로 향해서 그의 집을 떠나는 아야몬떼 후작에게≫라는 소네트에서, 페닉스의 둥지는 마드리

20) *Ibid.*, p.31에서 재인용.

드에 있는 궁궐이며 페닉스-왕의 깃털은 그의 영토를 암시한다.

> " [···]
> 왕국은 페닉스의 깃털이다.
> 그가 날 때, 그의 날개 하나가 동양이라면
> 그리고 다른 하나는 서양이지 않을까?"[21)]

한편, 상상 속의 새가 아닌 독수리는 권력과 제국의 지배의 상징으로 표현된다. 이 새는 강렬한 태양의 광선을 피하지 않고 정면으로 쳐다볼 만큼 강하다. 쥬피터는 독수리를 기장으로 삼는 전설적인 모티브를 암시한다. 공고라의 시에서 독수리의 신화적인 암시는 왕조의 역사적인 인물들을 찬양하는 문맥에서 인용된다. 이 인물은 물질적으로나 정신적으로 장엄하고 품격이 있다. ≪꼬르도바를 지나서, 아야몬떼 후작에게 후작 부인의 초상화를 보여주었다≫라는 소네트에서 그가 암시하는 인물들은 파에톤과 독수리이다.

> "현명하신 후작님, 당신의 혈통과
> 당신의 이해심으로 두 배나 현명하시며,
> 또 다시 두 배나 명민하시어, 그 밝음으로
> 다시 백 번이나 명민하시고, 탐욕스럽지 않으시고,
> [···]
> 후작님은 그의 이마의 빛을 투사하여
> 그의 아름다움으로 그 지역을 관통한
> 독수리가 아닐까요?"[22)]

이런 암시적 표현은 『뽈리페모』의 18연에서도 잘 나타나 있다. 이

---

21) Góngora, *Sonetos Completos*, p.66.
22) Rosa Romojaro, *op. cit.*, p.41-42에서 재인용.

연은 포도 등 과일과 밀이 풍부해서 유럽의 곡창지대로 불렸던 시실리아의 풍경을 묘사하는 것으로 시작한다. 포도와 다산을 상징하는 바쿠스, 과일의 여신 포모나, 오곡의 여신 세레스을 통해서 시실리아의 풍요로움을 암시한다. 첫 째 줄의 '제공하는' 것은 과일이고, '숨어 있는' 것은 포도를 말한다.

> "시실리아, 숨어 있는 동안, 제공하네,
> 바쿠스의 잔, 포모나의 과수원
> 그 많은 과일로 잔을 풍요롭게 하는 포모나여
> 바쿠스는 포도송이로 왕관을 만드네"23)

지금까지 살펴보았듯이, 공고라는 그의 작품 『고적한 것들』과 『뽈리페모』을 통해서 그 만의 독창적인 신화적 세계를 그리고 있다. 여러 가지 바로크적 수사법을 동원하여 그의 신화적 모티브와 테마를 작품 속에 적용하고 있음을 보았다. 그가 자신의 시에 도입시킨 신화는 인간 세상에 출몰하는 초월적 존재들과 교류하고 그들에게 동화된 삶의 세계를 일반인에게 전하려는 한 방편이었다.

또한 항상 불만 투성으로 다가오는 현실 때문에, 그는 시를 통해서 더욱 신화의 세계에 대한 향수를 이들을 통해서 형상화하려 했다. 현실에서 벗어나 고대 그리스의 영원의 시간을 꿈꾸고 동경하는 것은 그에게 있어서는 참담한 현실에 대한 비판이었던 것이다. 『고적한 것들』과 『뽈리페모』에서 엿볼 수 있는 낙원에의 복귀와 신화에 대한 열망은 고통스러운 현실에 대안이자 새로운 위안이었다. 유한한 존재인 그에게 신화는 무한의 자연과 합일하는 유일한 수단으로 느껴졌던 것이다.

---

23) Góngora, *Fábula de Polifemo y Galatea*, 18연: Dámaso Alonso, *Ibid.*, p.414.

5. 결론

첨단 과학기술의 홍수 속에 살고 있는 우리들의 과학적 합리주의 시각에서 보면, 마술적이고 허구적인 성격을 띤 신화적 이야기는 비과학적이고 황당무계하여 진부한 느낌마저 든다. 그러나 공고라의 신화적 세계를 통해서 확인했다시피, 신화는 끊임없는 영감의 표현이다. 또한 신화는 지속성을 갖고 있어 우리 문화와 역사, 그리고 문학 속에서 늘 우리와 함께 하고 있다. 뿐만 아니라, 시대와 사회 상황에 맞게 적절한 형태로 변화하여 새로운 의미를 지닌 신화로 다가온다. 다시 말해서, 여러 신화소들이 당대의 필요에 따라 변형되고 새 의미를 첨가하기도 하면서 오늘날까지도 지속적으로 영원한 테마로 자리 매김하고 있다.

문학에서 신화는 어떻게 보면 인간의 욕망을 대신 성취해 주는 대리자라고 할 수 있다. 즉 신화란 현실적으로 유한한 공간 속에 가둬져 있는 인간에게 보다 넓은 세계를 보여주기 위해 존재한다고 말할 수도 있다. 이것은 들뢰즈와 가타리가 말하는 탈영토화와 탈주 – 즉, 현실적으로 불가능한 여러 욕망들이 현실로부터 탈출해서 새로운 자기만의 공간을 창조하는 것 – 와 같은 역할을 한다. 신화는 시대를 초월하는 지속성을 갖고 있어서 늘 새로운 의미를 창출하는 문학적 모티브가 되고 있다. 따라서 독특한 창조 행위 한가운데 위치한 역동적 의식을 산출한다. 결국에는 집단적인 문화와 역사적 순간의 커다란 신화적 움직임을 밝혀내는 초석이 된다. 시와 의미 표현을 둘러싸고 있는 집단적 문화와 관련을 맺고 있으므로, 필연적으로 사회·역사적 문맥 속으로 확산된다는 의미를 갖는다고 할 수 있다.

공고라는 신화적 모티브를 소재로 그만의 독창성을 유지하면서 당시 스페인 사람들의 혼란스러운 상황과 극도의 허무감을 표현했다. 그리고 신화의 세계와 교류하고 불멸의 존재 질서에 합류함으로써, 영원하고 완전한 세상을 구현하려 했다. 또한 잘 알려진 친근한 신화 뿐만 아니라, 일반적으로 잘 알려지지 않은 낯선 신화까지도 그 모든 신화가 그의 시적 모티브가 되었으며, 그의 넓은 상상력의 밑거름이었다. 아울러, 지극히 현실적인 이야기 위에 개인적인 경험과 감정을 조화롭게 혼합함으로써 객관성과 일반성을 획득하고 시적 효과를 극대화시켰다. 한마디로 그는 신화를 통해서 그의 상상의 세계를 이야기했다. 또한 이 신화적 세계를 그리기 위해 대조법, 분신, 은유, 암시 등의 바로크적 표현들을 사용했다.

공고라의 시적 종교는 초자연적인 신화의 전통 속에서 진리를 얻어내는 것에 그 목적이 있었다. 논리적이고 합리적인 과학적인 현실의 눈으로는 설명할 수 없지만, 분명히 우리 주변에 편재하고 있는 과거의 존재들과의 교류를 통하여 그의 시적 세계를 넓혔던 것이다.

❑ 참고문헌

Aguirre, J. L.(1960), *Góngora, su tiempo y su obra. Estudio crítico sobre ≪Polifemo≫*, Madrid, MAS.

Alonso, D.(1966), ≪Monstruosidad y belleza en el Polifemo de Góngora≫, en *Poesía española*, Madrid, Gredos.

______(1994), *Góngora y El Polifemo*, Madrid, Gredos.

Arellano, I.(1984), *Poesía satírico-burlesca de Quevedo*, Pamplona, Universidad de Navarra.

Bodini, V.(1971), *Estudio estructural de la literatura española*, Barcelona, Martínez Roca.

Corral, Luis Díez del(1974), *La función del mito clásico en la literatura contemporánea*, Gredos, Madrid.

Cossío, J. de(1952), *Fábulas mitológicas en España*, Madrid, Espasa-Calpe.

Curtius, Ernst Robert(1989), *Literatura europea y Edad Media latina*, I, México, Fondo de cultura económica.

Entrambasaguas, J. de(1975), *Estudios y ensayos sobre Góngora y el Barroca*, Madrid, Editora Nacional.

Gallego Morell, A.(1961), *El mito de Faetón en la literatura española*, Madrid, CSIC.

Garasa, D. L.(1964), ≪Circe en la literatura española del Siglo de Oro≫, *BAAL*, XXIX.

Góngora, Luis de(1989), *Soledades*, edición de John Beverley, Madrid, Catedra.

Lázaro Carreter, F.(1974), *Estilo barroco y personalidad creadora (Góngora. Quevedo. Lope de Vega)*, Madrid, Catedra.

Moya del Baño, F.(1966), *El Tema de Hero y Leandro en la literatura española*, Murcia, Universidad.

Romojaro, Rosa(1998), *Funciones del mito clásico en el Siglo de Oro-Garcilaso, Góngora, Lope de Vega, Quevedo*, Barcelona, Anthropos.

김병익 외(1998), 『문학과 신화』, 서울: 예림기획.

김현자(2001), "신화 연구 방법의 모색을 위한 성찰", 『구비문학연구』 제 13집.

진형준(1992), 『상상적인 것의 인간학 - 질베르 뒤랑의 신화 방법론 연구』, 서울: 문학과 지성사.

III. 정신적 사랑과 『사랑의 감옥』

1. 들어가는 말

디에고 데 산 뻬드로(Diego de San Pedro)의 대표작품인 『사랑의 감옥 Cárcel de Amor』은 사랑의 이야기이다. 하지만 이 사랑은 우리가 흔히 생각하는 자연스런 사랑의 감정과는 너무 다른 모습으로 표현되고 있다. 동서고금을 통해서 사랑이라는 것은 강렬하고 신비한 감정으로 표현되는 것이 보편적이지만, 이 작품속의 사랑은 우리 현대인들의 상식과 정서를 뛰어넘는 감정으로 전개된다.

남자 주인공인 레리아노(Leriano)는 라우레올라(Laureola)라는 여자 주인공에게 사랑에 빠져서 편지를 쓴다. 그리고 이들은 서로 사랑의 말을 나눌 뿐, 육체적 접촉도 하지 않으며 결혼에 대해서는 언급조차 하지 않고 오직 정신적 사랑만을 추구한다. 또한 라우레올라는 둘 사이의 만남을 비밀에 부치는 것을 사랑을 유지하는 가장 중요한 조건으로 내세운다. 한편, 형식면에 있어서는 이 작품은 중세 문학의 알레고리 작품들처럼 '욕망(Deseo)'이라는 이름의 사람과 '사랑의 감옥(Cárcel de amor)'이라는 이름의 집을 각각 묘사를 하고 있다.

하지만 이런 내용과 표현이 중세에 출판되었다면 전혀 이상하지 않을 것이다. 왜냐하면 중세는 신성함과 금욕을 강조하고, 자기의 감정을 희생시키기 때문이다. 게다가 그 때는 자기 아내를 정열적으로 사랑하는 것마저도 죄악시 되던 시대였기 때문이다. 그러나 여기서 주목할 것은 본 작품이 출판된 시대는 중세가 아닌 르네상스 시대라는 사실이다. 남녀 간의 관능적인 사랑을 예찬하는 시기에 당시 스페인에서 25판이나 출판되었으며, 무려 20여개 언어로 번역될 정도로 인기를 누렸다. 루이스 알보르그(1986)는 이 작품을 평가하기를, 『셀레스띠나』가 없었다면 스페인 르네상스를 대표하는 가장 대표적인 작품이 되었을 거라고 말할 정도이다.

『사랑의 감옥』이 르네상스 시대에 인기를 끌었던 이유는 아마 당시 사람들의 감정과 정서, 풍속을 정확히 포착했기 때문일 것이다. 즉, 작가는 이 작품의 허구적 사랑을 통해서 당대 사람들이 갖고 있는 사랑에 대한 감정을 재현하고, 독자들은 이 작품에 묘사된 대사들을 통해서 당대의 연인들을 봤을 것이다. 결국 이 작품은 르네상스 사람들이 생각하는 가장 이상적인 사랑의 개념을 보여주고 있다는 추론이 가능하다. 그래서 본 연구는 『사랑의 감옥』의 사랑을 이해하기 위해 당대 사회에서의 사랑의 의미와 본질이 무엇인지 살펴보고자 한다. 또한 이 작품 속의 사랑의 개념이 어디에서 기원했는지, 나아가 당대 사회와의 시대적 관련성은 어떤 것인지 알아볼 것이다.

본 작품에서의 사랑은 절대미 혹은 절대선을 지향하면서 정신적인 차원으로 표현되고 있다. 이 사랑의 개념은 르네상스에 갑자기 유행한 것이 아니라, 중세 시대에 유행한 궁정식 사랑과 본질적으로 유사한 형태라고 할 수 있다. 즉 『사랑의 감옥』과 중세 시대의 대표적인 사랑 방식인 궁정식 사랑[1], 이 두 장르는 정신적 사랑을 추구하는 것에 지

1) 궁정식 사랑이라는 용어는 Gaston Paris라는 사람이 1880년에 처음으로 사용한 용어로, 후기 중세 시대에 프랑스와 독일의 궁정과 궁정 시인들의 전형적인 사랑의 감정을 정의하기 위해 사용했다. 이 용어는 좁은 의미로는 문학적으로 사

고의 가치를 두고 있다. 따라서 이 작품은 정신적 사랑을 통해서 무한의 즐거움을 추구하는 사랑의 변주라고 볼 수 있다.

본 글의 전개 순서는 먼저 작품속의 사랑이야기를 살펴본 뒤, 중세의 궁정적 사랑의 특징과 이 소설 속 사랑의 본질은 무엇인지, 그리고 당대 사회에서의 사랑의 의미를 차례로 고찰할 것이다.

2. 라우레올라와 레리아노의 사랑

마케도니아 공작의 아들인 레리아노는 가울로 왕의 딸 라우레올라를 보고 첫눈에 사랑에 빠진다. 그녀는 신선하고 청아하며, 미소를 머금은 붉은 입술과 매끄러운 하얀 피부와 균형있는 몸매를 가진 아름다운 여인이다. 그녀는 외면적으로 완벽할 뿐만 아니라, 내면적으로도 완벽한 성품을 소유하고 있다. 그녀는 늘 고상하고 현명하다. 그녀의 덕은 비너스와 미네르바 여신에 비유될 정도이고, 베아트리체와 같은 신성의 결정체이다. 다시 말하면, 성녀의 정신적인 권위와 궁정적 사랑의 대상이 갖는 절대적 아름다움을 모두 갖추고 있는 이상적인 여인으로 등장한다. 아름다운 정신과 아름다운 육체가 서로 조화되어 더없는 미와 덕의 극치를 보여준다.

이 작품의 줄거리는 다름과 같이 전개된다: 레리아노가 라우레올라를 처음 보고 그저 먼발치에서 그녀를 숭배한다. 하지만 혼자만의 사랑으로 고통받으며 식음을 전폐하고, 잠을 이루지도 못한다. 그의 고통은 자신의 사랑을 고백할 수 없기 때문에 생긴 것이다. 이때, 화자로 등장하는 작가의 중재로 그녀를 만나게 된다. 그녀 앞에서 사랑을 고

용되지만, 옛날의 귀족적인 봉건적 기사도의 요소들을 포함하는 문화적인 의식에 대한 창작을 내포하고 있다; 이 용어는 César Besó Portalés(2002)에서도 볼 수 있다.

백하고 마침내 그의 사랑이 받아들여진다. 하지만 레리아노의 사랑의 경쟁자로 등장하는 뻬르시오가 라우레올라 아버지에게 두 사람이 은밀한 장소에 있다고 거짓 밀고를 한다. 이로 인해서 라우레올라는 사형선고를 받게 되고, 레리아노는 목숨을 걸고 그녀를 구해준다. 후에 뻬르시오의 밀고가 거짓으로 밝혀진다. 그러나 라우레올라가 레리아노를 다시 만나지 않으려고 한다. 왜냐하면 그를 다시 만나게 되면 그녀를 모함했던 뻬르시오의 거짓이 진실이 될 것이며, 또한 아버지의 반대를 무릅쓰고 만나고 싶어하지 않는다. 이에 레리아노는 절망에 빠진 나머지 식음을 전폐하고 죽음의 길을 간다.

레리아노의 정신적인 사랑의 감정을 그리는 단어들은 궁정식 사랑에서 볼 수 있는 상투적인 언어들로 표현되고 있다. 또 라우레올라는 절대자의 위치에서 탄원자에게 동정심을 보여주는 관대한 여자로 묘사되다. 그의 사랑을 허락하고 레리아노 위에 군림하면서 사랑을 철저히 지배한다. 사랑을 구하는 레리아노에게 자신의 명예를 위하여 모든 덕과 용기와 희생을 요구하며 여신과 같은 존재로 군림한다.

레리아노는 사랑을 성취해 나가는 과정에서 여인을 소유하려는 열정 대신, 고통스럽게 인내하며 여인에게 복종하고 참을성을 갖고 처신한다. 모든 덕과 미의 정수인 여인을 숭배하고 끝없이 봉사할 것을 맹세하며 사랑을 호소한다. 또한 응답이 없는 사랑의 열정이 그에게 주는 고통을 기꺼이 받아들인다. 그는 정신과 마음의 완전한 합일을 지향하는 정신적이고 순수한 사랑, 신뢰와 덕을 추구하는 사랑을 보여준다.2)

2) 그러나 궁정식 사랑의 작품들에서 여자는 결혼한 여인이지만, 이 작품에서는 처녀총각이라는 점이다. 그렇게 아름답고 덕을 지닌 완벽한 여인이지만 자기를 좋아하는 남자를 굶어서 죽도록 놔둬 버릴 정도로 동정심이 없다는 점 등은 가장 큰 차이일 것이다. 레리아노는 결국 끝없는 고통을 겪고 여자의 사랑을 얻는데 실패하고, 그가 자살해 버린다. 자살이라는 결말은 기독교 교리와 배치되어 로마 교황청에 의해서 금서목록에 오르기까지 하게 된다. 하지만 레리아노는 이루지 못한 사랑의 고통으로 자살해 버리면서도 끝가지 궁정식 사랑의 중요한 덕목인 충실함을 지킨다. 한편으로는 절대적으로 사랑하는 여인에게서 버림받고 자살을

3.『사랑의 감옥』 속의 궁정식 사랑의 지속성

앞서 언급한 형태의 사랑의 시가 시작된 것은 프로방스 시인들이 그리는 이상적인 연인들에 대한 노래에서 찾을 수 있다. 프로방스 시인들은 세련된 매너와 학덕을 갖춘 궁정인을 가장 이상적인 인간상으로 추구한다.[3] 이런 사랑의 취향이 가능 했던 것은 고상함과 우아함으로 가장하고, 무엇보다도 예의범절을 중시했던 당시 사회의 문화 때문이다. 그 당시 연인들에게 있어 사랑에 대한 노골적인 표현이나 언어 묘사는 금지되어 있었다. 김광요(1997, 119)에 따르면, 청을 들어달라고 비는 것과 거절하는 귀부인의 매정함을 푸념하는 것은 경의를 표하는 일(귀부인에 대한 기사다운 예의)과 친절한 행동(귀부인에게 예의 바르고 정중함)의 표현이었다. 이 모든 것은 순종적 봉사, 불타는 갈망과 거부된 애정으로 이루어지는 궁정 오락이었다. 노래가 우아하고, 철저하게 암시적이며, 감동적일수록 궁정 연애 시인들의 기교는 더욱 더 완벽하게 되는 것이다. 아놀드 하우저(1985, 239)도 궁정식 사랑의 성격을 다음과 같이 설명한다. "이제는 여자가 쌀쌀하고 남자는 사랑에 몸이 달아 있는 것이 오히려 궁정적인 예절이고, 남성이 끝없이 참고 끝없이 수그리며 여성의 의지와 여성의 보다 훌륭한 본질 앞에서 자기의 의지, 자기의 존재를 무시하는 것이야말로 궁정적이요, 기사적이라고 여겼다. 그리고 연모의 대상인 여성이 결코 손에 닿을 수 없는 존재임을 아무 불평 없이 받아들이며 사랑의 쓰라림에 스스로 탐익하는 일종의 감정적 노출증과 자학증이 궁정적인 예법이었다." 그리고, 롯보르딘느(1928)가 궁정 사랑의 두드러진 특징[4]들은 모두 공통적으로

선택하는 모습이 더 인간적이다. 즉 신성한 사랑으로 승화시키는 초인적이고 이상적인 모습이 아니라 그녀의 배반을 견디지 못하는 것이 더 인간적이라는 점이다.

3) Dorothy Sherman Severin(1977)는 이 작품의 구조 분석을 통해서 궁정적 사랑과의 유사성에 대해서 분석한다.

부인에게 바치는 사랑과 숭배의 노래인 것이다. 이 때, 내밀한 감정의 교류는 절대 불가능하고 자신의 진실된 사랑의 감정도 드러내서는 안 된다. 이현주(2002, 52)는 이에 미적으로나 덕목에 있어 완벽한 레이디는 상대 남성을 철저하게 지배(sovereignty)한다. 동정심을 갖고 자신의 사랑을 받아주기를 갈망하는 남성에게 레이디는 자신이 명예를 위해 모든 덕과 용기를 희생하기를 요구하며, 사랑에 바진 연인에게 여신처럼 군림 한다. 이와 같은 레이디의 사랑을 얻기 위해 연인은 끊임없이 고통을 겪으며, 그런 과정을 겪은 후에야 레이디의 사랑을 얻게 되는 과정이 궁정식 사랑의 문학의 가장 큰 구조라고 주장한다.[5)]

궁정식 사랑의 또 하나의 특징은 고통을 인내하는 순수한 사랑의 추구라고 할 수 있다. 이현주(2002)는 궁정식 사랑의 이런 측면에 대해서 설명한다. “궁정식 사랑은 육체적이고 관능적인 측면을 포함하고 있지만 모토는 분명히 순수한 사랑(pure love)이다. 전통적인 기독교 원리로 볼 때 순수한 사랑은 육체적 사랑이 완전히 배제된 정신적 사랑, 즉 신성한 사랑(divine love)을 지칭한다.” 즉, 궁정식 사랑은 세속적인 사랑이지만 육체적인 사랑이 아니라 정신적이고 플라톤적인 사랑이며,

---

4) 궁정식 사랑의 성격에 대해서는 논쟁적이다. 궁정식 사랑의 성격에 대해서 연구자들마다 다른 성격들을 그 특징으로 든다. C.S. Lewis는 1936년 궁정식 사랑이 갖는 4가지 특징으로 “연인의 봉건적인 복종(여인의 절대적인 우월성), 정중함, 간통, 사랑의 종교”를 든다. 또한, Gaston Paris는 1) 모든 사랑의 속마음의 바탕에는 도덕적인 원칙의 인식하고, 2) 아무 이유 없는 선물과 자기 자신에게 무관심하거나 어떤 보상을 기대하지 않고 그 자체에 목적을 갖는 사랑, 3) 사랑하는 사람에 대해서 사랑 받는 대상(여성)의 절대적인 우위와 숭배를 그것의 특징으로 든다.

5) 반면, 궁정식 사랑의 문학의 기원에 대해서 홍재범(2000)은 스페인 - 아랍 기원, 카타리라와 같은 이단적인 배경, 신플라톤주의적 배경, 민요 의식에 기원, 성 베르나르적인 신비주의와 성모 마리아 숭배의 영향, 중세의 사회적 요인 등을 열거한다. 그러나 이런 모든 요소에도 불구하고 심리적이고 사회적인 환경이 궁정식 사랑의 문학을 발생하게 했다고 보여 진다. 즉 그리스 시대부터 내려오는 네오플라톤적인 사상, 인간적이고 육체적인 관심, 신성함과 금욕을 강조하는 중세의 시대적 요구라는 상반된 가치관의 틀에서 생겼다고 여겨진다.

정신과 마음의 합일을 추구하는 사랑이다.

이런 정신적 사랑을 노래하는 프로방스 시인들의 무대는 주군에게 전적으로 충성해야 하는 봉건제 하의 궁정을 배경으로 한다. 그들이 살고 있는 공간에 대해 조신권(1999, 294)은 다음과 같이 말한다: "한 성에는 봉건 영주가 있고 그 밑에는 수많은 가신인 기사들이 있지만 여자들은 별로 없다. 또한 성이란 돈은 많지만 성으로 둘러싸여져 있는 곳이다 그 성주의 기사와 종자(squire)는 귀부인보다 봉건적으로 열등하지만, 대체적으로 접하는 이 자기보다 우월한 성주의 아내이므로 그를 사모하고 숭배하고 목숨을 바쳐 섬기게 되는 것은 너무나 자연스러운 일이다."[6)]

르네상스 시기의 궁정은 시간적으로는 다르지만 프로방스 궁정만큼이나 극도로 감정을 예의로 치장하는 궁정적인 공간이다. 김문규(1996, 21)는 이런 궁정의 성격을 정확히 지적한다: "르네상스 문화는 기본적으로 궁정문화라고 해도 과언이 아니다. 많은 휴머니스트들이 권력의 핵심부분에 돌아다니면서 글을 썼다는 사실에서 알 수 있듯이 당대의 휴머니즘은 근본적으로 당대의 절대 권력관의 관계를 존재론적 문제로 설정하고 있다." 따라서, 이런 공간에서의 사랑은 어떤 여인을 열렬히 사랑해도 그 사랑을 직접적으로 실현시켜서는 안 되는 시대적 규범에 지배를 받을 수밖에 없었다.

이런 시대에 쓰여진 시들은 그 동안 궁정 귀족들이 추구했던 사랑이 얼마나 겉치레이며 공허한 것이었는가를 보여준다. 하우저(1980, 209)는 "궁정 생활의 비현실성은 불가피했으며, 그것은 단순히 하나의 사교 유희 내지 눈부시게 연출된 쇼에 불과했다. 의리와 영웅적 행위 하는 것은 노예적인 복종이 국가의 이익과 전제 군주의 뜻에 맞을 때 문학적 선전이 거기에 붙여주는 이름에 불과하다."[7)] 즉, 그는 예절이라

6) 그런 맥락에서 메넨데스 뻴라요(Menéndez Pelayo)는 『소설의 기원 *Origenes de la Novela*』에서 감정소설이라는 장르를 기사 소설의 사랑의 연속성으로 해석한다.

는 것이 대부분 '싫은 일에 억지로 좋은 얼굴'을 하는 것을 뜻하는 것으로 파악한다. 이것이 그 시대의 허위적인 사랑의 본질인 것이다.

롤랑 바르트(1991, 50)는 다음과 같이 궁정식 사랑의 허위성을 지적한다. "이 취소된 대상으로부터 내 욕망을 욕망 그 자체로 옮기기 위해서는, 이렇듯 어느 한 순간 그 사람을 일종의 무기력한, 박제된 사물로 보기만 하면 된다. 내가 원하는 것은 바로 내 욕망이며, 사랑의 대상은 그 앞잡이에 지나지 않는다. 이런 대의명분은 내가 구실로 삼은 그 사람을 뒤로 멀리 멀어지게 하여 나를 열광케 한다." 결국, 작가의 극도의 절제는 허위로 밖에 보이지 않는다.

『사랑의 감옥』이 출판된 1492년 스페인 궁정도 르네상스 시기의 그런 궁정의 분위기와 다르지 않았다. 당시 스페인은 통일된 국가로, 유럽의 선진 강국이 되었으며 행정 기구와 관료제 국가 기구가 마련되었다. 그 결과, 스페인의 궁정은 모든 권력의 중심 장소가 되었다. 활력 넘치고 관능적인 사랑으로 가득차고 가장 무도회와 시가행진, 사육제의 외설적인 사랑이 궁궐을 지배한다.

14세기에 궁정식 사랑은 유럽에 광범위하게 퍼져 나가지만[8], 그렇다고 프로방스 지방의 이런 궁정식 사랑의 전통이 그대로 반복 되지는 않고, 각 지역에 따라 다양한 형태로 변화를 한다. 스페인은 프로방스 지방과는 달리, 봉건주의가 뿌리를 내리지 못한 곳이기 때문이어서 프로방스 식 궁정식 사랑을 그대로 수용하지는 않는다. 오히려 이

---

7) 김문규(1996:57)는 이때의 궁정을 "유럽의 제군주들이 귀족들을 궁정으로 불러 그들을 통제하기 위해 궁정에서 군사 문화대신 철학을 장려했던 르네상스 궁정의 문민화 과정을 극대화 한 것으로 볼 수 있다"라고 설명한다.

8) 13세기에 궁정식 사랑의 문학은 1225년 기욤 드 로리스(Guillaume de Lorris)가 궁정식 사랑의 문학의 교과서적 작품이라 할 수 있는 『장미의 사랑 이야기 *Le Roman de la Rose*』를 발표했다. 이탈리아에서는 랑프랑 시갈라(Lanfranc cigala), 시몬느 도리안과 페르세발 도리안(Simone &Perceval dorian), 자코포 그릴로(Jacopo grillo)들이 주축이 되었던 시칠리아 학파를 중심으로 미약하지만 궁정식 사랑의 문학이 발전하였다.

태리에서 유행한 궁정식 사랑의 변용인 '새롭고 달콤한 문체'(il dolce stil nuovo)의 영향을 직접적으로 받게 된다. 이 새롭고 달콤한 문체식 글쓰기를 지향하는 작가들, 특히 페트라르카, 귀도, 귀니젤리, 단테는 무한한 정신적인 사랑의 대상인 여인을 마리아의 위치로 절대화 시키면서 그들의 작품들은 기독교적 인 특성을 지니게 된다. 즉, 그들에게 있어서 신에 대한 봉사와 여인에 대한 봉사는 거의 같은 의미가 되는 것이다. 페트라르카의 라우라, 단테의 베아뜨리체에 대한 사랑처럼 육체가 완전히 배제된 정신적인 사랑은 곧 마리아에 대한 숭배이다. 즉 이들이 추구하는 사랑은 정신적인 사랑과 육체적인 결합을 허용하는 사랑이 아니라, 오로지 정신적인 사랑일 뿐이다. 이에 대해 호이징가(1989, 132)는 다음과 같이 주장한다: "여성 숭배, 곧 모든 보상에의 희망을 포기한 숭배가 이 관능적 사랑에서 나온다. 그리고 사랑은 미학적이고도 윤리적인 모든 완성이 꽃피어나는 밭이 되었다. 궁정식 사랑을 하는 사람은 그 사랑으로 인해 덕스럽고 순결해질 것이다. 서정시 속에서, 정신적 요소는 점점 더 중요성을 띠게 되고, 급기야 사랑은 『신생Vita nuova』에서 성스러운 지복과 신성한 지식의 상태가 되었다." 궁정식 사랑을 하는 이들은 사랑하는 여인에게 충성하고 복종함으로써 여인의 명예뿐만 아니라 자신의 명예도 지키려고 하다. 또한 일상의 삶 속에서 그들은 가장 이상적인 사람으로 지혜롭고 관대하며, 고귀한 인품의 소유자이다.

이러한 순수한 정신적 사랑의 표현은 페트라르카[9]를 거치면서 새롭

---

9) 페트라르카 사랑의 시의 특징을 간단히 요약하면 다음과 같다: 페트라르카는 사랑에 대한 개인의 경험을 바탕으로 내적 고백을 한다. 문학적 영감의 기원은 라우라로, 그녀에 대한 느낌, 경험과 여러 에피소드로 그의 시의 결정적인 축이 된다. 그에게 있어 그녀는 육체를 지닌 실제의 여인으로 그녀와의 완전한 사랑의 의미는 정신성과 감수성의 교환이다. 그녀에 대한 사랑은 연혼, 감정과 태도를 지배하는 힘이다. 그 힘은 내적 평화를 깨뜨리면서 그를 변화시켜서, 그의 내적 감정은 승화되어 시의 일반적 차원으로 승화되고, 결국 시에 대한 사랑이 된다.

고 달콤한 문체의 장르의 중요한 특징이 된다. 디에고 산 뻬드로 역시 이 새롭고 달콤한 문체의 영향을 받는다. 그리고 그의 감정 소설에서 이를 반영하여 기독교적인 신성함과 금욕을 강조하고 육체적 사랑을 금하는 내용을 쓰게 된다. 그래서 1492년 출판된 『사랑의 감옥』에서 역시 새롭고 달콤한 문체의 사랑을 나누게 된다.

『사랑의 감옥』에서 묘사되는 여인은 성녀와 같은 정신적인 권위를 가진다. 또한 궁정적 사랑의 대상이 갖는 절대적 아름다움을 함께 갖고 있는 이상적이 인물이다. 이 작품에서는 봉사한다(servir). 보답을 받다(recompensar), 회개하다(arrepentirse), 고백하다(confesar) 등의 기독교적인 어휘의 등장이 눈에 띄는데, 이것은 새롭고 달콤한 문체의 종교화된 사랑의 특성 때문이다.[10] 결국, 디에고 데 산 뻬드로는 사랑하는 대상의 아름다움에 찬복한 나머지, 신에 대한 사랑의 모습을 흉내 내고 있다. 질투심 때문에 싸우고 증오하는 세속적인 인간에 사랑과 사뭇 다른 모습이다.

그러나 『사랑의 감옥』속의 사랑은 본질적으로 허위이다. 왜냐하면, 이기심과 소유욕을 본능적으로 갖는 인간 감정을 부정하기 때문이다. 이런 사랑에 대해 케이쓰(1960, 605)는 사랑에 빠진 사람의 눈물을 보상받을 수도 없는 고독함 속에서, 거의 존재하지 않는 순간적인 행복의 기억 속에서, 또 현재의 고통을 확인하며 눈물 흘리면서 열정의 불길을 끌 수도 없는 무기력한 강을 이룬다고 표현한다. 이런 모습은 인간들 사이의 사랑이 절대 아니다. 오히려 신비주의 시인들이 묘사하는 신에 대한 고결한 사랑에 가깝다. 이는 기독교에서 신의 사랑을 성취해 나가는 방법과 유사하다.[11] 그것이 신플라톤주의적[12]으로 철학화

10) Keith Whinnom(1960)에서는 이 작품의 종교성에 대해서 자세하게 분석하고 있다.

11) 단테에서 시작된 '새롭고 달콤한 문체'(il dolce stil nuovo)라고 불리는 방식의 사랑 이야기에서 사랑은 더 철학적이고, 여인은 천사의 위치로, 사랑을 얻는 것을 신의 사랑을 얻는 것과 같은 과정이라고 생각하다.

12) 신플라톤주의는 신을 중심으로 한 인생관에 대치될 세속적 인간상의 이상상을

되어 있진 않지만, 사랑에 대한 감각적이고 성애적인 특징을 허위화시키고, 사랑을 온통 정신화로 무장하고 있다. 신비주의 문학이 신을 절대자로 섬기며 그의 자비를 얻으려는 인간의 고통스러운 과정을 주제로 다룬다면, 디에고 데 산 뻬드로는 여인의 사랑을 얻는 과정에서 발생하는 남자의 정신적 고통을 주제로 삼고 있는 것이다. 예문을 보면 다음과 같다.

> 저의 의식의 상실은 이미 알고 계실 것이고, 저의 혀의 동요는 이미 눈에 띠고, 제가 대답할 때 생각보다 많은 눈물을 흘리더라도, 이것 때문에 너무 놀라지 마십시요. 라우레올라가 가슴 속에서 눈물을 흘리게 하기 때문이지만, 그것은 저의 의지의 달콤한 식량입니다. [⋯] 다른 것을 위한 것이라면 생명이 있는 것이 아니고, 그녀의 아름다움을 찬양하기 위한 것만이 의미 있는데 제가 뭘 어떻게 하겠습니까?[13)]

순수하고 정신적인 사랑을 추구하는 주인공들은 이 세상에 존재하는 가장 완벽한 인간이다. 덕과 용기를 지닌 남자는 희생을 기꺼이 감수하며 사랑에 빠진 여인에게 보상을 얻기 위해 끊임없이 고통을 겪을 뿐이다.

『사랑의 감옥』의 형식면에 있어서도 중세 궁정식 사랑과 그 구조가 같이 한다. 이 작품은 궁정식 사랑의 교과서라고 할 수 있는 기욤 드 로리스(1995)의 『장미와의 사랑이야기』의 우의적인 형식을 따른다. 『장미와의 사랑 이야기』에서 시인은 강가와 초원을 거닐다가, 여러 가지 초상화들이 그려진 벽으로 둘러싸인 정원으로 들어가게 된다. 벽에는 연인들이 사랑에 빠졌을 때 삼가해야 할 증오, 탐욕, 허욕, 사기, 노년, 가난 등이 우의적인 형태로 그려져 있다. 작가가 사랑의 장미가 있는

추구하여 기독교적 테두리를 벗어나기 위한 대안의 방법인 "내면화 과정"을 플라톤의 이론을 중심으로 그 대안을 찾고자 했다.

13) Diego de San Pedro, *Cárcel de amor*, Madrid, Castalia, 2005, pp.105-106.

곳에 이르기 위해서는 나태, 사악함, 자만심, 냉담, 두려움, 두려움, 부끄러움, 헛소문을 조심해야 한다. 질투, 부끄러움, 두려움, 헛소문이 나타나 그녀를 성에 가두고 지킨다. 헛소문은 여성이 잘못되는 것을 좋아하는 자이다.

반면, 『사랑의 감옥』에서는 산이라는 자연을 배경으로 한다.14) 사랑의 감옥이라 불리는 우의적인 집을 우두머리인 '욕망'의 기사는 '희망'이 침입하지 못하도록 지킨다. 깊은 산속에 위치한 사랑의 집은 '기둥'과 '철문'으로 된 바위 위에 있는 요새이다. 이 감옥은 '성실'이라는 돌 위에 위치하고 있으며, 이 감옥을 지탱하고 있는 네 개의 기둥은 '이성', '기억력', '이해력' 그리고 '의지력'을 상징한다. 이 감옥의 탑 꼭대기에는 '슬픔'과 '고뇌', '고통'이 자리 잡고 있다.

> 집이 있는 땅은 한 번도 본적이 없는 너무나 강하고 그 성질이 너무 투명한 돌로 덮혀 있었는데, 그 돌 위에는 바라보기엔 너무나 아름다운 대리석으로 된 기둥이 놓여져 있었다. 기둥들이 너무나 높아서 어떻게 지탱이 될지 놀랬다.15)

또한 이 작품에서 작가는 불의자에 앉아 신음하고 있는 사랑의 포로에게 두 명의 여자가 눈물을 흘리며, 철모와 가시관을 그에게 씌워주고 있는 장면을 본다. 이런 우의적인 표현은 『장미와의 사랑 이야기』에서 정원을 두룬 거대한 벽이 담쟁이 넝쿨로 뒤 덥혀 있는 장면의 묘사와 일맥상통한다. 정원을 둘러싼 높은 벽은 남자들의 침입과 들여다보는 것을 막음과 동시에, 그녀 역시 밖을 내다 보지 못하게 막는 역할 을 한다.

---

14) Barbara E. Kurtz(1984)는 Diego de Pedros's Cárcel de Amor and the tradition of the allegorical edifice라는 글에서 이 작품의 알레고리적인 측면에 대해서 잘 설명해 주고 있다.

15) Diego de San Pedro, *op. cit.*, pp.84-85.

궁정식 사랑은 사랑하는 남녀 간의 사회 계층의 차이에 있어서도 그것의 고유의 특징을 나타낸다. 사회적 위치에 있어서 레리아노는 라우레올라보다 낮다. 비록 그들이 기사와 영주의 부인이라는 관계처럼 주종의 관계는 아니지만, 신분상으로 차이는 분명하다. 또한 그녀는 공주, 왕비, 달, 태양, 천국, 하늘, 여신으로 불리는 등 완벽한 덕과 청아한 아름다움, 젊음, 지혜를 지닌 완벽한 여인으로 묘사되는 것도 궁정식 사랑의 상투적인 표현이다.[16)]

4. 공허한 정신적 사랑

사실, 현실 속에서 『사랑의 감옥』풍의 사랑은 불가능하다. 이 작품에서 레리아노의 라우레올라에 대한 갈망은 마치 신플라톤주의자의 절대미에 도달하려는 것과 같이, 육체적인 것에는 관심을 기울이지 않고 영적으로 승화시키려는 영혼의 지고한 사랑에 집착이다. 상대를 이상화시켜 직접적인 감정의 표현을 억제하며, 이를 언어로 간접화시킨다. 비록 상대에게 다가갈 수 없지만 그 사랑은 황홀하고도 슬픈 감정이다. 그래서 크리스테바(1995)는 이런 형태의 사랑에 대해, 이상화된 절대타자는 숭고하며 무엇과도 비교될 수 없으며, 그에 비하면 나는 아무 가치도 없을 정도라고 말한다. 그러나 이런 사랑의 모습은 비사회적이고 비현실적이다. 그래서 과거는 낯선 나라라고 역사학에서 말한다. 그 사랑은 시간적으로 공간적으로 너무나 멀리 떨어져 있고 낯선 사랑이다.

16) 궁정식 사랑의 일종의 도식으로 랜슬롯과 아더 왕의 부인인 귀네비어의 경우, 즉 남자는 기사이고 여자는 군주나 영주의 부인이라는 예를 들면서 레이디와 사랑하는 연인은 계급상 약간의 차이를 언급한다. 또한 이상적인 여인의 모습, 즉 외형적으로나 내적으로 완벽하다.

이 소설에서 레리아노는 여인을 이상화시키는 행복한 과정을 통해서 명예와 사랑의 신념은 예술적인 창작으로 변형된다. 짝사랑으로 보이는 이 열렬한 사랑은 계속 지속된다. 이 사랑은 피를 말리고, 비애감에 빠지게 한다. 마치 페트라르카가 라우라에 대한 사랑을 공개적으로 고백함으로써 그녀를 관능적인 시선으로 모욕하지 않겠다는 맹세를 하듯이 말이다.

레리아노는 신과 같은 존재이다. 그래서 그녀에 대한 연모는 곧 구원이다. 그녀를 위해서라면 레리아노는 무엇이든지 할 준비가 되어 있다. 그녀는 그에게 행복을 가져다주는 연인이다. 또한 그녀는 성모 같은 고결함을 갖춘 여인이다. 레리아노는 그녀를 사랑하는 동안 오직 그녀에게 충실하면서 자신의 명예를 지키는 고상하고 고결한 사람이다. 도덕적인 인격의 재생을 이룩하는 힘은 사랑의 대상인 여성에 대한 경건한 마음에서 나온다. 성녀와도 같은 그녀는 우리가 흔히 접하는 여인이 아니라, 페트라르카의 라우라처럼, 단테의 베아트리체처럼 이상화된 천사같은 여인이다. 라우레올라는 완벽한 아름다움과 덕성의 바탕위에 신격화 된다. 즉 허영에 가득차고 관능적인 사랑을 추구하는 대상이 아니라, 성모 마리아를 숭배하는 것처럼 이상화된 대상이 된다.

> 내가 겁도 없이 감히 편지 쓰는데, 당신을 사랑하는 만큼의 이성으로 편지를 쓰고 있다면(…); 그러나 당신께 편지 쓰는 방법을 알고 있다고 해도 머리가 혼돈스러워지고 의식을 잃어버리고, 이런 이유로 편지를 쓰기도 전에 저는 커다란 혼란 속에 빠져 버릴 것입니다. 저의 신념은 감히 편지를 쓰라고 합니다; 제가 두려워하는 당신의 위대함이여; 한편으로는 희망이 있지만 다른 한편으로는 절망합니다.[17]

그녀에 대한 사랑의 표현을 이런 식으로 밖에 못하는 것은 그녀는

---

17) *Ibid.*, p.99.

결코 도달할 수 없는 존재이기 때문이다. 그는 시를 통해서나마 그녀에게 사랑의 고백을 하고 사랑의 비밀을 털어놓는다. 그렇지만 그녀는 자기 명예를 잃을지도 모른다는 두려움 때문에 그녀의 감정에 갑옷을 두른다. 사랑의 열망과 욕망은 이 두려움 때문에 다른 감정으로 대체된다. 그래서 구체적인 이별, 비도덕성, 거짓말, 질투, 관능, 정열, 분노와 우울은 품위와 기품, 우아함과 예의로 치장된다.

> 저의 명예를 더럽히지 않고 당신의 불행을 치료할 수만 있다면, 당신이 요구하는 것을 제가 하겠습니다. 그러나 당신이 아시다시피 여자들은 목숨보다도 자기 명예를 더 지켜야 한답니다. 그러므로 여자들은 덕성을 가장 소중하게 여겨야 한답니다. 다시 말해서 레리아노의 생명이 저의 죽음으로 가능 한다면 제가 자비를 베풀어야 하는 사람이 저인지 당신의 불행인지 이성적으로 당신이 판단해 보시죠.[18]

레리아노가 꿈꾸는 이상화된 사랑은 현실의 무분별함과 추함, 외설, 결점, 불순을 망각하게 해주는 수단이다. 그래서 그의 사랑은 상상의 형태를 취할 수밖에 없다. 반면, 그녀는 사랑에 빠져 있지 않다. 그리고 그녀는 타자이다. 줄리아 크리스테바(1995, 163)는 이 상황을 마치 나르시스처럼 환영 이외의 다른 대상은 없는, 사랑의 현기증이라는 것과 대면하게 된다고 말한다. 그녀는 마치 그림자와 같다. 그녀가 떠나가면 그대로 사라지고 마는 환영일 뿐이다. 어쩌면 그런 고통을 겪도록 만드는 여인은 레리아노가 상상해낸 허구적 인물일지도 모른다. 작가는 그를 고통스럽게 하는 사랑과 영원히 함께 하고 싶어 한다. 결국 작가는 혼돈과 위안을 받을 수 없고, 혼돈의 고독 속에서 침몰할 수밖에 없다.

레리아노는 자신의 고통과 사랑이란 감옥에 갇혀있다. 이런 상상의

18) *Ibid.*, p.103.

감옥에서 빠져 나오는 방법은 다름아닌 바로 자신을 고문하는 것이다. 그가 사랑하는 대상은 그가 도저히 접근할 수 없는 공주이다. 그녀에게 다가갈 수 없는 제약이 크면 클수록 더욱 그녀로부터 자신을 떼어놓을 수가 없다. 반면 그녀는 그의 사랑으로 인해 상처를 입지 않는다. 지고의 사랑을 하고, 후에 이루지 못한 사랑으로 고통당하며, 항상 마음속에는 죽음의 비전이 담겨져 있다고 디에고 데 산 뻬드로는 노래한다. 그는 고통을 받아들이고, 그것을 피할 수 없는 숙명으로 받아들인다. 이러한 안타까움은 다음 구절에서 슬프게 묘사된다.

> 당신의 덕성스러운 자비에 호소한 저의 열정을 아실 것입니다. 어떤 이유도 없이 저의 열정을 받아들인다고 믿을 수 없습니다. 즉 당신의 추한 명예에 또 당신의 고지식함에 호소하는 게 아닙니다. 저의 불행을 원하신다면 왜 그것을 의심 하십니까? 느낄 수는 있지만 보여 줄 수는 없는 그렇게 큰 고통이 당신 가슴 속을 채우고 있다는 것을 알고서 저는 이유도 없이 죽습니다.[19)]

이런 사랑은 인간의 감정위에 문명의 갑옷을 입은 채 순수하고 아름다운 감정은 위장되어 굴절된 모습으로 나타난다. 볼프강 라트(1999, 132)는, 인간은 자기 안에 격리되었으며 폐쇄된 자아의 영역에 적응한다. 요란한 가발과 층층이 겹쳐 입은 옷이 상징하는 자기 과시는 폐쇄된 자아의 다른 이름일 뿐 이라고 말한다. 그는 감정 표현의 한계성을 언급하고 있다. 이런 감정을 표현할 수 있는 것은 은유 밖에 없다. 그것은 극단적으로 말하면 표현 불가능한 감정이다. 가슴 깊숙이 파고들어 우리의 의지를 마비시켜 버리는 사랑의 힘이지만 이런 감정은 통제될 수밖에 없다. 볼프강 라트(1999, 121)가 부연하길, 그런 사랑은 자연적인 열정을 억제하고 감정을 통제하며 나아가 행동 방식과 생활 태도

---

19) *Ibid.*, p.151.

를 규제한다. 인간은 자신과 거리를 취하여 자신을 객관적으로 관찰하도록 교육받는다. (…) 이런 사랑의 표현 형태는 깍듯한 예의범절, 가장 장시간의 탐색을 거친 접근, 육체적 향락을 거부하는 데서 느끼는 기쁨, 잠재우지 못한 욕망의 긴장, 고통의 만끽 등, 나와 너 사이에 벌어지는 가지각색의 권력 쟁탈전이라고 설명한다. 사랑하는 사람을 위해서 스스로를 질책하면서, 사랑과 함께 새롭게 변화된 세계 인식이 시작된다. 그 사랑은 사랑하는 사람에게 엄청난 고통 을 안겨주지만, 작가는 이런 고통을 환영과 축복의 감정으로 받아들인다.

이런 과정은 사랑이라는 숭고한 감정이 언어를 통해서 현실 속에서 하나의 제도가 되는 것을 보여준다. 그것은 사랑이 제도화되어 가면서 겪게 되는 운명이다. 함재봉(1994, 28)은 이에 대해, 정치, 사회, 문화, 역사의 영향을 받지 않은 순수 이성, 의식이란 없는 것이며 그 모든 것들 역시 권력/지식을 통하여 형성된다고 설명한다. 그러므로 그 작품을 쓰는 산 뻬드로의 경우에도 객관적일 수 없다. 정도의 차이는 있겠지만 시대적 상관물로 보는 관점은 위에서 살펴본 연애시의 전통을 설명할 때도 마찬가지다. 그래서 글쓰기와 독서는 언제나 역사적, 사회적으로 정해진 작업이며 그 세계 안에서 그리고 개인적, 집단적 인간의 내리 자리로 귀결되는 세계 위에서 형성되어 진다는 몬트로스(1989, 114)의 설명은 더욱 설득력 있게 다가온다. 정신분석학은 이러한 형태로 밖에 표현될 수 없는 인간 감정은 은유, 압축, 환치, 전이와 금지들을 통해 표출된다고 설명한다. 크리스테바(1995, 584)에 의하면, 욕망과 증오의 한복판에서 이상화를 위한 능력을 불러일으키는 전이의 사랑은 성도착의 비우기, 그리고 위로하기라고 말한다. 이것은 사랑하는 남녀 둘 사이에 극복할 수 없는 차이와 고독이 존재하는 것을 암시한다. 또한 이는 충족되지 않는 허전한 사랑의 모습이며, 높은 이성의 장벽을 허물 수 없다. 클리포드 기어츠(1973, 5)의 사랑에 빠진 자는 자기 애인에게 접근할 수 없을 때 더욱 더 아름답고 그럴수록 더욱 현실로부터 멀어지는 이미지를 구축한다는 주장이 설득력을 얻는다.

인간 모든 주체는 자신이 속한 사회적 상황에서 자유로울 수가 없다. 문화인류학자 기어츠(1973, 5)의 표현을 빌자면 "인간은 자신이 직조한 의미의 그물에 매달려 있는 거미이다." 인간의 행위와 사고방식은 그 당시의 문화에 깊이 얽혀 있기 때문이다. 텍스트는 독자성을 갖춘 담론의 체계가 아니라 정치, 사회, 문화 등 외부적인 환경에 의해 이미 규정되어 있고 종속되어 있기 때문이다.

연애시를 통해서 본 글쓰기에 있어서도 문학, 문화 그리고 사회는 서로 밀접하게 연결되어 있다. 텍스트는 역사적, 문화적, 사회적 상황과의 관계 속에서 이해된다. 하우저(1980, 234)에 따르면, "따라서 이 시대의 문화 전체도 많건 적건 간에 경화된 인습에 얽매여 있다. 사교의 예의나 검정의 표현형식뿐 아니라 감정 그 자체도 그랬듯이, 문학과 예술의 형식, 예컨대 서정시의 자연묘사와 비유의 사용법에서 조형예술의 '고딕 곡선'이나 인물의 애교 있는 미소에 이르기까지 모두가 유형화(類型化)된 것이라고 한다.

따라서 『사랑의 감옥』속의 사랑은 서로가 즐기는 감정의 교류가 아니라 시대적인 맥락 속에서 탄생한 표현 방식이다. 사랑이란 원래 개인과 개인의 관계이며 감정이다. 하지만 사람은 누구나 사회 속에서 살고 있으며 다락방에서 고립되어 존재할 수는 없다. 디에고 데 산 뻬드로의 사랑의 방식은 새로운 글쓰기 양식이 등장하고 사라지는 반복의 과정에서 궁정식 사랑의 방식이 르네상스의 페트라르카와 단테의 르네상스 전통을 반복하고 변형하는 것으로 이해해야 할 것이다.

5. 나가는 말

『사랑의 감옥』은 전쟁, 종교, 과학 등 여러 방면에서 발전과 변화가 이루어진 르네상스 시대에 쓰여 진 작품이다. 이 시대는 역사의 급격한 단절로 중세의 시대적인 한계를 뛰어넘게 된다. 그래서 브르크하르드와 미슐레는 이런 새로운 시대를 정의하는 키워드로 관능성을 상정한다. 그러나 산 뻬드로는 이들의 반대편에서 정신적인 사랑을, 극도로 절제된 사랑을 노래한다.

디에고 데 산 뻬드로는『사랑의 감옥』에서 궁정식 사랑을 비롯해서 현실적이고 철학적이며 기독교적인 다양한 사랑을 노래한다. 그래서 이 작품에서의 사랑은 격렬한 내적 흥분과 내부의 긴장을 억제하는 방식으로 전개된다. 고통과 기다림의 시간 속에서 질투, 유한성, 감동, 허영 같은 인간적이고 내밀한 감정을 자제하고, 인내심 많고 정중하며, 자기희생적이고 기독교적인 모습을 보여준다. 그는 한 여인에 대해 감정을 초월한 지순한 사랑을 묘사한다. 궁정식 사랑에서 표현 양식과 비유 등을 차용해서 궁정식 사랑과 르네상스 사이를 오고간다고 볼 수 있다. 그런 그의 모습은 우리들에게 기이하고 불가해하게 느껴진다. 결국, 종교적 신심과 도덕성을 갖춘 그녀는 현실의 인간이 아닌 상상의 연인, 즉 이상화된 존재처럼 보인다. 그녀와 레리아노가 나누는 표현들은 세대와 세대를 거쳐 내려온 진부한 말투, 기분과 감정을 나타내는 상투적인 말투의 변주로 가득 차 있다. 이 공허한 잡담은 명예와 예절의 벽에 가로 막혀 진정한 감정을 감추기 위한 어쩔 수 없는 선택이다. 따라서 사랑의 완성은 불가능한 것으로 보인다. 디에고 데 산 뻬드로의 소설은 가장 내적이고 개인적이며 절대적인 사랑의 위장된 형태이다. 그는 사랑에 대한 고통스런 소통의 부재와 기다림을 언어적 예술로 창조하며, 여성의 미와 사랑에 대한 철학을 체계화 시키며, 사랑이 담론화 되어 가는 과정을 보여준다.

철학과 문학에 다양하게 변주되어 스며든 이런 것들이 주인공들이 살았던 시대의 연애 방식을 규정하는 요소들이자 배경이었다. 다만,『사랑의 감옥』에서 정신적 사랑은 전통적인 궁적식 사랑에 비해 좀더 신성한 사랑으로 승화되는 것이 차이점이다. 하지만, 사랑에 권위를 부여하는 중심 설정은 궁정식 사랑과 다르지 않다.

이런 방식의 표현이 『사랑의 감옥』을 채우고 있는 문화 현상이고 문학적 움직임이다. 중세 사람들이나 산 뻬드로가 생각한 사랑은 오늘날의 사랑과는 다른 형태의 사랑 방식이었던 것이다. 본 연구를 통해 확인 할 수 있었던 것은 사랑이라는 가장 보편적인 감정의 표현에 있어서도 지배적 문화 정신으로부터 결코 자유롭지 못하다는 사실이다.

결국, 문학 속의 사랑도 현실에 개입하는 문화적 실행이다. 이것은 당시의 시대적 구조와 환경의 정해진 조건들의 맥락에서 이해되어야 한다. 이러한 맥락에서 보면 남녀의 사랑과 관계도 문화적 생성물로 해석된다. 디에고 데 산 뻬드로는 궁정인으로서 주인공들의 사랑을 사회적인 관계 속에서 표현할 수밖에 없었다. 현실은 프로이드가 말한 대로 '현실 원칙'을 무시하고 '쾌락 원칙'에만 몰두하도록 허용하지 않기 때문이다.

❑ 참고문헌

김광요(1997), 「슈타우펜왕조 시대의 독일 문학 연구 - 궁정 기사 문학의 탄생과 장르 분석을 중심으로」, 『외대 어문학 인문학 논문집』, 30집, 한국외대.

김문규(1996), 「Hamlet, 르네상스 궁정의 이상과 그 역사적 패배」, 『덕성여대 논문집』, 25집.

육영수(2000), 「지성사의 위기와 새로운 문화사」, 『역사와 문화』, 창간호, 서울: 푸른숲.

이현주(2002), 「궁정식 사랑: 허구인가? 현실적 실체인가?」, 『고전 · 르네상스 영문학』, 11권 1호.

조신권(1999), 『정신사적으로 본 영미문학 - 중세편』, 서울: 한신문화사.

함재봉(1994), 「미셸 푸코의 권력관과 정치 비판」, 『현상과 인식』, 60호.

홍재범(2000), 「12세기 '궁정식 사랑'의 사회 문화적 의미」, 『서양중세사연구』 6집, 한국서양중세사학회.

루이스 몬트로스(1992), "르네상스에 대한 언급: 문화의 시학과 문화 정책", 아람 비서, The New Historicism, Routledge, 1989, 『시문학』, 250호.

Barthes, Roland(1991), *Fragments d'un discours amoureux*, 『사랑의 단상』(김희영 역), 서울: 문학과 지성사.

Lorris, Guillaume De(1995), *Le Roman de la rose*, 『장미와의 사랑 이야기』, 서울: 솔 출판사.

Besó Portalés, César(2002), "El Sentimiento amoroso en la Cárcel de Amor", *Revista de Estudios literarios*, Madrid: Universidad Complutense de Madrid.

Chorpenning, Joseph F.(1980), "Lerianos's consumption of Laureora's letters in the Cárcel de Amor", *MLN*, vol. 95 n°2.

Demony, A. J.(1953), "Courtly love and courtliness", *Speculum*, XXVIII.

Gascón-Vera, Elena(1979), *La ambigüedad en el concepto del amor y de la mujer en la prosa castellana del siglo XV*, Boletín de Real Academia Española.

Hauser, A.(1985), *Sozialgeschichte der Kunst und Literatur*, 『문학과 예술의 사회사, 고대·중세편』(백낙청, 반성완 역), 서울: 창작과 비평사.

Hauser, A.(1980), *Sozialgeschichte der Kunst und Literatur*, 『문학과 예술의 사회사, 근대편 상』(백낙청, 반성완 역), 서울: 창작과 비평사.

Hawkes, Gail(2004), *Sex and Pleasure in Western Culture*, Cambridge Polity Press.

Huizinga, Johan(1989), *Herbst des Mittelaters; Le Déclin du Moyen Age*, 『중세의 가을』(최홍숙 역), 서울: 문학과 지성사.

Kristeva, J.(1995), *Histoires d'amour*, 『사랑의 역사』(김영 역), 서울: 민음사.

Kurtz, Barbara E.(1984), "Diego de Pedros's Cárcel de Amor and the tradition of the allegorical edifice", *Journal of Hispanic Philology*.

Lot-Borodine, Myrrha(1928), "Sur les origines et les fins du service d'amour", *M'elanges Jeanroy*, Paris.

Luis Alborg, J.(1986), *Historia de la Literatura Española-edad media y renacimiento*, Madrid: Gredos.

Pozuelo Yvancos, José María(1979), *El Lenguaje poético de la lírica amorosa de Quevedo*, Murcia, Secretariada de Publicaciones de la Universidad de Murcia.

San Pedro, Diego de, *Cárcel de amor*, edición de Keith Whinnom, Madrid: Castalia.

Sherman Severin(2005), Dorothy, *Structure and Thematic repetitions in Diego de San Pedro's Cárcel de Amor and Arnalte y Lucenda*, Hispanic Review, XLV.

Whinnom, Keith(1960), "The Religious poems of Diego de San Pedro: Their relationship and their Dating", *Hispanic Review*, vol. XXXVIII, n°1.

Wolfgang, Rath(1999), *Liebe Die Geschichte eines Dilemmas*, 『사랑 그 딜레마의 역사』(장혜경 역), 서울: 끄리오.

IV. 『엘 끄리띠꼰』과 식민지주의

1. 들어가는 말

스페인은 중남미 정복 과정에서 정치적 지배나 경제적 수탈만이 아니라, 인디오들 고유 문화의 말살과 가치관의 비하를 통해서 정신적인 예속화를 함께 시도한다. 식민지에서 인디오들의 고유한 문화와 문명은 사라지고, 스페인의 사회와 종교, 정치가 인디오사회에 그대로 제도화된다. 스페인은 또한 문명과 야만, 지성과 감정, 영성과 수성 등의 이항 대립적인 구도에 바탕을 두고 식민지를 개척하게 된다. 즉 스페인은 문명과 이성과 영성의 세계이며, 반면 인디오사회는 야만과 열정과 수성을 가진 지역으로 간주한다. 이러한 대립에서 전자는 우월성을 부여받고, 반면 후자는 매우 열등한 집단으로 규정된다. 이 논리를 근거로 전자가 후자를 지배하는 것은 지극히 자연스러운 사실로 인식되기에 이른다.

또한 스페인의 종교인 가톨릭은 인디오들이 신봉하는 미신으로부터 그들을 해방 시켜 줄 수 있는 그럴 듯한 명분으로 작용한다. 하지만 세뿔베다와 데 라스 까사스 논쟁을 통해서 볼 수 있듯이, 당시의 가톨릭은 종교를 벗어나 일종의 지배방식이자 사고체계이다. 스페인 사람들은 인디오들의 식인 풍습과 인신 공양을 비도덕적이고 타락한 종교적 제의로 규정하고, '사람은 좋은 것을 다른 사람에게 강요할 권리 또는 의무를 지니고 있다[1]'는 논리에 근거하여 인디오들을 그들의 합리적이고 우월한 종교로 강제 개종시킨다. 그리하여 스페인의 사고와 종교를 전파해야 하는 것에 대한 정당성은 사이드가 말하는 문화적 헤게모니로 작용하기 시작한다. 다시 말해서, 문명화 된 사회, 즉 질서 잡힌 문명 세계가 미개한 자연의 세계에 빛을 전파하는 것은 이들 스페인 사람들의 의무인 것이다.

위의 입장은 19세기 제국주의[2] 시대를 앞서, 스페인 사람들의 식민지 지배에 대한 당시 16~17세기적인 표현이다. 본 연구에서는 16~17세기 식민시대 당시 이러한 스페인 중심적 사고 형태가 하나의 식민주의적 언술 행위로서 어떻게 문학 텍스트를 통해서 구체화되고 있는지 살펴보고자 한다. 즉, 중남미에 대한 정치적 지배와 경제적 착취를 정당화하는 스페인의 식민주의적 언술 전략으로서 문학텍스트를 고찰하고 논의할 것이다.

연구 텍스트는 그라시안의 『엘 끄리띠꼰 El Criticón』이다. 이 작품은 그라시안의 대표적인 소설로 모두 3부로 구성되어 있다. 『엘 끄리띠꼰』은 복잡한 구조와 상징, 낭만적인 자연 예찬, 인생에 대한 알레고리, 그리고 사회와 근대 문명을 조명한다. 그라시안 자신의 철학과 해박한 지식을 보여주는 알레고리적 형태의 전개방식이 특징인 이 작품은 사건들과 인물들에 대한 그러한 암시와 미묘한 언어 때문에 전형적인 바

---

1) Luis Hanke, *La Humanidad es Una*, México, Fondo de cultura económica, 1974, 98-113(Seúlveda, Defensa에서 재인용, pp.26-32).

2) '식민주의'와 '제국주의'라는 용어에 대해 본 연구는 다음과 같이 그 사용범위를 정한다. '제국주의'라는 용어는 19~20세기 초까지 유럽이 식민지 지역의 정치적 주권 침탈과 식민지 경제의 일방적 수탈을 했던 방식을 의미한다. 그러나 이런 제국주의적 현상은 스페인이 아메리카를 정복할 때의 식민주의와 대체로 동일한 현상이므로 두 용어를 같은 의미로 사용한다.

로크 작품으로 분류되어 왔다.[3)] 그러나 지금까지의 이런 바로크적인 해석은 작품 전체를 이해하는데 제약이 되기도 한다. 기존의 제한된 시각은 작품이 쓰여진 사회 - 역사적 맥락과는 크게 단절된 단순한 해석만을 낳는다. 그렇다고 문학 텍스트를 순전히 정치적 맥락에서 해석하는 것도 완전하지는 않다. 따라서, 기존의 해석에서 아직 논의되지 않은 당시의 사회적, 문화적인 의미와 연결시켜 텍스트를 분석하되, 순수한 문학적 해석을 무시하지는 않을 것이다.

기존의 해석 방식에서 벗어나 당대 사회와의 관계 속에서 문학 텍스트의 담화를 보고자 하는 접근은 유럽 중심적 시각에서 벗어나고자 하는 탈식민적 관점이다. 타자를 비문명과 야만과 무질서로 가득 찬 집단으로 상상해서 묘사한 식민주의 담화라는 관점에서 『엘 끄리띠꼰』을 검토할 것이며, 문명 대 원시, 이성과 광기라는 대립적 인식 개념을 작품과 연관시켜서 살펴보고자 한다. 좀 더 구체적으로 식민지 개척에 기여한 이데올로기적 흔적을 찾아가는 작업이 될 것이다.

2. 원시인과 문명인

이 작품의 줄거리는 끄리띨로가 난파 당해서 안드레니오가 살고 있던 산따 엘레나 섬에 도착하는 것으로 시작된다. 주인공은 끄리띨로와 안드레니오 두명인데, 이 둘의 캐릭터는 정반대이다. 끄리띨로가 이성, 문명, 영성을 상징하지만, 이 섬에서 만난 안드레니오는 이성이 아닌 열정만으로 행동하는 인물로서 유혹에도 쉽게 굴복하는 짐승과 같은 미개인이다. 즉 그는 육체의 욕정 같은 인간의 본능만 있을 뿐, 말을 할 줄도 글도 쓸 줄도 모르는 사람이다. 어떤 설명을 하더라도 전혀

---

3) Juan Luis Alborg, *Historia de la Literatura Española* II, Madrid, Gredos, 1987, p.858.

알아듣지 못하는 동물 같은 이류 인간이다. 따라서 정상적 사회의 영역을 벗어난 비정상적 사회에 속하는 존재이며, 정체된 비문명의 세계에 사는 야만적인 인물이다. 한편, 끄리띨로는 미개한 안드레니오에게 말과 글을 가르치면서 교육시킨다. 그는 말을 배운 후 끄리띨로에게 그가 어떻게 성장하였는지를 말해준다. 끄리띨로는 그를 교육시키면서 그의 권위를 인정받는다.

끄리띨로와 안드레니오는 함께 지나가는 배를 발견하고, 그 배를 타고 산따 엘레나 섬에서 구조된다. 그리고 그들은 스페인의 아라곤과 바르셀로나, 그리고 프랑스와 로마를 거쳐, 종국에 가서는 '불멸의 섬'에 도착하는 긴 여정을 보낸다. 온갖 난관과 역경을 극복하고, 드디어 미덕과 덕성의 오솔길을 통해서만 들어갈 수 있는 가장 이상적인 장소에 도착한다.

안드레니오는 끄리띨로와의 긴 여행을 통해서 그로부터 문명의 지혜와 의지, 영혼, 사랑 등 인간의 정신적 가치를 배운다. 안드레니오는 원시적이고 자연적이며 무질서한 세계로부터 유럽 문명의 울타리로 진입한다. 이는 유럽적인 문명의 질서에 편입되는 것이다. 여러 장면에서의 논리적 불일치에도 불구하고 끄리띨로는 이성으로 무장한 지식인의 모습으로 묘사되며, 그가 말한 것은 모두 진실하게 보이고 권위를 갖게 된다. 이 작품에서 안드레니오로 상징되는 비문명 사회는 역사적 발전이나 미래에 대한 구체적 비전이 결여된 사회이다.[4] 시간이 정지된 공간으로 그런 사회는 영원한 현재만이 있을 뿐이어서 과거와 현재는 동일한 모습을 하고 있다.

이러한 비문명 공간인 섬은 언어조차 없는 무지로 가득 찬 세계이다. 다른 사람과 의사 소통이 불가능하여, 동물이나 새의 소리를 흉내내는 것이 전부이다. 끄리띨로가 난파되어 섬에 처음 도착했을 때도

---

4) Ricardo Senabre, *Gracián y El Criticón*, Salamanca, Ediciones Universidad Salamanca, 1979, p.43.

그를 구해준 안드레니오에게 고맙다는 말을 하려하지만 전혀 의사소통을 할 수 없다. 조난자는 그의 건강과 운명에 대해 질문하면서 그를 껴안고 감사 말을 반복했지만 놀란 섬사람은 아무 말도 대답하지 않았다. 끄리띨로는 자신의 말을 전혀 이해하지 못하는 안드레니오의 무지한 얼굴을 바라보고 극도로 놀랐지만, 자신과 똑같은 모습의 한 인간을 만나게 되었다는 즐거움에 어쩔 줄 몰랐다.[5)]

2.1. 원시성의 탈피와 새로운 자연관

끄리띨로는 이 무지몽매한 그에게 안드레니오라는 이름을 지어주고 언어를 가르쳐준다. 미개한 안드레니오를 문명의 빛으로 인도하려는 끄리띨로의 노력과 소망[6)] 덕분에 드디어 안드레니오는 발음도 하고 질문도 할 수 있게 된다.

처음에 안드레니오는 자연을 곧 어머니로 생각하고 있었다. 왜냐하면 맹수가 그에게 젖을 먹여주었고 사냥해온 고기와 과일을 같이 나눠 먹었기 때문에 맹수를 자신의 어머니라고 부를 수밖에 없었다. 그러나 그가 끄리띨로에게서 새로운 지식과 언어를 배우게 되면서 자신이 동물들과 다른 존재라는 것을 인식하기 시작한다. 거미들처럼 실을 뽑으면서 살아갈 수도 없고, 원숭이들처럼 나무 사이를 건너다닐 수 있는 능력도 없다. 더욱이 그가 동물과 다르다는 것을 분명히 인식하게 된 것은 동물들은 울부짖기만 하지만 그는 웃을 수도 울 수도 있으며, 동물들의 머리는 바닥을 향해 있지만 그의 얼굴은 하늘을 향해 있는 직립보행의 존재라는 사실을 깨달으면서부터이다.

"너는 사납다고 부르지만, 나는 나를 낳아준 존재라고 믿고 어머니

---

5) Baltasar Gracián, *El Criticón*, Barcelona, Planeta, 1985, p.9.

6) *Ibid.*, p.10.

> 라고 불렀다. (…) 그의 젖으로 나를 키워준 맹수를 어머니로 믿었다. 내가 형제라고 생각하는 맹수의 새끼들과 함께 자랐다. (…) 그가 가져온 사냥감과 과일도 나와 나눴다."[7)]

마찬가지로, 안드레니오가 비옥한 땅, 수많은 생물들, 바다, 강, 산 등 자연에 대해 갖고 있던 소박하고 원시적인 생각이 바뀌기 시작한다.[8)] 즉 인간을 풍요롭게 해주는 수많은 은혜로 가득한 공간이라는 낭만적인 자연관은 베이컨 식의 근대적인 자연관으로 바뀐다. "자연은 객관적으로 주어지는 것이 아니라, 객관적으로 만들 수 있는 어떤 것이다. 자연 인식의 목적은 이제 더 이상 옛 백과 사전들이 행했던 것처럼 객관화된 것들의 질서가 아니라 법칙에 따라 가능성의 영역에서 추출해낸 사실들을 구성하는 것이다."[9)] 인용한 문장을 통해서 보듯이, 새로운 사회로 전환하는 시점에서 자연에 대해 새로운 인식을 하게 된다. 이와 마찬가지로 안드레니오도 베이컨의 새로운 자연관으로 자신의 생각을 바꾸게 된다. 베이컨에 의하면, 새로운 사회는 기술과 과학이 지배하게 하고 새로운 사회의 새로운 철학은 기술적 성취들에 경탄을 보내게 되며, 이로서 자연에 대한 광범위한 지배는 전통으로 굳어진다. 오트프리트 회페는 "베이컨은 자연을 재료와 상품의 저장소로 간주하였다. (…) 행위주체와 자연과의 이러한 대립은 베이컨에 의해서 정식화되고, 나중에 데카르트에 의해 더 날카롭게 정식화되었다"[10)]고 설명한다. 끄리띨로를 만나기 전에 갖고 있던 안드레니오의 자연관은 베이컨과 데카르트의 그것으로 변화하게 된다.

---

7) *Ibid.*, p.11.
8) *Ibid.*, pp.21-31.
9) 오트프리트 회페, 『철학의 거장들 - 근대편』(이강서 외역), 서울: 한길사, 2001, p.46.
10) *Ibid.*, p.51.

2.2. 자아인식과 이성의 생성

호기심에 가득 차 새로운 지식을 배운 안드레니오는 어느 날 자기 자신에 대해서 의심하기 시작한다. 나는 누구인가에 대해서 질문한다. 회의를 통해서 새로운 존재가 된다. '이성의 빛'이라고 표현한 자기 자신의 존재에 대해 의심하고 회의한다. 그러면서 끄리띨로의 이성적이고 문명화 되어있는 신중한 모습을 배운다.

> "살다보면 어느 시기에, 갑자기 지식과 빛과 깨달음의 욕구가 든다. 나를 되돌아 보고, 내 존재에 대해서 반성하게 된다. ≪이것이 무엇인가? - 말했었지 -. 나는 나인가, 내가 아닌가?, 그런데 내가 살아 있고, 인식하고 깨닫고 존재를 갖고 있는데. 그런데 나라면, 나는 누구인가? 누가 내 존재를 부여해 주었으며 무얼 위해서 존재를 부여해 주었지? 세상에 끼어 산다는 것은 얼마나 불행한 일인가! 나도 이들처럼 잔혹한 사람이냐? (…)≫."[11]

지식을 통해서 진리와 확실성에 이를 수 있고, 자연의 빛을 우리에게 가져다준다. 이에 도달하기 위해서는 가능한 한 모든 것을 배워야 한다. 이 배움의 과정에서 이성적인 삶에 대한 직접적인 노력은 물론이고, 안드레니오로 대변되는 언어의 상실과 야만은 부끄러운 과거로, 그리고 끄리띨로는 유럽이라는 문명은 하나의 축복이라는 인식을 당연한 것으로 받아들인다.

안드레니오의 이러한 변화의 바탕은 데카르트와 베이컨[12]의 사상이다. 데카르트는 새로운 사상체계를 오직 이성의 바탕 위에 세우려고

11) Baltasar Gracián, *op. cit.*, p.12.

12) 참조. 프랑스 신고전주의 이론가인 샤플랭은 "이성의 빛에 의지해야 한다. 이성은 단순하고 확실하며 우리가 진정한 자연적 미를 발견할 수 있는 것은 이성의 방법을 통해서이다."라고 말한다.

했다. 그는 인간의 이성의 힘으로 진리와 확실성에 도달할 수 있다고 주장한다. 의심한다는 것이 사유의 한 방식이고, 사유는 현존의 한 방식이다. "<나는 사유한다. 그러므로 나는 현존한다>는 것은 형이상학에서 파기될 수 없는 최초의 확실성이고, 확고부동한 일 점으로서 다른 모든 확실성들이 의존하는 것이다."[13] 따라서 인간은 단지 이성으로서만이 삶의 본질적인 진리에 도달할 수 있는 것이다. 이렇게 이성주의는 인간 정신의 고유의 능력으로 사고에 있어서 주도적 기능을 한다. 인간 이성의 보편성을 근거로 보편적인 이성적 진리가 있다는 결론에 도달하게 된다. 회의하는 이성을 통해서 자아를 인식한다. "우리는 누구나 순수한 지성의 힘을 통하여 어떤 본유 관념을 가질 수가 있다 ― 우리가 그것을 명백한 의식 위에 확연히 그려 낼 수 있도록 재간과 주의력이 충분하든 못하든 우리는 그것을 가질 수가 있다."[14] 그것은 무엇보다도 이성의 유무에서 비롯된 것이라고 생각된다. 왜냐하면 이성이야말로 문명권과 미개인으로서의 <그들>간의 차이를 확정지워주는 결정적 요소이기 때문이다. 기독교 문명/비기독교 문명과 같은 넘을 수 없는 구분은 이성에 의한 사고 능력의 여부로 타자인 그들과 문명 세계를 구별시켜주는 요소인 것이다.

이런 그의 인식론은 '지식은 선이고 무지는 죄이다'라는 말로 연결된다.[15] 끄리띨로는 이러한 합리적 사유를 하는 이상적 인물로 등장한다. 이성으로 무장한 그는 스페인의 명예와 신분의식을 내세우는 전근대적인 인물이 아니라 새로운 세계관인 이성으로 무장하고 이를 보편성으로 내세운다.

---

13) 오트프리트 회페, *op. cit.*, p.110에서 재인용.

14) 스터링 P. 램프레히트, 『서양철학사』(김태길 외역), 서울: 을유문화사, 1992, p.311.

15) 과학주의와 이성에 종속된 윤리는 실증주의가 되고, 제국주의의 세계관을 배태하는 원동력이 된다. 19세기에 이르러 실증주의자들인 르낭과 텐느로 대변되는 실증주의 철학자들에 의해 식민주의를 정당화하는 논리를 보고 있는 듯하다.

> "단지 최상의 창조자만의 끝없는 지식만이 그렇게 아름답고 불멸의 방식, 질서, 조화를 발견할 수 있을 것이다."[16]

인간에게 있어서 선과 악을 판단하는 능력이 이성인데, 이 최상의 창조자가 가진 능력인 이성은 교육을 통해서 키워진다. 이처럼 이성은 세계를 질서 잡히게 하는 원동력으로 인간의 행복한 삶을 보장하는 기틀이다. 이런 사회에서 존재하는 인간은 질서와 함께 자유롭게 살아갈 권리를 가진다. 그리하여 그가 믿는 문명은 과학의 발전으로 가능하며, 인간의 삶을 개선·진보시켜줄 수 있다는 낙관적인 세계관을 배태한다. 반면 폭력과 예속의 상징은 본능으로 표상 된다. 그래서 안드레니오는 끄리띨로에게서 말하는 것을 배우고 뒤로 갈수록 변화한다.

마드리드, 세비야, 바르셀로나, 똘레도를 여행하면서 끄리띨로가 문명 세계를 탐욕스럽다고 비판하는 부분[17]을 보면, 인간의 본성을 억압하는 것은 문명이나 교육이며 이런 구속으로부터 해방된 순수한 자연의 상태가 아직도 존재하며, 이 자연 상태로의 회귀를 통해서만이 인간은 행복할 수 있다는 말을 하려는 듯하기도 한다. 물론 문명화된 세상이 완벽한 세상으로 행복을 주는 그런 곳은 아니다.

> "영혼의 눈을 뜨게되어 이 세상의 속임수를 알게 된다면 누구든지 이 세상에서 도망치려고 할 것이다."[18]

끄리띨로가 말하고 있는 이 구절은 마치 루소의 낭만주의적 시각을 보고 있는 듯하다. 문명의 허식을 벗겼을 때 드러나는 인간의 야만적인 모습과 야만적인 본능이 도사리고 있는 인간 사회를 비판하는 듯

---

16) Baltasar Gracián, *op. cit.*, p.12.
17) *Ibid.*, pp.125-131.
18) *Ibid.*, p.44.

하다. 분명 문명 사회의 우울한 모습을 지적하고 있다. 그러나 이 작품에서 비판하는 문명이 모든 구속이나 억압으로부터 벗어난 본능적인 인간으로의 회귀인지 이성에 바탕을 둔[19] 윤리의 수립을 의미하는 것인지는 확실치 않다. 왜냐하면 17세기 신고전주의 이론가들은 자연을 이성과 같은 동의어로 사용했기 때문이다. 또 자연이 본능적인 인간을 의미하는 것이라면 자연에 가까운 타자를 창조함으로써 자연을 찬양하기보다는 스페인인과 야만인의 문화적 차이를 강조하는 것이기 때문이다. 이는 타자와의 대조를 통해서 스페인적인 것의 정체성이 확립된다는 스페인의 주체의식의 전통이다. 유럽인이 자신의 것이라고 생각하지 않은 속성들을 모두 비유럽적인 타자에게 투사하는 것과 같은 맥락이다.

2.3. 문명에 대한 예찬

회의와 의심의 과정을 거친 안드레니오는 로마를 향한 그들의 여정을 시작하면서부터 적극적으로 문명화되려는 노력을 한다. 여행 초기에 가졌던 새로운 사회의 가치에 대한회의는 후반부로 접어들면서 점차 문명의 가치에 대해 긍정적인 태도를 취하게 된다. 결국, 마드리드와 세비야 등지를 여행하면서 가졌던 문명 세계와 이성에 대한 회의는 '로마는 가장 화려하고 질서 잡힌 도시'라는 찬사로 변한다.

> "하늘이며, 세상의 장식된 머리이며 모두의 주인이며, 그 가치, 지식, 위대함, 권력과 종교로 인해서 신성하고도 승리의 땅이다. (…) 광장에 웅장하게 뽐내며 깍아 놓은 듯 높이 솟아 있는 저 오벨리스크는 그럴싸한 근대적인 경이이다. 그리고 한가지 알아두어야 할 것은 저렇게

19) 자연은 곧 이성이며 자연법은 이성법이다. 도비냑은 자연을 이성과 같은 개념으로 사용하였다.

높지만, 성스런 주인의 뛰어남에는 도달하지 못한다."[20]

로마를 가득 채우고 있던 기념비적인 유물들은 세상에서 가장 유명한 것들로 사람들에게 끝없는 찬사를 받는 웅장한 건축물들이다. 반면에 아프리카는 이교도들이 사는 두려운 공간으로 로마와는 대조되어 차별된 곳이다. 그곳은 극악무도하고 인정도 없는 두려운 이교도들이 사는 곳이다.

> "말해보아라. 어떤 이상한 나라로 그들을 추방했습니까? 필리뽀 같은 사람이 어떻게 아프리카에 뿌리를 내렸단 말인가?"[21]

이와 같은 대비 뒤에는 문명 세계의 우월함과 타자에 대한 비하가 자리 잡고 있다. 이것은 다시 말해, 미성숙한 인종을 유럽의 수준으로 끌어올리기 위해 스페인 사람들이 앞장서서 선교사로서의 스페인 역할을 해야함을 의미한다. 야만적 타자를 교육시키는 것은 문명화의 사명으로 믿는 식민주의의 명분이다. 중남미에서 금과 은의 개발과 거대한 농지의 획득과 같은 가시적인 목표의 실현을 위한 의식적·무의식적 이데올로기 형성의 틀이라고 볼 수 있다.

위에서 살펴보았듯이, 『엘 끄리띠꼰』은 비문명적 환경 속에서 신비한 세계를 경험하고 문명 세계에 귀환하는 것으로 끝난다. 이런 식의 줄거리는 모험을 통해 자신의 진정한 가치를 발견하는 성장 모험 소설이다. 오디세이에서 그 근원을 찾아볼 수 있는 이러한 모험소설은 낯설고 시비로운 환경 속에서 겪는 비현실적이고 우연에 가득 찬 세계를 탐험하는 과정이다. 미지의 세계를 탐험하고, 온갖 역경을 극복하는 과정은 대중 독자들의 호기심을 불러일으킨다. 이런 모험담 이야기 구조

---

20) Baltasar Gracián, *op. cit.*, p.208.
21) *Ibid.*, p.216.

는 디포우의 로빈슨 크루소, 조너던 스위프트의 걸리버 여행기, 쥘 베른의 해저 이만리 등의 소설과도 같은 구조로, 19세기 제국주의 문학의 전형적인 양식이다. 18세기 말에서 20세기 초 동안 위의 모험 소설들은 유럽의 팽창주의를 지원하는 대표적 문학 장르의 역할인 것이다. 이런 양식의 소설은 후에 사회 계몽적 인식의 확산으로 이어진다.

3. 지배언술로서의 식민담론

『엘 끄리띠꼰』과 같은 소설 양식의 바탕을 이루는 것은 문명/야만의 이분법적 세계관이다. 이것은 합리성/비합리성, 문명/원시, 물리적 폭력/학문적 지식 등 소리 없이 작용하는 미시적 담화이다. 사이드의 오리엔탈리즘의 출판 이후, 바로크적이고 알레고리적으로 밖에 수용되지 않았던 『엘 끄리띠꼰』이 하나의 모험 소설 양식으로서, 서양인들의 동양인에 대한 인식론과 담론의 왜곡된 형태를 적나라하게 보여주는 전형적인 소설 장르로 해석할 수 있다.

『엘 끄리띠꼰』은 구조면에서도 19세기 제국주의적 지배담론에서 야만적 타자로 대상화하는 틀과 동형이다. 서양 중심주의에 바탕을 둔 문명화에 대한 사명으로 식민주의 이데올로기를 정당화하는 모습을 보여주고 있기 때문이다. 인류를 문명권과 비문명권, 백인과 인디오로 나누고, 전자인 유럽권은 후자인 피식민지인들보다 우월하므로 후자에 대한 지배가 정당화된다. 유럽과 비유럽 사이의 차이와 그 경계는 문명/야만, 우월/열등으로 분류되듯이, 이 소설을 통해서도 그 차이는 끄리띨로/안드레니오로 대별된다.

과학적 태도와 학문적 진술을 통해 타자와의 지리적, 문화적, 인종적 차이를 확대, 심화시키고 문명/야만의 이분법적 가치 체계를 고정시키는 전형적 오리엔탈리즘 담론에 속한다고 할 수 있다. 이 관점에 의하면 우월한 민족이 열등한 인종을 정복하고 그곳을 통치하기 위해 정착하는 것은 그리 놀라운 일이 아닌 것이다. 문명사회의 우월성이라는 것이 사실은 식민주의적 이데올로기를 은폐하고 있으며, 19세기 이후 그 주된 형상이 인종 중심주의와 과학주의로 귀결될 수밖에 없다.

그런 맥락에서 보자면 끄리띨로가 속한 세계가 아닌 안드레니오의 모습은 야만인으로 묘사 될 수밖에 없다. 문명인과 야만인이라는 대립을 통해서 전자의 우월성을 제시하고 작품을 접하는 일반 민중들은 자신들의 우월성을 당연시 여기게 된다. 그러나 이들 문명화된 사회의 언어와 문명과 풍속이 인디오에게 행복을 가져다주지 못하는 파괴적인 괴물의 모습으로 비칠 수도 있는 상대적인 가치이다. 하지만 그라시안은 일방적으로 내가 속한 사회에 고유한 가치를 보편적인 가치로 부당하게 내세우는 것이다.

"단지 한 방울만 넣으면 사람을 영원하게 하는데 충분하다."22)

이 말은 뷔퐁의 주장대로, 백인의 피 한 방울만 있으면 지능과 육체가 다 우수한 종족으로 바뀐다고 말하는 것과 같은 맥락이다. 열등 인종은 그 정신과 신체 모두를 우등 인종과 비교할 수 없다고 생각하고, 민족학과 우생학, 문화인류학 등 근대 학문의 권위를 내세워 인디오 세계를 서양의 외곽에 위치시킨다.23)

여기서 우리는 '담론은 권력이다'라고 말한 푸코의 명제와 '오리엔탈리즘의 영역은 제국의 영역과 완전히 일치한다'라는 사이드의 주장은 타당성을 인정받게 된다. 백인 위주의 시각에서 백인과 다른 인종과의

---

22) Baltasar Gracián, *op. cit.*, p.585.

23) 뷔퐁의 인종주의에 의하면, 피부가 까만 사람은 야만인이며 난폭하다. 또 그들은 어리석고 더 무례하고 주장한다. 신체적인 것을 정신적인 것에 연결시키는 뷔퐁의 이론은 신체적 특징을 지능과 연결한다.

차이를 지나치게 강조하는 것은 다른 인종을 인간보다 열등한 동물과 동일시하는 것이다. 그래서 콜롬부스가 아메리카를 발견한 당시 스페인 사람들 사이에서 인디오들이 사람인가 아닌가를 두고 논쟁이 벌어졌던 것이다. 이들은 백인이 인간이라면 인디오나 흑인들은 사람이 아니고 원숭이처럼 다른 종이라고 말한다. 이런 이야기는 18세기 르낭, 르봉, 헤겔이 인디오에 대해 말한 의견과 일치한다. 이들에 의하면 가장 열등한 아프리카의 흑인, 호주의 토착민, 아메리카 인디언들 같은 인종들은 지구의 대부분을 차지하고 있다가 다른 인종들에 의해 제거된다고 주장한다. 이후 이런 사상은 유럽 중심주의 사상을 체계적으로 주창하게 만든 뿌리가 되었다.

물론 위의 이성과 문명의 세계에 대한 우월성은 16세기 토착민의 말살이나 억압적인 노예제도, 경제 수탈 같은 식민주의의 직접적인 정당성을 제공해주는 이데올로기는 아니다. 그러나 식민주의에 대한 근본적인 회의와 반성 속에 타자를 수용하고 다른 지역들과 다양한 배경에서 형성된 다른 문화들을 인정하고 포용하려는 바르똘로메 데 라스 까사스같은 인본주의적 목소리는 무시된다. 그는 『아메리카 파괴에 관한 간략한 진술 Brevísima Relación de la Destrucción de las Indias』을 통해서 인디오들은 천성적으로 열등하고 노예 근성이 있지도 않고, 게으르고 타락한 존재들도 아니라고 말한다. 그의 이런 생각은 개인들이나 집단들이 가지는 삶의 양식들의 '차이를 인정하는 태도이다. 하지만 그의 이러한 소박하고도 당연한 의견은 사장된다. 세뿔뻬다는 인간을 미개상태에서 벗어나게 해야 하고 문명 세계에 대한 무조건적인 신앙을 강요한다.[24] 그들의 목적은 복음을 전파하려는 선교이지만, 정복 이전에 존재했던 원주민들의 문명까지 제거해버린다.

24) 또 그들의 관점과 이데올로기의 정당성을 주장하는 근거로 아리스토텔레스의 주장, 즉 인간은 동물보다, 영혼은 육체보다 우월하다는 구절을 인디오에 대한 지배의 근거로 든다.

무력의 사용을 정당화하기 위해서는 먼저 이들이 무장해야 하며, 피식민 중남미 원주민들에게 스페인을 본받아야 할 모델로 스스로를 인식시킨다. 정복의 구실로 삼았던 미신과 식인풍습, 인신 공양 등, 이 모든 것은 유럽인의 잣대로 평가하고 정당화하는 스페인의 이데올로기적인 형태인 것이다. 끄리띨로가 안드레니오를 가르치면서, 열심히 살라고 한 말은 미개인들은 일하지 않는다는 것을 연상시키는 것이며, 야만인들은 물질적인 가치에 집착하는 천박한 모습을 떠올리게 한다.

> "열심히 일해서 유명한 사람이 되도록 노력하라. 그러면 군사로서, 학자로서 정부에서 유명한 사람이 되고, 그러면 덕이 높은 수준에 이르고, 영웅적이고 영원할 것이고, 명성으로 살고 영원하게 될 것이다. 야만인들이 도에 지나치게 추구하는 물질적인 삶에는 개의치 말아라; 명예와 명성을 존중하거라."25)

이와 비슷한 의미로, 끄리띨로는 한 영국 선박에서 일어난 예를 든다. 까를로스 에스뚜아르도는 어느 이교도의 땅에 침몰하게 되었는데, 그는 가톨릭이라는 사실을 고백하지 않음으로써 모든 것을 잃게 되었다고 말한다.

> "수많은 불행을 가져다준 사교짓을 좋아해서 생명을 잃었고, 왕관도 한 순간에 그리고 영원히 잃었다. 가톨릭이라는 것을 선언했다면 쉽게 불멸하게 될 수 있었다. 그는 여러 의미에서 죽었다: 그래서 이교도들은 그의 목을 잘랐고 가톨릭교도들은 그에게 박수 갈채를 보내지 않았다."26)

이 구절은 인류는 하나의 종교로 만들기 위해 태어났으므로 사람들

---

25) Baltasar Gracián, *op. cit.*, p.588.

26) *Ibid.*, p.592.

은 이를 위한 어떤 과정도 정당화된다는 것을 보여준다. 그런 과정에서 자연스럽게 기독교와 다른 문화를 서구의 그것에 종속시켜 제국에 대한 자발적 복종을 유도하고 문화적 헤게모니를 장악해야 함을 담고 있다. 스페인의 가톨릭에 의한 계몽이야말로 바로 이런 문화적 헤게모니에 의거한 이데올로기적 작업인 것이다. 이처럼 기독교도들이 세계를 정복하고 지배할 운명을 가지고 태어났다면 가장 완벽한 전쟁은 식민지 정복이다. 열등한 민족을 개화시키기 위한 식민지 전쟁은 가장 정의로운 전쟁이다. 따라서 미개 민족에 대한 말살은 그리 비도덕적인 것이 아니다. 그리하여 스페인 사람들의 어떤 행위도 다 정당화되는 논리적인 과정일 뿐이다.

스페인적인 것은 옳고 좋은 것이므로 중남미에 그대로 스페인적인 것을 복사해 똑같은 스페인을 하나 만들려든다. 스페인의 정치체계, 경제구조, 이성에 기초한 합리적인 사고 방식은 스페인적인 것이고, 인디오들이 전통을 유지하면서 전제적이고 봉건적이며 1차적인 감정에 근거한 비합리적인 사고를 하는 것은 뒤떨어진 것으로 생각한다. 이런 이분법적인 서열화가 바로 스페인적 사고 체계인 것이다. 그리고 이러한 사고 자체가 작품들을 통해 자연스럽게 스페인 사람들 의식 속에 박히게 되는 것이다.

그러나 과연 문명화된 사회가 해방된 사회이고 꿈이 이뤄지는 이상적인 사회인가? 이런 우문이 타당성을 갖는 것은 문명/야만의 대립이 스페인의 중남미에 대한 지배를 위한 담론으로 작동했기 때문이다. 왜냐하면 지금도 그때의 사고에서 벗어나지 못한 채, 중남미인들은 여전히 문명화된 사회에 도달해야 한다는 식민담론에 빠져 있다. 즉, 문명화를 향해서 가는 것이 진보라고 생각하고 그것을 역사적 과제로 삼고 있다. 그만큼 식민지인의 사유 방식과 의식체계에서 문명/야만의 대립이 남긴 흔적은 구조화되고 체화된 형태로 여전히 지속되고 있는 체계인 것이다.

사이드에 의하면, 식민 담론은 유럽의 타자인 비유럽을 상대로 그 타자를 묘사하고 전유하고, 또한 타자를 통제하기 위하여 생산되었다고 한다. 사이드의 이 말은 스페인과 중남미의 관계에서도 그대로 적용된다. 식민담론은 지배/종속관계를 위한 권력관계의 생산이었다면, 생산된 담론은 식민지인들에게 그대로 유통되었다. 스페인의 법과 제도, 성당 건물이 식민담론의 물질화 과정이었다면, 식민지인이『엘 끄리띠꼰』을 읽는 동안 정신적으로 식민담론의 지시망에 포착되는 것이다. 중남미 사회에 넘치는 위의 식민주의적 태도, 즉 자신들이 전수 받은 고유 문화는 폭력적인 타자에 의해 원시와 야만이라는 개념으로 각인 되는 것이다. 따라서, 서양인들은 동양을 타자로 설정하고, 우월적인 위치에서 식민주의적인 담론을 형성시켰다. 점유와 착취의 전단계에 스페인이 타자로부터 자신을 구분하는 관념들을 생산해 내었던 것이다.

4. 마치면서

식민주의 문제는 단순히 경제적 수탈이나 정치적 억압의 형태로 그치는 것이 아니다. 본 연구에서는 식민주의가 대중에게 체화 되어 그들 의식의 기본 구성요소가 되는 식민 담론을 당시 작품 속에서 규정하고자 하였다. 이를 위해 그라시안의『엘 끄리띠꼰』을 연구텍스트로 삼았으며, 특히 기존에 내려졌던 심미적 경향과 바로크적 해석의 틀에서 탈피하여 사회문화적인 관점과 정치적인 관점에서 작품을 해석해보았다.

디포우, 조너던, 쥘 벨른의 모험담들이 18~20세기 제국주의 확산의 이데올로기적 바탕을 제공하였다. 한 문명인이 미지의 지역을 항해하면서 이 지역에 사는 미개하고 후진한 원주민들에게 문명의 빛을 전파하고 그들을 문명의 정신으로 개화시킨다. 이와 마찬가지로, 『엘 끄리띠꼰』에서도 문명과 야만의 이분법적 세계관을 바탕으로 이성과 문명에 대한 경이를 짙게 깔고 있다. 언어조차 부재한 극도의 무지와 야만성의 메타포로 사용되는 비문명권과 이에 대비되는 문명권의 대립은 식민주의 문학의 전형적인 구조인 것이다.

이런 의미에서 『엘 끄리띠꼰』은 16~17세 동안 강압적이지 않은 은밀한 형태로 식민주의 의식을 형성시켰던 식민주의 담화로서 그 역할을 담당할 수 있었다. 이 철학은 18~19세기 철학자들에 의해 지속적으로 반복되고, 흑인을 무지나 야만성의 메타포로 사용하던 식민주의 문학의 전형성을 보여준다. 서양인들에게 원주민들은 자신들에 대한 타자로서, 비문명의 세계에 속한 야만인이었다. 그래서 그들을 노예로 삼는 것을 당연히 여기는 아리스토텔레스의 이론도 타당성을 갖게 될 뿐 아니라, 스페인이 미개한 족속들을 정신적·물질적으로 개화시킨다는 명목으로 기독교를 전파하는 명분도 당연한 것이 된다. 즉, 지배자들은 긍정적 자기 이미지를 구축하기 위하여 부정적 타자의 이미지를 만들고 왜곡한다. 아메리카 발견 이후, 이 타자의 모습은 스페인 사람들이 지녀 왔던 전통적인 인디오의 그것과 동일하다. 무지와 우둔과 잔인함, 그리고 미신에 사로잡힌 인디오의 모습은 그들이 만들어낸 타자이다. 심지어 인디오의 지성사나 섬세함을 야만성으로 둔갑시키기도 한다. 왜냐하면 이들 원주민의 야만성을 강조하면 할수록 그와 반비례해서 자신들은 문명인으로서의 정체성이 강화되기 때문이다.

전통적인 식민주의 문학에서 보여주는 백인 대 흑인의 관계가 중심/변방, 주체/객체와 같은 차등적 이분법에 의해 결정되어 왔다. 적어도 그 구도 상에서는 전형적인 백인 중심적 시각이 존재한다. 이런 이분법적 대립구조는 『엘 끄리띠꼰』 속에 깔려있는 식민 담론과 같은 맥락을 유지한다.

❑ 참고문헌

바트 무어 - 길버트, 『탈식민주의! 저항에서 유희로』(이경원 역), 서울: 한길사.

박 철(2001), 『서반아 문학사』(상권), 서울: 송산출판사.

정형철(1995), "다름의 정치학 - 식민담론 비판으로서의 글쓰기를 위하여", 『오늘의 문예비평』, 1995년 여름, 서울: 책읽는사람.

사이드, 에드워드 W.(1991), 『오리엔탈리즘』(박홍규 역), 서울: 교보문고.

스터링 P. 램프레히트(1992), 『서양철학사』(이강서 외역), 서울: 을유문화사.

오트프리트 회페(2001), 『철학의 거장들 근대편 I』(김태길 외 역), 서울: 한길사.

이석구(1997), "식민주의 역사와 탈식민주의 담론", 『외국문학연구』 50호, 1997년 봄호.

홉스봄 에릭(1998), 『제국의 시대』(김동택 역), 서울: 한길사.

Alborg, Juan Luis(1987), *Historia de la Literatura Española*, II, Madrid, Gredos.

Ayala, Jorege M.(1987), *Gracián: Vida, estilo y reflexión*, Pro. C. PERALTA, Madrid, Ed. Cincel.

Cantarino, Elena(1996), *De la Razón de estado a la razón del individuo, Tratados político-morales de B. G.(1637-1647)*, Valencia, Servei de Publicacions.

Egido, Aurora(2001), *Humanidad y dignidad del hombre en Baltasar Gracián*, Salamanca, Ediciones Universidad Salamanca.

Gómez-Tabanera, José(1990), "El Tema del Hombre Salvaje y el Descubrimiento de América", *El Basilisco*, n。 4, Bibliotecas Cajas de Ahorros de Asturias.

Gracián, Baltasar(1985), *El Criticón*, Barcelona, Planeta.

Hanke, Lewis(1974), *La Humanidad Es Una*, México, Fondo de Cultura Económica.

Heger, K., B. G.(1960), *Estilo lingüístico y doctrina de los valores*, Zaragoza, IFC.

Jiménez Moreno, Luis(2001), *Gracián(1601-1658)*, Madrid, Ediciones del Orto.

Senabre, Ricardo(1979), *Gracián y El Criticón*, Salamanca, Ediciones Universidad Salamanca.

V. 『빼르실레스와 시히스문다의 모험』과 유토피아

1. 들어가는 말

『돈키호테』와 더불어 세르반테스의 대표적인 작품으로 간주되는 『빼르실레스와 시히스문다의 모험』은 낯설고 신비롭고, 비현실적인 세계를 경험하고 다시 문명 세계로 귀환하는 줄거리이다. 사랑, 모험, 기독교라는 세 가지 테마를 엮은 비잔틴 풍[1])의 이 소설은 미지의 세계를 찾아 나서는 모험이야기, 두 남녀의 이상적인 사랑에 대한 이야기, 순례라는 긴 여정을 하면서 기독교의 신앙을 두텁게 하는 이야기이기도 하다. 이 소설 속의 두 주인공인 빼르실레스와 시히스문다의 순례의 최종목적지는 로마이다. 하지만 기나긴 순례의 여정으로 인해 수많은 사건들이 전개되다보니 때로는 주인공이 어디에 있는지 모를 때가

1) 비잔틴 양식의 이 작품은 르네상스 시대 저명한 지질학자이고 웁살라 교구의 대주교인 올라오 마그노, 안또니오 데 또르께마다의 『신기한 꽃들의 정원』, 프란시스꼬 따마라의 『세상의 모든 사람들의 신비한 것에 대해서』, 훌리오 솔리노의 『세상의 환상적인 것들에 대해서』, 빼로 메히아의 『여러 교훈에 대한 선집』, 중세의 쁠리니오, 똘로메오, 에스뜨라본 같은 역사적이고 전설적인 이야기에서 영향 받았다: Juan Luis Alborg, *Historia de la Literatura española* II, Madrid, Gredos, 1987, pp.121-22.

있을 정도로 줄거리가 단절되기도 한다.[2] 오디세이처럼 주인공들이 여행하는 섬과 공간은 이상적인 이미지들로 가득 차 있다. "그들은 이 섬에 널려 있는 황금 조각과 엄청나게 값진 진주로"(20), "신의 은총으로 우리 섬에는 생활에 필요한 모든 것들이 다 있는"(26), 어떤 나무에는 루비열매들이 달려 있었습니다.(252면), "황금빛 모래와 미세한 진주"(252), "그 섬 주민들은 왕국에서 가장 덕망이 높고 훌륭한 남자를 왕으로 뽑고"(133) 이런 신비한 이미지들은 이상적인 세계, 플라톤의 『국가』에서의 이데아, 토마스 모어의 『유토피아』에서 그리고 있는 이상적인 공간을 떠오르게 한다. 또한 주인공들이 이런 섬들을 떠도는 것이 순례라는 종교적인 목적이지만 기독교적인 의미에서의 잃어버린 낙원을 찾아 헤매는 이미지와도 중첩된다.

이렇게 다양한 이미지들로 중첩되는 유토피아적인 공간이 『뻬르실레스와 시히스문다의 모험』에서 구체적으로 어떤 모습을 띠고 있고, 유토피아적인 공간은 그 시대와 어떤 의미를 가지고 있는지를 살펴보고자 한다. 즉 종교개혁, 지리상의 발견, 과학기술의 혁명 등으로 커다란 변화의 시기에 출판된 이 소설 속의 유토피아적 공간은 스페인 현실에 대한 강한 비판과 더 낳은 세계에 대한 동경을 어떻게 묘사하고 있는지를 살펴보는 것이다. 이를 통해 당대 사람들이 생각하는 이상적인 세계와 스페인 사회를 이해하는 데 중요성을 띠는 정치제도, 종교관이라는 역사적 의미가지도 살펴보는 기회가 될 것이다.

---

2) 미겔 데 세르반테스(조구호, 임효상 역), 『뻬르실레스와 시히스문다의 모험』, 서울: 바다출판사, 2000, 세르반테스는 자신이 이 소설의 이런 성격에 대해 언급한다(342). 이 후 작품 인용은 본 번역본의 페이지만을 표기하도록 하겠다.

2. 유토피아 개념의 다의성

여러 가지로 해석되는 유토피아[3]의 개념은 '어디에도 없는', 그리고 '이상적인 공간'이라는 이중적 의미를 지니고 있다. 이러한 류의 개념은 그가 살았던 16세기 이전이나 이후에도 혹은 서양뿐만 아니라 동양에도 존재해왔던 것이다. 고대 그리스의 플라톤은 『국가』에서 이상주의적인 철학의 견지에서 유토피아를 언급하고, 헤시오도스의 『노동과 나날』에서는 역사를 황금시대 - 은의 시대 - 구리의 시대 - 철의 시대로 구분 짓고, 상실한 황금 시기를 그리워 한다. 그에 의하면 황금시대는 크로노스가 지배하던 목가적인 시대로서 사람들은 슬픔과 고통을 모르고 힘든 노동도 하지 않고, 신들의 축복 속에서 행복하고 풍성한 삶을 누렸다고 한다. 파라다이스는 곧 낙원으로, 『구약』 『창세기』에서 묘사된 에덴동산이 그 원형이다. 원죄 없이 하느님의 믿음 안에서 살며, 일하지 않아도 생활에 필요한 것들을 얻을 수 있고, 영생이 가능한 이러한 낙원의 개념은 후대에 현실적으로 '약속된 땅' '젖과 꿀이 흐르는 가나안의 복지' 등의 개념으로 변형되기도 한다. 이곳에서 추방된 인간은 끊임없이 잃어버린 낙원을 찾아 헤맬 수밖에 없다는 기독교적 상상력은 황금시대의 신화와 마찬가지로 사실 모든 인류에게 잠재된, 근원으로서의 회귀 의식에 대한 또 다른 표현인 것이다.[4]

근세에는 토마스 모어의 『유토피아』(1516년)라는 책의 출판에서 비롯된다. 『유토피아』는 2부로 구성되어 있는데, 1부에서는 당시 영국 사회의 폐해를 풍자적으로 비판하고, 2부에서는 유토피아라는 가공의 섬을 이상적인 정치, 경제, 사회로 그리면서 현실의 모순을 비판하고 새

3) 동양에서의 유토피아 개념은 BC 6세기 노자사상, 무릉도원, 옥야, 낙토, 동천지복, 선경 등의 용어를 사용해서 유토피아를 그린다.

4) 정재서, 『도교와 문학 그리고 상상력』, 서울: 푸른숲, 2001, 242-43면, 이때까지의 서양에서의 이상세계에 대한 개념은 시공을 초월한 보편적 가치 기준과 개인의 완성에 비중을 두고 있었다.

로운 사회를 건설하고자 하는 꿈을 표현한다. 그가 그리는 유토피아는 육지에서 분리된 섬으로 사유재산과 화폐제도가 폐지되고, 노예제도를 가지고 있다. 앞에서 언급한 고대의 신화적인 이상세계에 의미를 대고 있지만, 과학과 이성에 바탕을 둔 이상사회라는 점에서 고대의 이상세계와 구분된다. 16세기 유럽은 과학혁명으로 근세적인 사회가 형성되면서 사회모순에 대해 반성하기도 하고, 근세 과학 기술 문명의 낙관적인 미래에 대한 기대에서 인간에게 영원한 행복과 기쁨을 꿈꾸면서 캄파넬라의 『태양의 제국』(1623년), 베이컨의 『뉴 아틀란티스』(1627년) 같이 유토피아를 그린 작품들이 출판된다.

이렇게 유토피아는 그 본질은 같더라도 시대에 따라 다른 모습으로 그려진다. 현재에 대한 비판을 바탕으로 미래의 더 나은 사회를 그리는가 하면 또 한편으로는 현실 도피적 성격을 드러내기도 한다. 그러나 토마스 모어를 시작으로 근대적 사회에 접어들면서 작가들이 그리는 유토피아는 공통적으로 아무 데도 존재하지 않는 세계지만, 현세와의 시간적·공간적으로 연속성상에서 꿈꾸고 있다. 즉 그 공간을 이상적인 공간으로 만들고자 하는 노력과 꿈으로 서이다.

이렇게 불만과 불평이 없고, 인간의 모든 꿈이 충족되고, 모든 게 갖춰진 누구나 꿈꾸는 이상적인 공간은 문학적 양식을 통해서 오래 전부터 구체화된다. 세르반테스 역시 『뻬르실레스와 시히스문다의 모험』을 통해 토마스 모어의 근대적인 유토피아의 모습에 가깝게 현실을 위한 그의 희망을 그린다. 그는 이런 공간을 꿈꾸면서 현실에서 한 발 물러나기도 하고, 보다 낳은 현실에 대한 꿈을 꾸기도 한다. 이제 세르반테스의 『뻬르실레스와 시히스문다의 모험』에 어떻게 그려지는지를 구체적으로 살펴보자.

3. 원시적 자연으로서의 이상사회

『뻬르실레스와 시히스문다의 모험』은 크게 두 부분으로 나눌 수 있다. 전반부에서는 주인공들이 바다에서 겪는 매정하고 끔찍한 불운을 맞는 험난한 여정이 그려지고, 후반부에서는 육지에서의 모험으로 전반부에 비해 비교적 편안한 여정이 묘사된다. 좀 더 구체적인 사건들을 중심으로 살펴보면, 전반부에서 화염에 휩싸인 바르바라 섬, 감옥이 있던 섬, 네바다 섬, 다른 배를 공격했던 일, 해전, 뽈리까르뽀 왕의 축제 등의 이야기가 전개되는 환상적인 바다에서의 모험을 다루고 있다. 후반부에서는 전반부와 달리 현실 속의 공간들이 등장하여, 포르투갈과 스페인, 프랑스, 이태리 등에 대한 사실적인 묘사와 여러 지명들이 풍성하게 그려진다. 개종한 가톨릭 교도의 반란사건과 군대와 농민간의 무력 충돌 같은 생생한 사건들은 매우 현실성 짙은 사건으로, 전반부에서의 상상과 신화적인 분위기와는 큰 대비를 이루는 공간들이다.[5)]

이 작품의 두 주인공은 각각 뻬리안드로와 아우리스뗄라라는 가명을 쓰면서 서로 남매로 위장한다. 이들은 각각 북극과의 경계에 위치한 뚜레 왕국과 핀란디아 두 왕국의 왕자와 공주로 이들의 진짜 이름은 뻬르실레스 왕자와 시히스문다 공주이다. 아우리스뗄라는 아름답고, 정결하고, 고매하며 신중하고, 사리 분별력이 뛰어난 여자 주인공이고, 뻬리안드로는 용맹하고 정중한 기사로서, 관용과 자비심을 지닌 남자 주인공이다.

전반부에서 이들이 여행하는 공간은 인간으로서 버릴 수 없는 이상

5) 호아낀 까살두에로는 이런 경향을 바로크 시대 작품들의 특징으로 설명한다: 바로크 시대 작품은 두 세계, 두 지역, 용적, 평면의 관계를 우리들에게 보여주는데 하나는 거대하고 무한한 것과 다른 것은 축소되고 한정적인 것이라고 불릴 수 있다: 하늘과 땅, 영원과 계절, 과거와 현재, 이상적인 것과 현실. Joaquín Casalduduero, *Sentido y Forma de Los Trabajos de Persiles y Sigismunda*, Madrid, Gredos, 1975. p.167.

적 공간이고, 실재하는 현실의 공간이 아니라 환상적이고 가상적인 공간이고 지도상에 존재하지 않는 신비한 땅이다. 세르반테스가 상상력을 무한히 발휘하여 만든 허구적인, 완전히 환상으로만 가득 차 있는 환상적인 공간이다.

주인공 일행이 폭풍우와 상어를 피해 도착한 미지의 섬이 이런 공간으로, 이곳 해안에는 값비싼 진주와 금 덩어리들이 널려 있었다. 모래로 된 해변이 아니라 금이 깔려 있는 환상의 섬이었다. 모든 것이 풍부하고 인생의 고뇌가 없이 아무 걱정 없이 관조할 수 있는 환상적인 섬이다. 금과 진주로 된 해변이 있고, 인간의 오감이 즐거움을 누릴 수 있는 이상적인 섬이다. 자수정 연수정은 루비는 사과를 묘사하기 위해 단어들이고, 꿈속에서나 있을 범한 세계로 불가사의한 공간이다. 이 섬은 문명의 흔적이 없는 태고적 세계로 억압과 비참함이 없고, 나태가 없는 이상적인 자연을 떠오르게 하는 비역사적, 이상적이고 비현실적인 공간이다.

> 섬 안으로 더 들어가자 초원이 펼쳐졌는데, 그 풀은 보통 풀처럼 초록색이 아니라 에메럴드 빛이었습니다. 그 에메럴드 초원 안으로, 흔히들 말하는 크리스털 시냇물이 아니라 그야말로 다이아몬드 액체가 흐르고 있었습니다. 그 액체는 뱀처럼 온 초원을 가로지르고 있었지요.
>
> 잠시 후, 우리는 아름답기 그지없는 각양 각색의 나무들로 이루어진 밀림을 발견했습니다. 정신이 아찔해지고 온몸의 감각이 흥분 되더군요 어떤 나무들에는 루비 열매들이 달려 있었습니다. 다시 말하면 앵두처럼 보이는, 아니 루비 열매처럼 보이는 앵두들어었지요. 다른 나무들에는 향과 맛이 뛰어난 사과들이 열려 있었는데, 어떤 것이 빰이 분홍색이었고, 다른 것은 연수정 빛이었습니다.[6)]

---

6) 미겔 데 세르반테스(조구호, 임효상 역), 『뻬르실레스와 시히스문다의 모험』, 서울: 바다출판사, 2000, 252면.

모래가 황금으로, 해변은 진주로 되어 있는 이 섬은 이상화된 공간이다. 현실의 척박함을 비판하고 이런 현실로부터 탈출하기 위한 안식처이다. 환상적인 허구이고 인간의 소망으로서 결코 이뤄지지도 않지만 말이다. 이곳은 사계절이 순환하고 자연을 사랑하고 그런 자연과 하나 되는 소박한 삶을 누리는 공간, 부드럽고 따뜻한 인간관계가 유지되고 우정과 노동의 기쁨이 삶을 지배하는 그런 사회이다. 탐욕과 이익 추구, 경쟁이 없고 자신이 원하는 일을 하는 사회이다. 금, 은, 보석이 땅바닥에 굴러다니지만 주민들은 그것을 '돌'로 여겨버릴 뿐이다.

자연과 땅에 대한 이상화는 솔디노 신부가 어두운 동굴 속 계단을 통해서 내려간 초원에 대한 서술에서도 잘 보여준다. 빛나는 태양과 바람과 아름다운 강의 흐름, 울창한 숲과 드넓은 평원 온갖 새와 나무와 꽃들은 인간의 삶과 조화를 이루고 있다. 그들은 삶을 자연 속에서 보내고 있으며 건강하고 아름답다. 이곳은 문명과 철저히 차단된 곳이다. 숨쉬는 '낙원'자체가 살아 있는 생명체이다.

> 이 계곡도 제 것으로 만들어 이곳에서 나는 풍부한 과일과 물로 살아왔어요. 그리고 저는 이곳에서 전쟁을 잊고 평화를 찾았지요, 이렇게 말해도 될지 모르겠습니다만, 저기 저 윗 세상에는 배고픔이 있지만, 이곳은 모든 것이 풍족하답니다. 여기는, 세상에서 명령하고, 또 제가 섬겼던, 귀족이니 왕족이니 하는 것 대신에 비록 높고 화려하긴 해도 아무 말 없이 겸손한 나무들만이 존재한답니다. 이곳에서는 왕들이 경멸하는 소리도, 그 신하들이 화내는 소리도 전혀 들리지 않지요. 저를 무시하는 부인도, 저에게 태만한 하인도 없답니다. 이곳에서는 제가 제 자신의 주인인 셈이지요.7)

그런데 이런 세계가 어디 있겠는가! 이곳이 현실의 세계가 아니라나

---

7) 위의 책, 454-55면.

는 점은 새삼 거론할 필요가 없다. 순전히 상상적이고 개념적이다. 동양의 무능도원처럼, 서양의 파라다이스처럼 현실과 동떨어진 공간으로 자연과 인간이 소외되지 않고, 억압과 허위와 비참함이 없는 사회인 것이다.

이런 순수한 자연의 상태가 세르반테스가 이 작품에서 유토피아로 생각하는 공간이다. 현세에서의 삶에서 누릴 수 없는 자유로움과 즐거움이 가득하고, 근심과 걱정이 없다. 그래서 세르반테스가 그리고 있는 이상적인 섬은 논리성이나 현실성보다는 사회의 갈등과 폭력을 부정한 환상적이고 원시적인 자연이다. 그래서 이런 곳에 살고 있는 레나또와 에우세비아는 발전된 문명과 관계를 맺지 않고 살고 있다. 이들이 살고 있는 이상 사회에 대해서는 토마스 모어의 『유토피아』에서처럼 소유, 법률, 제도, 등에 대한 구체적인 제시는 하고 있지 않지만 자연 상태의 섬, 노자의 표현으로 하면 무소유의 사회인 것이다.

> 약 십이 마일 정도까지만 볼 수 있었으나 그 섬은 과실나무들로 가득 차 있었고, 넘실거리는 바닷물로 인해 무척 신선했으며, 푸르른 풀들로 인해 무척 상쾌했고, 여러 가지 꽃들로 인해 무척 향기로웠다. 그들은 자신들의 오감을 똑같이 동시에 만족시킬 수 있었다. (…)
>
> 장식, 과일들, 그리고 칙칙한 코르크 색깔에도 불구하고 워낙 투명해서 마시고 싶은 욕망을 유발하는 차갑고 신선한 물이 그들 모두를 식탁에 둘러앉지 않을 수 없도록 만들었다.[8)]

토마스 모어는 인간의 모든 사기 범죄 등은 돈에서 비롯되므로 악의 뿌리인 인간의 이기심을 없애기 위해서는 화폐의 폐지를 주장한다. 인간의 탐욕과 이로부터 야기된 범죄와 근심, 빈곤을 봉쇄하기 위해서는 결국 이들은 좀 더 많은 돈을 갖기 위한 삶이 아니라 다른 가치를 찾

8) 위의 책, 276면.

아야 한다는 것이다. 위선과 인위성이 아니고, 사람을 제도 속에 묶는 어떤 법률도 없고 또 도시의 문명으로부터 오염되지 않고, 땅은 공유하고, 땅을 차지하려는 전쟁도 없다. 평화롭고 순결한 생활을 하던 황금시대처럼 레나또와 에우세비아는 돈과 법률의 지배에서 벗어나 살고 있다. 이들이 살고 있는 자연의 모습은 루소가 말한 자연 상태로 사람들을 지배자와 피지배자로 가르는 소유라는 악덕이 없다. 문명 세계와 대비되는 세계는 현실의 모순과 사회의 불합리성을 제거한 순수한 자연의 모습이다.

위의 인용에서 강조되는 것은 땅, 숲, 강을 더 차지하려는 전쟁이 없는 평화롭고 순결한 생활을 하는 자연적 상태이다. 도시 문명으로부터 멀리 떨어져 있는 자연 그대로의 풍성하고 자비로운 세상이다. 전통적인 낙원의 이미지를 떠오르게 하는 황금시대와 같은 분위기이다. 오히려 금으로 상징되는 탐욕과 소유를 아무런 의미가 없는 것으로 간주된다.

이처럼 세르반테스가 원시적인 유토피아로 여기는 공간은 문명으로 오염되지 않은 세상이다. 아름다운 모습을 하고 있는 세상으로 그가 살고 있는 섬은 인간이 꿈꾸는 가장 소박하고도 아름다운 세계가 아닐까한다. 그 어느 곳에도 없는 곳이란 말자체가 영원히 실현 불가능한, 도달 불가능한 곳으로 본질적으로는 창조된 세계는 지상에서 존재하기 불가능한 세계임에도 불구하고 말이다.

4. 정치적인 이상사회

위에서 살펴본 것처럼 세르반테스가 자연적이고, 환상적이고, 신비한 땅을 원시적 자연으로 꿈꾼다면 정치적 유토피아는 무엇일까? 부족한 재정에 개의치 않고 왕으로서의 위용을 과시하기 위해 많은 사치,

낭비와 허영에 빠지고, 끊임없는 전쟁을 일삼아 국민에게 과중한 세금을 부과하고, 스페인의 취약한 재정을 하기 위해 귀족 작위를 남발하고, 관직을 공개적으로 판매 할 지경이고, 이런 과정은 다른 사회, 경제적 요인과 더불어 스페인의 신분 사회를 크게 흔들고, 작위를 산 귀족들은 자신의 사회적 위치를 과시하기 위해 과소비하고, 빈민과 부랑자, 도적이 들끓던 사회에서 역사적 의미로서 세르반테스가 정치적으로 가장 이상적인 사회를 어떻게 생각 했는가 이다. 세르반테스는 이태리의 베네치아를 여행하면서 공화제 등 다양한 정치 제도를 경험했고, 종교와 시민적 자유를 위해 투쟁한 유럽인들과 동시대를 살면서 정치적인 이상사회에 대해 생각을 하는 것은 당연할 것이다.

17세기는 한 명의 절대 권력자에게 모든 권력이 집중되어 있는 절대 왕정시대였다. 호세 안또니오 마라발 호세 안토니오 마라발은 이 시대를 다음과 같이 정의한다. "반종교 개혁은 아주 강력한 방어의 움직임이다. 교회는 이교에 대해서 통로를 닫고 사도의 전통과 경건한 유물의 순수함을 재건한다."9) 다른 국가들과 관계에서 기준이 되는 것은 믿음과 종교가 된다. "기독교 세계에는 두 개의 나라가 있을 뿐이다. 하나는 그리스도를 위해서 싸우는 나라이고, 다른 하나는 사탄을 위해서 싸우는 국가이다."10) 이렇게 정의되는 스페인에서 왕이 원하는 한 전쟁은 계속되었다. 지속적인 과세, 병력 충원, 지방에 대한 효율적인 통제와 국민적 정체성을 수립하는 것들도 전쟁을 수행하기 위해서인 것처럼 보인다.

왕은 모든 것을 갖고 있는 존재로서 국민들을 외부의 적으로부터 보호하고 정의를 실천하는 일을 해야 했다. 하지만 현실 속의 왕은 계속

9) José Antonio Maravall, *Teoría española del Estado en el siglo* XVII, Madrid, Instituto de estudios políticos, 1944, p.23.

10) José Martínez Milán(Director), *Felipe II (1527-1598) Europa y monarquía católica*, Madrid, Editorial Parteluz, S. L., 1998, p.43, recitado de carta apologética, p.XLV.

혼란을 일으키면서 그 권위가 의심받을 수밖에 없다. 이 같은 정치적 병폐에 대한 해결책으로 세르반테스는 정치제도의 근본적인 개편, 즉 선출에 의한 통치자의 선출로 사회악이 근절되고 선과 정의가 실현되는 사회가 실현될 수 있다고 생각한다. 당시의 불안정으로부터 스페인을 구원하기 위한 정치적 유토피아는 왕을 정점으로 하는 절대군주제의 장점과 선출 민주제간의 조화와 균형을 바탕으로 하고 있는 것이다. 세르반테스는 임기를 갖는 군주를 민주적으로 선출하는 것을 제안하지만 『유토피아』에서 선출되는 군주[11]는 임기가 종신이라는 점에 있어서는 세르반테스와 다르다. 하지만 스페인에서 선출된 왕이 돌아가면서 통치하는 것은 이상적인 정치적 유토피아이다. 왜냐하면 현실적으로 선출이라는 민주적인 방식을 통해 왕을 선출한다는 것은 가장 비현실적이기 때문이다.

모어가 『유토피아』를 쓴 것은 철저한 현실 인식과 비판에서 출발해서 새로운 질서와 제도의 정립을 목표로 했다. 마찬가지로 세르반테스도 최선의 정치 제도를 스페인의 문제에 대처하기 위한 현실적인 처방을 목표한 것이라 할 수 있다. 그의 이런 정치적 유토피아가 단지 막연한 꿈이나 바람, 도피처럼 보이기도 하지만 그 본질적인 모습에는 현실에 대한 비판이라는 의미를 지닌다. 혼돈과 무질서로부터 스페인을 구출하려는 이상적인 정치적 질서에 대한 꿈으로서 또 역사적으로 위기의 시대에서 스페인이 당면한 문제를 해결하려는 꿈인 것이다.

정치적인 유토피아의 시작은 이런 정치적 의식에서 시작된다. 그런 의미에서 본다면 그가 생각해낸 민주적인 방식을 통해 선출된 왕의 제도는 우연이나 상상이 아니라 역사적 산물이고, 정치적 혼란과 무질서

---

11) 토마스 모어는 유토피아인들은 30세대마다 한 사람의 시포그란트를 선출한다. 이들은 모두 200명으로 시포그란트 회의를 구선해서, 이 회의해서 시민이 지명한 4명 중 1명을 군주로 선출한다. 군주는 당시 스페인의 절대왕권과 비교할 때 모어의 생각은 매우 급진적이었다.

에서 벗어나 안정과 질서를 유지하기 위한 최선의 방법인 것이다. 토마스 모어 식의 공산적 평등주의가 아니라 초래되기 쉬운 무질서를 예방하기 위한 제도로서, 또 현재의 압제적 현실에 대한 대안인 것처럼 말이다.

이 소설에서 뽈리까르뽀 왕으로 대표되는 민주적으로 선출된 왕은 위선과 물질적 탐욕의 세계에서 가장 이상적인 정치적 제도의 모습을 보여주고 경제적, 사회적으로 무결점의 사회를 세계를 보여준다. 뽈리까르뽀 왕은 훌륭하게 행동해 모든 사람들의 존경을 받는 권위를 가진 왕이다. 국민들이 우울하면 쓸데없는 생각들이 하게 될까봐 축제들을 열고, 코미디를 보면서 즐기게 해주고, 스포츠 경기를 개최하는 아주 인자하고 착한 모습으로 그려져 있다. 그는 법을 집행하는데 있어 필요한 최소한의 엄격함만을 보여주지 과도한 권력의 남용을 삼간다.

> 그 섬 주민들은 왕국에서 가장 덕망이 높고 훌륭한 남자를 왕으로 뽑는 것을 즐겁게 여기지요. 부탁이나 거래 없이, 또 약속이나 선물을 주고받지 않고서 모든 사람들의 뜻을 모아 왕을 탄생 시키거든요. 왕은 명령권이라는 절대권위를 지니는데, 그 권위는 왕이 살아 있는 한, 그리고 명령을 내릴 수 없을 정도로 몸이 나빠지지 않는 한 지속되지요, 그래서 왕이 되지 못한 사람들은 왕이 되기 위해 스스로 덕망 있는 사람이 되도록 노력하고, 왕이 된 사람들은 왕위에서 물러나지 않기 위해 더욱더 노력하지요.[12)]

왕은 공정한 통치자여야하고 그것을 위해서 왕은 선인에게 상을 주고 악인에게는 벌을 주며 모든 사람이 지위에 상관없이 권리를 행사하고 재산의 소유를 방해받지 않고 살 수 있게 한다. 보다 소박한 꿈으로 왕은 너무 엄격하지도 않고 법에 따라서 공평하게 통치되는 모습을

---

12) 위의 책, 133면.

그린다. 어떻게 보면 당연한 것처럼 보이기도 하지만, 위에서 지적한 것처럼 당대 왕의 모습을 생각하면 너무나 이상적인 왕의 모습이다.

> 국민들은 차분하게 살아가며 정의가 충만하고 자비심이 빛을 발휘하는데, 가난한 사람들의 청원은 순식간에 처리되지만 부자들의 청원은 사정이 낫기 때문에 늦게 처리되지요, 여기서는 선물이나 인척관계도 정의의 권위를 약화시키지 못하지요, 모든 일들이 정도를 따라 상궤 안에서 이루어지기 때문에 결과적으로 왕국은 뻔뻔스러운 사람들에 대한 두려움이 없이 각자 방식대로 살아갈 수 있는 곳이 되었지요.[13)]

또한 전기적으로도 세르반테스 자신이 현실에서 소외되어 중심부에 서지 못하고 주변부에 머물면서 이런 현실과 갈등했었다. 현실의 모순을 직접적으로 경험하면서 현실과의 간극은 더 벌어지고, 그래서 정치적인 유토피아를 더 꿈꾸지 않았을까! 현실에서는 불가능한 꿈이었지만, 작품을 통해서나마 민주적으로 선출된 군주제를 꿈꿔본다.

5. 종교적인 이상사회

또한 주인공들은 억압적이고 불평등하고, 모순적인 지역들을 여행하면서 종교적인 이상사회를 꿈꾼다. 순례는 신에게 구원받는 영적인 기쁨을 얻고, 영혼의 순수와 덕의 승리를 열렬히 기도하는 종교적 체험이고, 로마를 향한 속세의 종교정신이기도 하다. 성직자나 수도사처럼 행하는 고행이 아니고 세속에서 순례를 통해 종교적 완성, 다시 말해 세속 생활의 정신주의화 또는 종교화를 꾀하려는 것이다. 수도원의 수도사들이 추구하는 종교적 이상과 보통 사람들이 믿는 세속적인 종교

---

13) 위의 책, 133면.

적 믿음 사이에는 차이가 있고, 각기 다른 방식으로 신을 영원화 하고 세속화하는 것은 당연하다. 이 작품의 주인공들은 세속에서의 순례를 통해 신의 자비심과 사랑을 노래하면서 세속의 모든 억압에서 벗어나 안식과 위안을 찾아 자각과 영혼의 세계에 빠져들고 싶어 한다. 뻬리안드로와 아우리스뗄라의 여정에 동행하는 야만인들은 이런 영적인 과정에 동행함으로써 기독교화 된다. 열정과 폭력과 본능으로 행동하던 비기독교도인들은 뻬리안드로와 아우리스뗄라에게 우선 말을 배우고 점차 이성적으로 변화하게 되어 결국에는 기독교화 된 신중한 모습으로 바뀐다. 그러므로 이들 일행의 순례는 기독교적 유토피아인 '최선의 세계'를 추구하는 긴 여정이라고 할 수 있다. 이들 모두에게 순례는 성스러운 것이고 일종의 꿈이고, 원시 사회에서 현재로, 그리고 어두움에서 빛으로의 여행을 의미한다.

이들은 순례를 통해서 모든 사회악의 근원이 인간의 타락에 있다고 생각하고 타락 이전의 상태인 기독교적 덕성의 회복을 시도한다. 정신적으로 기독교적 바탕 위에서 행복을 누리는 것을 유토피아적 세계로 여긴다. 인간의 선한 의지와 이성을 신뢰하고, 이런 모습의 인간성에 바탕을 둔 가톨릭 왕국의 건설을 꿈꾼다. 종교적 완성은 기독교적 믿음과 이성을 바탕으로 이기심과 태만, 자만 같은 사회악, 끝이 없는 인간의 욕구와 탐욕, 비생산적 활동이나 물질적 욕망을 억제함으로써 도달할 수 있다고 보는 것이다. 인간의 사치와 탐욕 같은 부정적 요인을 최대한 통제하고 금욕적으로 살 때 기독교적 이상사회에 보다 더 가까이 다가갈 수 있다고 믿는다. 중세와 동시대의 교회 중심주의나 종교적 의식(儀式) 등에 젖어 있던 기독교에 대한 대안으로서 기독교의 본질에 충실함으로 제시한다. 그러므로 기독교는 예수의 삶과 그 가르침, 도덕적인 삶과 성서적인 삶을 실천하고 훌륭한 정치 제도와 더불어 조화를 이룸으로서 이상사회에 도달 할 수 있다고 믿는다. 그런 의미에서 김영한은 『유토피아의 사상』에서 "따라서 그들은 크리스트교의 질서와 자연의 질서는 서로 조화될 수 있다고 믿게 되었고 그것이 조화될 때 평화와 안정, 번영과 행복의 <신크리스트교 공화국>이 건설될 수 있다고 확신하였다."[14]라고 하면서 16세기 유럽의 종교적인 유토피아의 허구성이나 환상성 보다는 현실성을 지적한다. 중세의 봉건주의적 질서가 붕괴되고 새로운 패러다임의 시대에서의 종교적 유토피아를 제시한다.

종교개혁을 겪으면서 기도교의 분열은 스페인 사람들에게 종교적 갈등과 혼란을 가져다주었다. 당연히 종교적 갈등과 혼란을 극복하고 새로운 종교관을 수립하려는 신학적 논쟁들이 벌어지게 된다. 부패한 가톨릭의 형식주의, 권위주의를 청산하고 정신적이고 금욕적인 가톨릭을 수립하기위해서 타락 이전의 기독교적 덕성의 회복을 시도했다.

이 작품에서 수많은 사건들을 겪는 순례를 하면서 등장인물들이 추구하는 것은 이런 기독교적 덕을 실천하는 것이다. 종교적 믿음을 실천하려는 주인공들은 '하나님의 사랑은 인간들을 구원해 주었고 영적인 기쁨을 준다고 믿고서' 기독교적 믿음의 실천을 통한 정신적인 즐거움을 추구한다. 수도원에 은거하면서 기도와 고생을 통해 신과의 합일을 시도하는 것이 아니라 속세에서 순례를 하면서 영혼의 순수와 덕의 승리를 열렬히 기구하는 종교적 체험이다. 이들은 로마로 향한 순례는 하나님에 대한 믿음을 더 강하게 만들어 준다고 믿는다. 순례객의 옷을 입고 여러 교회를 방문하고, 교황을 알현할 때까지 계속된다.

순례 중에 만난 레나또는 속세를 벗어나 기도를 통해 좀 더 완전한

---

14) 김영한, 『르세상스 유토피아 사상』, 서울: 탐구당, 1988, 26면. 김영한은 같은 책에서 유토피아를 크리스트교적 공유제 유토피아와 과학적 유토피아로 분류한다. 토마스 모어, 캄파넬라를 크리스트교적 공유제 유토피아의 유형으로 베이컨을 과학적 유토피아로 분류한다. 베이컨은 과학의 진보에 의해 자연을 지배하고 그럼으로써 인류의 복지를 실현할 수 있다고 한다. 모든 것을 과학과 과학적 방법으로 통제함으로서 이상세계를 건설할 수 있다고 하면서 과학에 대한 깊은 신뢰를 보낸다. 25면.

사람, 하나님에게 더 가까이 접근하는 종교적 이상을 이루기 위해 노력한다. 기도를 통해서 인간의 격정과 속세의 세속적인 가치를 극복하고 신과의 영원한 정신적 합일을 시도한다. 그가 추구하는 종교적 이상세계는 푸라이 루이스 데 레온이나 산 후안이 추구했던 신비주의적 믿음이 아니다. 그 보다는 박식함, 도덕성, 종교적 열정으로 완성된 삶을 지향하는 모습이다. 즉 세속적인 욕망을 포기하고 하늘에 도달하기 위한 덕을 지향하는 순수한 삶이며 이를 통해 하나님과 그 아들에게 더 가까이 다가가려 한다. 그는 결투에서 패하고 그의 부인 에우세비아와 함께 조국과 부모, 안락함과 재산을 버리고 섬에 은둔해서 살고 있다. 이들은 육체적인 열정은 멀리한 채 기독교적인 고독과 달콤한 고요에 묻혀 살고 있다. 이들은 고독하고, 성스럽고 자유로운 삶을 살고 있다. 유유자적하며, 편견이 없으며, 이해심과 동정심을 갖추고 자연과 인간의 조화를 추구하는 부드러운 현자의 모습이다. 어느 것에도 구속 받지 않은 자유로운 인간인 레나또는 그를 모함했던 적을 용서하고, 기도하고, 성서적 삶을 실천하고, 도덕적 삶을 실천하는 기독교적 가치의 체화를 삶의 목표로 삼는다. 그가 살고 있는 섬은 현 사회의 불합리가 없는 창세기의 한 장면을 떠올리게 한다.

> 그래서 우리는 은수처에 성스러운 의식을 거행할 수 있는 예복을 많이 준비해 두고 있지요. 이처럼 우리는 서로 떨어져서 자고, 함께 식사를 하고, 신에 대해 이야기하고, 지상의 일을 무시한 채 하느님의 자비에 의지하면서 영생을 기다리고 있답니다.[15)]

세르반테스는 하나님은 하찮은 물벌레들까지 부양하는 분이라고 하면서, 기독교도로서 가장 비겁한 사람은 자살을 하는 사람이고, 자신에게 해를 끼친 사람을 용서하고, 결투를 금하는 가톨릭 교리를 지키고,

15) 위의 책, 282면.

관대롭고, 부자로서 사악하고 야비한 짓을 안하는 기독교적 삶을 실천하는 사람이라고 한다. 순례객 일행들이 무어인들의 공격을 받고 바르똘로메의 명령대로 안전한 성당에 모여 있을 때 부제가 꿈꾸는 것도 이런 기도교적 삶이 이뤄지는 공간이다. 세르반테스가 꿈꾸는 종교적인 이상세계는 인간의 원죄를 회개하고, 인간의 선한 의지가 발휘되고, 하나님에 대한 믿음이 건실해 지는 그런 모습의인간과 사회인 것이다. 이런 사회와 인간의 모습, 에덴 동산과 천년왕국은 인간의 노력에 의해서 실현가능한 사회가 아니라 하나님의 은총으로 가능하다.

> 아아, 제가 죽기 전에 이 땅을 억압하는 가시덤불로부터 이 땅이 자유로워지는 것을 이 두 눈으로 볼 수 있다면 얼마나 좋을까요! (…) 스페인의 모든 곳이 완전하게 기독교 믿음 안에서 견고하게 되어 예수 그리스도의 진정한 진실이 수용되고 존경받는 세상의 안식처가 될 그 날이 올까요! (…) 하느님게서는 당신을 섬기는 사람에게 자비를 베푸시는데, 여러분들께서도 더 잘 아시다시피, 항상 착한 사람이나 악한 사람 모두에게 빛을 내리시고, 정의로운 사람이나 부정한 사람 모두에게 비를 내리시지요.[16]

드디어 온갖 난관과 위험을 극복하고, 드디어 '세계의 우두머리' '지상의 천국' '천상의 도시'인 로마에 도착한다. 비기독교도였던 아버지 안또니오가 아들에게 말한다:

> (…)그 법안에서 지금까지 하나님 나라로 들어갔던 모든 사람이 구제되었고, 앞으로 들어가야 할 모든 사람들도 구제되어야 한다는 걸 알아라. 이 성스러운 법은 우리가 우리를 공격했던 사람을 벌주는 것이 아니라 그들의 죄를 고칠 수 있도록 충고하는 방법을 우리에게 가

---

16) 위의 책, 402-3면.

르쳐주고 있단다.[17]

이들 주인공들 순례의 궁극적 목표는 신에 대한 경배, 도덕의 추구, 경건한 신앙으로 가득 찬 세상이다. 과거의 황금시대, 새로운 낙원에 대한 꿈, 에덴동산, 중세의 수도원 같은 공간이 종교적인 유토피아이다. 물론 인간이 노력과 의지가 아니라 신의 의지로 이룩된 공간이지만 근심 걱정 없고 배고픔, 착취, 차별이 없는 세상, 모든 것이 자유롭고 평등하며 사적 소유의 불평등으로 인한 상대적 박탈감이 없는 세상이라는 점은 원시적, 정치적 이상세계에서 꿈꾸는 세상과 똑같다.

6. 결론

세르반테스의 『뻬르실레스와 시히스문다의 모험』은 비슷한 시기에 출판된 토마스 모어의 『유토피아』, 베이컨의 『뉴 아틀란티스』, 캄파멜라의 『태양의 제국』처럼 유토피아 문학이 공통적으로 추구하는 행복한 사회, 즉 평등, 완전한 조화를 이룬 인간 사회의 건설, 시대적 갈등과 고뇌를 해결하기 위한 사람들의 모습을 청사진처럼 제시한 것은 아니다. 하지만 기존의 사랑과 모험, 그리고 기독교가 섞인 비잔틴 풍의 소설 양식을 순례라는 형식을 통해서, 또 다양한 공간에 대한 묘사를 통해서 인간의 타락, 사회의 악에 대한 비판과 새로운 모델을 제시한다고 할 수 있다.

근대적 과학사상, 실증적 세계관에 길들여져 있는 우리 현대인들은 세르반테스가 그리는 유토피아를 환상성과 허상, 비현실성으로 인해 허황된 세계라고 여겨버릴 수 도 있다. 하지만 고대 때부터 꿈꿔왔던

17) 위의 책, 222면.

천년왕국, 낙원 같은 원시적인 자연에 대한 꿈은 우리들 삶과 분리 될 수 없다. 또 원시적인 자연에 대한 꿈은 『유토피아』처럼 현실 사회에 대한 구체적인 모순과 병폐를 비판하고 그 처방을 논리적 일관성을 가지고서 구체적으로 제시한 모습과는 다를 수도 있다. 하지만 불안전한 사회 제도 안에서 일어나는 갈등, 경쟁, 전쟁, 착취, 억압이 사라지고 조화, 사랑으로 가득 찬 세상을 꿈꾸는 이상은 너무나 소박하고도 자연스럽고 오랜 시간 동안 지속되는 꿈이다.

세르반떼스는 그가 속해있던 기독교적인 사회에서 사회가 요구하는 종교적인 덕을 실천하는 인물을 창조한다. 『뻬르실레스와 시히스문다의 모험』에서 벌어지는 사건들을 통해서 확인 할 수 있는 것은 기독교적인 시각에서 선과 악을 구분하고 기독교적인 덕을 문명이라는 이름으로 전파하려고 했던 당시의 시대적 문화로부터 절대 자유로울 수 없다는 것이다. 그런 의미에서 『뻬르실레스와 시히스문다의 모험』은 17세기의 담화라고 할 수 있는 것이다.

또한 정치적으로도 스페인은 『유토피아』가 출판된 영국처럼 중세의 교회와 귀족 계급의 횡포와 사회적인 병폐가 만연된 유사한 상황에 처해있었다. 이에 세르반테스는 정치적 이상사회를 민주적으로 선출된 왕으로 설정함으로써 그 모순을 비판했던 것이다. 이런 맥락에서 보자면 토마스 모어의 종신 군주제와 흐름을 같이한다. 하지만 현실적으로는 실현 불가능한, 플라톤 이래 시인들이 꿈꾸던 이상적인 정치제도이다.

❑ 참고 문헌

Alborg, Juan Luis, *Historia de la Literatura Española, II*, Madrid, Gredos, 1987.

Casalduero, Joaquín, *Sentido y Forma de Los Trabajos de Persiles y Sigismunda*, Madrid, Gredos, 1975.

Gómez-Tabanera, José, 「El Tema del hombre salvaje y el dscubrimiento de América」, *El*

Basilisco, n。 4, 3-4월, 1990, Bibliotecas Cajas de Ahorros de Asturias.

Montaigne y Pedro Martir: las raices del buen salvaje」, *Revista de Indias*, vol L, núm. 190, 1990, 9-12.

Maravall, José Antonio, *Teoría española del Estado en el siglo XVII*, Madrid, Instituto de estudios políticos, 1944

Milán, José Martínez (Director), *Felipe II (1527-1598) Europa y monarquía católica*, Madrid, Editorial Parteluz, S. L., 1998

De Haro, P. Aullón (Ed.), *Barroco*, Madrid, Verlum, 2004.

Llorente, Miguel de la Pinta, *La Inquisición española y los problemas de la cultura y de la intolelancia*, Madrid, Ediciones cultura hispánica, 1953.

Martín, Melquíades Andrés, y otros, *El Siglo de Quijote (1580-1680)*, Madrid, Espasa, 1996.

Milán, José Martínez (Director), *Felipe II (1527-1598) Europa y monarquía católica*, Madrid, Editorial Parteluz, S. L., 1998.

Olmos García, Francisco, *Cervantes en su época*, Madrid, Ricardo Aguilera, 1970.

Ruano, Eloy Benito, y otros, *España. Reflexiones sobre el ser de Españna*, Madrid, Real Academia de la Historia, 1998.

Peréz, Pedro Ruiz, *Manual de Estudios literarios de los siglos de Oro*, Madrid, Castalia, 2003.

Rosales, Luis, *Cervantes y Libertad*, Madrid, Trotta, 1996.

세르반테스, 미겔 데(조구호, 임효상 역), 『뻬르실레스와 시히스문다의 모험』, 서울: 바다출판사, 2000.

김영한, 「16,17세기 유토피아에 있어서의 공유제」, 『인문논총』, 5권, 1983, 155-180.

_____, 『르네상스의 유토피아 사상』, 서울: 탐구당, 1988.

_____, 『르네상스 휴머니즘과 유토피아니즘』, 서울: 탐구당, 1989.

김용민 · 윤태원 · 송지연, 「시대정신의 반영으로서의 유토피아와 디스토피아 문학」, 『독일언어문학』 16집, 2001.12, 419-453.

박철, 『서반아 문학사』, 상권, 서울: 송산출판사, 1992.

이화용, 「토마스 모어: 유토피아와 정치현실」, 『계간 사상』, 15권2호, 2003, 271-291.

정재서, 『도교와 문학 그리고 상상』, 서울: 푸른숲, 2001.

토마스 모어(황문수 역), 『유토피아』, 서울: 범우사, 1997.

VI. 집시의 전통과 사회적 배척
-『집시 연인』을 중심으로

1. 들어가는 말

본 글의 목적은 세르반테스의 『모범 소설』에 포함되어 있는 중편 소설 『집시 연인』을 통해서 집시의 전통과 그 문화의 소수성을 다시 읽어보고자 한다. 스페인 사회에서 주변부이고 부정적인 집단으로 여겨졌던 이들의 억압된 고유성과 그 문화의 소수성을 읽는 것은 의미 있는 작업이 될 것이다.

전 세계에서 퍼져서 살고 있는 대략 천만 명 정도로 추산되는 집시들, 이들은 그들만의 전통과 풍속을 유지하면서 주류 사회와 동떨어진 채 소수사회를 형성하며 살고 있다.

이들은 다수에 대립되는 존재로서 때로는 이해되지 않는 집단으로 때로는 낭만적인 집단처럼 보인다. 약속의 땅을 찾아서 떠돌았던 유태인들처럼 목적지도 없이 동유럽에서 서유럽으로, 북쪽에서 남쪽으로 정처 없이 떠돌아만 하는 운명을 짊어지고 태어난 듯 하다. 수적으로 소수이고 중앙 권력으로부터 주변인인 그들은 17세기 스페인에서 극도로 혐오스런 집단으로 부정적으로 묘사된다. 그러나 왜 그렇게 부정적인 모습으로 비춰졌을까, 또한 부정적인 모습이 이들의 본질적이고 변하지 않는 모습일까 하는 의문도 든다. 본 글은 당연하게 받아들여지고 있는 이런 모습들에 대해 의문하고, 소수 문화적 관점에서 이들의 가치를 세르반테스의 중편 소설인『집시 여인』을 통해서 살펴보는 것이다. 이를 위해 먼저 집시들의 전통과 가치을 살펴보고, 그렇게 부정적인 모습을 형성하게 된 기원을 살펴보고, 마지막으로 이들의 긍적적인 가치와 소수성에 대해 살펴보도록 하겠다.

2. 집시들의 전통과 가치

『집시 여인』속의 집시들의 삶은 가족을 중심으로 전개된다. 클럽, 조직, 직업, 정치적인 조직은 이들 삶에 별로 의미가 없고, 일문(一門)을 형성해서 족장을 중심으로 생활한다. 이들에게 있어 족장은 최고의 권위를 가지고 있다. 모든 구성원들은 그의 인간적인 덕이나 법을 집행하게 하는 권위, 그들에게 충고해 주는 그의 박식함으로 인해 그를 존경한다.

집시들은 이 일문에 속하지 않고는 공동체 생활이 불가능하다. 가족들을 연결해 주는 끈은 일반적으로 같은 일문이나 집시 부족에 속한 사람들한테까지 연장된다. 비슷한 연배의 사람들에게는 사촌이라고 부르며, 나이 차이가 많이 나면 삼촌, 이모라고 부른다. 나이 많은 사람들은 나이 차이가 많이 나는 젊은이들을 부를 때 조카라고 부른다. 이들은 5촌, 6촌을 넘어서 4~5대까지도 다 친척으로 생각한다.

남자들은 가족 안에서 가장으로서 존경을 받는다. 여자들은 남자들에게 너무나 복종적이고 고분고분 하다. 그렇다고 자기 의견도 없이 행동하는 것은 아니다. 남자들은 집에서 놀고 있고, 여자들은 거리에서 구걸을 하거나, 노래 부르고 춤을 추고서 돈을 받는 다든지 축제가 열리는 지방으로 옮겨 다니면서 행상을 해서 먹고 산다.『집시 여인』의 집시들도 8월 한달을 똘레도 지방에서 보낸 후 9월이 되자 남쪽 지방인 에스뜨라마두라 지방으로 옮겨간다. 그리고 쁘레시오사는 사람들 앞에서 춤을 추고, 노래 부르고, 점 쳐주고, 찬송가, 민요, 로만세를 노래하고 돈을 받아 생활을 꾸려나간다.

여자아이는 태어날 때부터 그들의 운명은 결정되어 있다. 모든 부모들이 딸들에게 요구하는 것은 결혼하기 전에 처녀성을 지키고, 결혼한 후에는 이혼하지 않고 죽을 때까지 결혼생활을 유지 하는 것이다. 이 원칙은 너무나 깊게 주입되어서, 일생동안 강박관념처럼 그녀들을 따라 다니는 하나의 의무이다.

성에 대한 도덕은 아주 엄격하다. 근친상간은 절대로 있을 수 없는 죄악이고, 집시끼리 간에 간통도 아주 드문 경우이다. 집시 아가씨들의 생활은 거의 수도자 같은 삶이다. 절대로 혼자서 집에서 멀리 나가지도 않고, 그렇게 할 경우는 항상 가족 중의 누군가와 동행을 한다. 사적으로 집시가 아닌 남자와 대화를 하는 것도 금지되어 있다. 이 작품에서도 쁘레시오사는 결혼하기 전에 2년 동안 스페인 귀족인 안드레스에게 집시들 옷을 입고 그들과 함께 지내야 한다고 말한다.

> "제가 생각하기에 생명보다 더 귀하다고 생각하는 유일한 보석은 굳은 지조와 순결입니다. 그것은 약속의 대기로도, 선물로도 팔 수가 없습니다. 하물며 만약 돈으로 나를 사게 된다면 아무런 가치도 없을 겁니다. 속임수나 허풍으로 나를 가져 갈 수는 없을 것 입니다. 오히려 나는 순결을 간직한 채 무덤에 가겠습니다. 공상과 망상이 제멋대로 덮치고 주무르게 하는 위험에 맡기느니 하늘나라까지 가져가겠습니다."[1]

결혼한 여자는 아들을 얻으면 모든 사람에게서 존경을 받게 된다.

1) 미겔 데 세르반테스 『모범소설 I』, 박철 외 옮김, 서울: 오늘의책, 2003, 199면.

하지만, 여자가 아이를 못 낳으면 아주 비난받는 운명에서 벗어나기 어렵다. 집시들에게 애를 못 낳는 여자는 완전한 여자가 아니다. 그러나 일단 애를 나면 모든 게 바뀐다. 부엌살림과 경제생활을 같이 하다가도 일단 아이를 낳으면 시부모에게서 독립하게 된다. 비로소 여자로서의 완전한 삶이 시작된다. 아이를 낳기 전까지는 아무도 그녀의 의견을 들어주지도 않았지만, 이제는 가족 안에서 존경받고 모든 일의 중심이 된다. 핍박과 궁핍으로 점철된 집시의 삶에서 여성은 종족의 중추적 역할을 맡고서 식구들을 강하고 지혜롭게 만든다. 그래서 어머니로서 여자의 영향력은 생애를 통해 지속적으로 유지된다.

집시들은 자식이 많은 것을 하나님이 그들에게 준 최대의 축복으로 생각한다. 당연히 더 많은 축복을 받고 싶어서 하나님께서 주신 모든 자식을 다 낳는다. 그래서 집시들은 자식을 낳을 때까지 주저하지 않고 자식들을 많이 낳는다. 거의 생기는 대로 낳는 것처럼 보이다.

주위에 많은 자식, 손자, 증손자가 있으면, 그들 부부는 행복한 삶을 살았다고 여겨진다. 그래서 집시들은 결혼 생활에서 산아제한이 없는 것이다. 그러나 사실 이러한 전통의 이면에는 유목민처럼 떠돌아다니는 생활을 해야 하는 상황에서 끝까지 생존할 수 있는 가능성이 많지 않았기 때문에 가능한 자식을 많이 낳아야만 하는 현실적인 이유도 있었다. 또 옮겨 다니면서 부딪치는 자연의 방해물, 그 지역 사람들의 적개심, 다른 집시 부족과의 갈등의 가능성 등도 이들로 하여금 대가족을 형성해서 숫적 우위를 점하게 하고 이를 기반으로 평화를 유지하는 수단으로 삼게 한다.

3. 집시에 대한 부정적인 이미지

3.1. 떠돌이 생활과 굳어진 삶

지금 스페인에 살고 있는 집시들은 종족, 집단 가족을 이뤄 마을과 도시에 정착해서 살고 있지만, 당시 그들은 떠돌아다니면서 생활해야만 했다. 정착 생활을 할 때는 자식들을 학교도 보낼 수 있고, 마차에서 사는 것보다는 훨씬 더 안락하게 지낼 수 있고, 안정된 직업도 얻을 수 있을 것이지만 그들은 축제나 장에 떠돌아다니면서 다른 사람들이 멸시하는 직업에 종사하거나 장사를 하고서 생계를 유지해야만 했던 것이다.

유목민처럼 한 곳에 정착하지 못하고 떠돌아 다녀야 하기 때문에 이들이 종사하는 직업도 이곳저곳을 옮겨 다니면서 철이나 구리 공예품을 만들어 판다든지, 민간요법으로 사람들을 치료해 주고, 온갖 마술과 구경거리, 그리고 점을 쳐주고, 사람들 앞에서 노래와 춤을 추고서 사람들이 던져 주는 동전을 받아서 생계를 꾸려나가야 한다. 『집시 여인』에서도 개에 물려서 길을 잃은 음유 시인인 알론소 우르따도가 집시들 마을로 찾아든다.

> "그녀는 개털을 조금 잘라 기름에 튀겼고, 왼쪽 다리에 생긴 개에게 물린 두개의 이빨 자국을 포도주로 씻었다. 그러고 나서 상처에 개털과 올리브유를 바른 후, 약간의 로즈메리 약초를 씹어서 상처 위에 바르고는 깨끗한 천으로 동여매주었다."[2)]

그리고 지금도 옛날과 별반 다름없이 양철과 판자로 만든 허름한 집에서 교육도 받지 못하고 새로운 신기술에는 관심도 없이 옛날 그대로

2) 위의 책, 239면.

의 모습으로 살고 있다. 여전히 육체노동을 혐오하여, 길거리에서의 행상과 구걸에 종사하고, 지하철에서 어린아이를 등에 업고 하모니카나 아코디언을 연주하는 모습은 근대 산업사회의 '노동과 성실성'을 추구하는 주류 사회의 가치와는 배치되는 삶의 모습이다

환경이 이들을 그렇게 만들었고, 이런 환경은 진실보다는 거짓말을, 미래에 대해서 생각하기보다는 현재의 생존에 집착하게 만들고, 주택 마련이나 저축보다는 지금 당장의 배고픔의 해결에 집착할 수밖에 없는 것이다. 이런 환경에서 살기 때문에 그들에게 부여된 야만적·부정적인 악명으로부터 벗어날 수가 없는 것이다. 원래 그렇게 천부적으로 나쁜 종족이 아니라 그렇게 밖에 할 수 없었던 고단한 삶이 그렇게 행동 하도록 만든 것이다. ≪나는 나와 나의 환경이다≫라는 오르떼가 이 가셋의 말처럼 그들도 환경과 문화로부터 자유로울 수가 없는 것이다.

그 결과 주류 사회의 사람들에게 이들은 '불량배'로 보이고, 역사적으로도 이런 부정적인 모습들은 지워지지 않는 문신처럼 항상 이들 뒤를 따라 다닌다. 이렇게 부정적인 모습의 성격은 17세기 연극과 소설에서 이들의 특징적인 모습으로 나타난다. 미겔 에레로 가르시아는 그의 책 『17세기의 스페인 사람들의 사상』에서 이렇게 평한다. "그 문제에 관심을 가지는 정치적이고 문학적인 수많은 작가들은 집시들에게서 무엇보다도 도둑이라는 직업으로 알고 있다."[3] 계속해서 같은 책의 다른 부분에서는 집시들은 스페인 사람들과는 다른 풍습을 가졌고 다른 방식으로 살고 있으며, 여러 면에서 다르다고 말한다. "다양하고 닮지 않은 종족이고, 이상한 몸을 가졌고, 국외의 생활에 부적응하고, 일이 전개되는 환경의 종교적, 도덕적이고 사회적인 감정을 혐오하는 성질을 가지고 있고, 그들을 지탱하는 공동체에게 있어서는 소용이 없고 해가 되고, 사회에서 진짜로 기생충 이고, 이 유사 민족의 특징을 묘사

---

3) Miguel Herrero García, *Ideas de los españoles del siglo XVII*, Madrid, Gredos, 1966, p.649.

할 때 다양한 타입의 작가들이 검정색 잉크로 형벌을 더 무겁게 지우는 것이 이상하지 않다."[4] 마리아 엘레나 산체스도 집시들에 대해 에레로 가르시아처럼 부정적인 관점에서 다음과 같이 말한다: "구체제를 거치는 내내 텍스트들이 반영하는 이미지는 완전히 부정적이다. 단지 그들의 사회적인 위험에 대한 인식이 말해지고 가지고 있다. 공식적이고 대중적인 텍스트들은 사람들 사이에서 집시 여자들의 속임수가 야기하는 그들의 태도, 공격성과 불안에 대해 지속적으로 언급한다."[5]

이렇게 항상 이들은 위험하고, 타락한 풍습, 나쁜 버릇을 가진 종족으로 결코 신뢰할 수 없는 부정적인 모습으로 보여 졌고, 이러한 이미지는 역사가 되어버렸다. 그래서 사람들은 마법, 부적, 약용식물과 악마는 집시들과 아주 밀접하게 연관되어 있다고 믿게 된다.

3.2. 부정적인 모습을 가지게 된 역사적 배경

이슬람과 기독교가 서로 대치하면서도 공존했던 중세 시대에 스페인은 여러 소왕국으로 분열되어 각 왕국들마다 고유한 특성을 지니고 있었다. 1492년 그라나다의 정복과 함께 이슬람과의 국토재정복 전쟁에서 승리한 후, 통일된 단일 국가를 형성하게 된다. 그러나 통일 국가를 형성한 이후에도 중세 시대에 자기가 태어나고 살았던 지역에 대해 여전히 뿌리 깊은 애착을 갖고 있었고, 이는 타지역에 대한 배타적인 감정으로 표현되었다. 통일된 스페인은 절대주의 왕정 국가 체제 하에서 이질적인 지역들을 통합시키고, 통일된 스페인적인 정체성의 확립을 위해 외부적으로 프로테스탄트에 대해 전쟁을 선포했고, 내부적으로는 모로인, 유태인, 집시같이 다른 종교를 가진 이질적인 집단을 추방하려 했다. 왜냐하면 단일국가는 정치적으로는 절대왕정을 바탕으로 하고,

4) 위의 책, 652면.
5) M. Helena Sánchez, *Los gitanos españoles*, Madrid, Castellote, 1977, p.345.

문화적으로는 단일한 언어와 단일한 종교라는 공통분모를 통해서 통합이 가능했기 때문이다. 그래서 스페인을 통일한 가톨릭 왕 때부터 카를로스 5세 때까지 스페인 사회를 통합시키기 위해서 또 단일성과 정체성을 형성하는 과정에서 인위적으로라도 집시들의 문화를 전부 지워버리려는 것도 그러한 이유에서 였던 것이다.

가톨릭 양왕은 1499년 메니나 델 깜뽀에서 포고령을 내려 이들의 추방을 알렸다. 그 포고령의 내용은 다음과 같았다: "스페인에서 무리를 지어서 떠돌아다니면서 살고 있는 집시들은 60일 안에 한 곳에 정착해서 그들이 할 줄 아는 직업에 종사하고, 다시는 무리를 지어서 다니는 것이 금지된다. 이 기간이 지나고 나서 다시 60일 후에 이를 다시 어겼을 때는 스페인에서 추방되어 다시는 돌아오지 못한다. 이를 어겨 잡혔을 때는 곤장 백대에 처해진 후 영원히 추방되고, 두 번째로 잡혔을 때는 귀를 자른 후에 추방되고 세 번째로 잡혔을 때는 평생 포로로 살아야 한다."[6] 포로로 산다는 것은 갤리 선의 노예로 보내져서 죽을 때까지 평생을 노역을 하면서 살게 된다는 것을 의미한다. 이때부터 집시들의 고난이 시작되었다. 그 후 펠리페 3세는 6개월 안에 스페인 왕국과 포루투갈에서 떠나야 한다는 더욱 엄격한 포고령을 발포했다. 추방된 후 다시 스페인으로 돌아오면 사형에 처해졌다. 스페인에 남기를 원하는 집시들은 스페인적인 것이 아닌 것을 영원히 지워버리고 잊어버리게 하기 위해 5천명 이상의 사람들이 모인 장소에서 그들 고유의 언어, 옷 이름을 사용하지 않는다는 맹세를 해야 했다.

결국 집시들은 전설의 낙인이 찍힌 채, 확립된 도덕에 반하고 법률을 어기는 풍습이나 불결한 외모 때문에 그들 역사는 박해의 긴 여정이 되었다. 그 사회의 사람들에게 이해가 되지 않지 않는 집단이고, 그래서 그들은 배척되는 악순환을 반복할 따름이다.

---

6) Juan de Dios Ramírez Heredia, Nosotros los Gitanos, Barcelona, Círculo de Lectores, 1973, p.172.

이런 역사적 배경으로 인해서 집시들은 도둑질과 거짓말, 그럴듯한 말로 사람들을 속여서 물건 파는 데에 익숙한 종족들로, 부정적으로 보일 수밖에 없는 것이다. 세르반테스도 『집시 여인』 첫 부분에서 다음과 같은 구절로 이들을 부정적으로 묘사한다.

> "집시들은 남자건 여자건 간에 오로지 도둑질을 하기 위해 이 세상에 태어난 것처럼 보인다. 도둑질하는 부모들에게서 태어나 도둑놈들 속에서 자라며 도둑질하는 방법을 배운다. 그리하여 마침내 원하는 것은 무엇이든 훔칠 수 있는 전천후로 행동하는 길거리의 도둑이 되고 만다. 남의 것을 훔치고 싶어 하는 마음을 갖게 되는 것이나 훔치는 것 자체가 집시들에게는 불가피한 생존수단이다. 그들은 이런 버릇을 죽을 때까지 그만두지 못한다."[7)]

이 집시 종족의 노파는 스페인 어린 아이를 유괴해서, 그녀에게 춤추는 것과 훔치는 법을 가르쳐서, 그녀가 사람들 앞에서 노래하고 연주해서 얻는 댓가를 받아서 먹고 살려고 한다. 이들은 까스띠야 지방을 돌아다니면서 사람들 앞에서 춤추고 노래한다.

4. 집시 전통의 소수성

그러나 그러나 이들의 고난한 생존의 투쟁에서 때로는 도둑질하고 사기 치는 등 부정적인 모습이 그들의 전부의 모습은 아니다. 다른 한편으로는 자유스러움과 형제애를 간직하고 그들 고유의 전통을 지키면서 사는 긍정적인 측면도 가지고 있다. 자유에 대한 추구와 가족을 중심으로 생활하는 공동체의 모습에서 우리들이 잃어버린 소중한 모습을

---

7) 미겔 데 세르반테스, 앞의 책, 169면.

볼 수 있다. 그들은 거의 대부분이 문맹이지만 그들의 전통, 문화와 언어에 바탕으로 그들이 정착하는 지역 사회에 적응하고 동시에 그들 고유의 문화를 지키고 자유에 바탕을 둔 저항 문화를 만들어 낸다. 어떤 면에서는 우리들보다도 더 풍요로운 그들만의 문화와 언어를 지키고 산다고 할 수 있다. 안드레스가 쁘레시오사에게 사랑에 빠져 집시가 되기를 원했고, 그래서 집시가 되는 입촌 의례식이 행해진다. 이때 집시 촌에서 가장 나이가 많은 집시 노인이 안드레스에게 그들의 전통에 대해 장황하게 말한다.

> "결론적으로 우리는 우리의 재능과 주어진 환경에 적응하며 살아가는 사람들이며, '교회냐, 바다냐, 혹은 왕궁이냐' (당시 출세를 하기 위해서는 성직자가 되든지, 바다에 나가 무역을 하든지, 왕궁에 들어가 국왕을 모시든지 세 가지 방법이 있다는 것을 말한다 - 옮긴이) 같은 옛날 격언에는 관심이 없소. 우리는 원하는 것을 가지며, 우리가 가진 것에 만족하오."[8]

효용성의 논리에 익숙한 우리들에게 이들의 이런 삶의 방식과 스타일은 시대에 뒤떨어진 모습으로 보이며, 이질적인 모습으로 보인다. 하지만 가족 중심 사회에서 명예와 감정을 존중하고, 특히 이성보다는 감성을 중시하는 정신세계, 물질보다는 비물질적 세계를 중시하는 이들의 모습은 정신적으로 점점 더 야위어져 가는 현대인들에게 근원적 고향을 제시해 주는 것처럼 보인다. 비록 평소에는 그 가치를 잃어버리고 있지만, 생존을 위해서는 절대적인 공기와 물처럼 이들이 간직하고 있는 전통의 가치와 효능은 측정하기가 곤란한 그런 것인지 모른다. 그들의 삶의 방식인 종족적이고 인간적 가치에 대한 존중은 우리들이 그들에 가지고 있는 야만성과 수동성 같은 부정적인 선입관과는 반대

8) 위의 책, 227면.

되는 모습들이다. 오히려 이들의 소박하고 단순한 공동체의 형제애는 우리들이 망각하고서 살고 있는 모습처럼 보인다.

그들 조상은 그들을 노예로 만들려는 제도로부터 도망친 사람이었다. 자유에 대한 열망과 사랑으로 마차를 타고 새로운 삶을 시작할 수 있는 곳을 찾아서 떠돌아 다녔다. 그래서 집시 문화는 저항의 상징이라는 의미를 획득하게 되고, 집시 풍은 집시들의 삶의 방식이라는 의미보다는 자유로운 삶의 방식이라는 의미로 사람들 사이에서 알려진다. 우리들에게 도시적 삶에서 벗어나서 자연에서의 삶을 살아가는 그들은 너무나 매력적인 대상으로 보인다.

이런 모습은 관료적이고 법으로부터의 해방뿐만 아니라 비슷비슷한 아파트로 가득 채워진 거대도시의 인공성으로부터 탈출하려는 우리들의 열망을 실현한 존재로 비쳐진다. 도시 속의 통계 속의 숫자일 뿐 어떤 개성과 느낌을 가진 존재가 더 이상 아닌 우리들과는 대별되게 항상 자연 속에 파묻혀 사는 집시들은 제도를 거부하는 자유정신의 표상이다. 집시 노인은 이들의 자유스런 삶에 대하여 다음과 같이 자랑스럽게 묘사한다

> "우리 집시들은 들과 밭, 샘과 강의 주인이오. 산은 우리들에게 공짜로 장작을 제공해 주고, 나무는 과일을, 포도나무는 포도를, 밭은 채소를, 샘은 물을, 강은 물고기를, 사슴은 사냥감을 베풀어주며, 바위는 그늘과 그 바위틈 사이로는 시원한 바람을, 동굴은 살 지을 제공하지요. 우리들에게 악천후는 산들 바람이고, 차가운 눈은 시원함을, 빗물로 목욕을 하고, 천둥은 음악 소리이고, 벗갯불을 횃불을 의미하오. 우리들에게 딱딱한 땅은 부드러운 깃털침대이고, 햇볕에 그을린 피부는 우리들을 보호해주는 뚫을 수 없는 갑옷이 되오. 족쇄가 우리들의 날렵함을 방해하지 못하고, 벼랑도 우리를 멈추게 하지 못하고, 벽이 우리를 막아설 수 없소. 채찍으로 우리를 쓰러트릴 수 없으며, 우리를 짓누르는 어떤 형벌도 우리를 굽힐 수 없소. 숨통을 막고 주리를 틀어도 우리

를 길들일 수 없소. 가부를 이야기함에 있어 우리는 아무 거리낌없이 얘기하오. 우리는 항상 참회보다 순교를 높이 평가하오."[9]

또 이들이 떠돌아다니면서 주변의 환경과 변화에 적응하는 유연성, 적응력 다양성 등도 이들의 큰 장점이자 특징으로 들 수 있겠다. 그리고 사람, 자연과 생명을 중요시하고 명예, 존엄성, 자기가 한 약속에 대한 책임감 같은 가치에 훨씬 더 의미를 부여하는 이들은 자유정신과 저항의 상징으로 비쳐진다.

우리는 명예를 잃을까 두려워하지도 않고, 명예를 세우려고 밤을 지새지도 않으며, 파벌을 짓지도 않소. (…) 금박을 한 지붕과 화려한 궁전보다 허름한 이동용 천막집을 더 소중히 여긴다오. 플랑드르 지방의 비옥한 토지보다 치솟은 바위 산과 눈 덮인 산이 있고, 눈길 주는 초원과 빽빽한 숲들이 펼쳐져 있는 우리 땅을 더 귀하게 여기오.[10]

지난 세기, 중심화, 위계화와 규범화의 세계 체계로 통합하려던 시대에는 이런 집시들의 자유의 정신은 주변부로 밀려날 수밖에 없었을 것이다. 하지만 동성애자들, 페미니스트, 폭주족 같은 다른 목소리, 다른 존재의 소리였던 사회 비주류 내지 하위문화 계층이 그들의 목소리를 지니게 되는 현대에서 집시들의 자유정신이야말로 더욱 우리를 풍요롭게 만들어 주고 있다. 정치적인 신념들, 종교적 이념을 넘어서서 다른 가치와 이질적인 문화와의 복수적인 공존을 지향하는 집시들은 분명히 우리를 더욱 풍요롭게 해주는 것이다.

죄에 대한 개념도 주류사회 사람들과는 다르다. 즉 집시들 사회에 기본이 되는 근본적인 법을 어겼을 때 그것을 죄로 생각할 뿐, 주류

---

9) 위의 책, 225-26면.
10) 위의 책, 226면.

사회의 법체계의 가치에 대해서는 별로 의미를 두지 않는다. 이들의 규범에 의하면 먹고살기 위해서 옷이나 음식물을 훔치는 것은 얼마든지 허용된다. 그래서 도둑질 하다가 잡혀서 감옥에서 맞아서 난 상처는 영광의 훈장이라고 말한다.

> "전쟁이 인간과 말들을 삼켜버린다고 해서 군인이 되는 것을 포기하는 것이 정당한 일인가! 우리 집시들 사이에서는 재판에서 매질을 당해 생기는 상처 자국은 고귀한 사람들이 가슴에 다는 훈장보다 더 가치 있는 것이지. 중요한 것은 꽃같은 젊은 시절에 처음 일을 나갔다가 잡혀서 목숨을 잃지 말아야 해"11)

이렇게 다른 삶을 살고 있다. 가족에 대한 사랑, 노인에 대한 공경, 그가 한 말에 대한 의무감, 자식들의 후견인, 결혼 생활을 절대로 파경시키지 않는 것, 신성한 지역에서는 절대로 도둑질을 하지 않은 것, 그들 사이에서는 거짓말하지 않는 것, 자식들의 부모에 대한 깊은 존경심 같은 것들이 이들이 지켜야 할 의무이다. 그들 가치관에 의하면 부모뿐만 아니라 노인에 대한 공경은 절대적으로 중요한 요소이다. 또한 집시들 사이에서 한 말을 완수하지 않을 때 심하게 비난받고 가족들 사이에서 한 약속은 신성하게 여겨진다. 또 아무리 도둑질을 한다고 해도 교회, 묘지 등 성스런 장소에서는 아무리 곤궁할 지라도 절대로 도둑질을 하지 않는다. 이런 공동체적인 가치들에 대한 존중은 그들만이 간직하고 있는 면이고, 『집시 여인』의 전 작품을 통해서도 확인할 수 있다.

경제적으로는 항상 결핍함에도 불구하고 이러한 가족간의 사랑과 상호 이해는 이들을 더욱 풍요롭고 행복하게 만들어 준다. 이러한 연대감이 있었기 때문에 아직까지도 멸종되지 않고 생존할 수 있던 중요

---

11) 위의 책 231면.

한 모티브가 된다. 이들은 전세계에 퍼져 살고, 또 다른 풍속을 가지고 있지만 한 마을 사람으로 생각한다. 영토, 국기, 제도는 없지만 이런 의식으로 인해서 한 나라처럼 여겨진다. 집시세계는 개인들에게 우리라는 의미, 어느 집단에 속해 있다는 의식을 갖게 해 주는 내부적인 구조를 가지고 있다. 그래서 서방세계에서 그들의 법과 풍습을 유지하면서 존재할 수 있었다.

> "우리는 순박한 시골의 점성가들처럼, 항상 하늘을 지붕 삼아 살기에 밤과 낮 모든 시간의 흐름을 알 수 있다오. 우리는 어떻게 서광이 하늘의 별들을 한테 모아 쓸어버리는지, 어떻게 그의 친구인 여명이 비친 후 대기를 기분 좋게 하며, 물을 서늘하게 하고 땅을 습하게 하는지 알지요."[12]

집시 세계의 전원적, 민족적 요소는 이상화되면서 자연은 이들이 살아가는 고향이다. 이들은 자연을 사랑하고 자연에 회귀하려 한다. 자기 주변을 에워싸고 있는 모든 허위적인 것과 관습적인 것을 혐오하고 비판한다.

이들의 이런 모습들은 과거에 까스떼야노로 쓰여진 소위 문학 경전이나 중앙에서 부과하는 가치만이 중요시 되던 시대에는 억압된다. 이들의 삶의 다양성과 역동성 및 새로운 가능성은 무시되었지만, 이젠 이들의 '타자적 상상력'을 통해 새로운 가능성을 찾는다고 하겠다. 집시의 전통은 스페인적인 것이라고 정의한 것과는 다른 전통이나 표현양식, 까스떼야노로 쓰여진 것과는 다른 세계관을 자유롭게 표현한다. 지금까지 배척되고 미워하고 그 흔적마저도 지워버리려고 했던 것들이 새로운 가치를 창출하기 위해 기존의 가치로부터 탈주하는 것이다. 스페인적인 동일성을 형성하기 위해 지금까지 주변부에 머물렀던 이들의

12) 위의 책, 226면.

존재는 중심부를 더욱 풍요롭게 만들어주는 타자이다. 이들은 스페인 자신의 일부이며 스페인을 비춰주는 거울인 것이다.

이와 같은 관점에서 봤을 때, 『집시 여인』의 집시들의 삶이 역사적으로 얼마나 탈중심적이었나, 가타리 - 들뢰즈 용어로 하자면 탈영토화를 지향했고, 이는 근대 사회의 기본 모델인 수목 모델에서 리좀의 세계를 지향했는가를 확인할 수 있는 것이다.

『엘 시드』, 세르반테스, 로뻬 데 베가, 공고라, 등의 작품들은 그 동안 정전으로서 스페인적인 정신과 본질을 표현한 작품으로 간주되었고, 스페인 사람들은 이를 성스러운 작품으로 받아들였다. 하지만 『집시 여인』 속의 집시들이 추구하는 가치는 탈중심과 탈위계 질서를 주장하는 해체이론가들처럼 탈중심과 탈정전을 지향하는 것이다. 『집시 여인』에서 집시들은 단일한 가치를 지향하는 통일성 대신에, 그 동안 부정적으로 멸시 받던 집시들의 전통과 공동체적 가치의 재발견에 새로운 의미를 갖는다. 그래서 스페인에서 집시의 문화는 지배에 대한 저항으로서 소수성의 문제이자 단일성에 대한 저항의 개념인 것이다.

그러므로 집시 문화에서 소수성은 소수라는 숫적인 의미보다는, 지배, 중심, 주류 문화에 반대되는 운동을 의미한다. 까스띠야가 권력을 가진 억압하는 주체로서 제도와 장치를 가지고 있는 권력 그 자체라면, 집시 문화는 주변부로서 제도나 장치와 같은 권력을 소유하지 않으며 다수성에 의해 지배당하지 않는 노력이다.

그와 같은 태도는 결국 스페인적이라는 것들로 지칭되는 것들이 절대적이고 신성한 지배문화가 아니다라는 점을 의미한다. 상대적이고 세속적인 다문화주의에 근거해서 봤을 때 스페인적인 것의 지배문화는 거부되며 전통적인 가치도 부정된다.

5. 나오는 말

『집시 여인』을 통해서 주변부이고 부정적인 소수의 가치로 여겨졌던 집시의 억압된 고유성과 그 의미의 소수성을 다시 읽어보는 것은 의미 있는 작업이다. 왜냐하면 집시의 전통과 소수성에 대한 고찰은 현재 스페인이 처한 사회·정치적 상황에 대한 보다 정확한 이해를 가능케 해 주고, 나아가 스페인의 문화적 다원성에 대한 연구로서의 가치도 함께 지니기 때문이다.

『집시 여인』의 시작 부분에서 묘사된 집시들의 부정적인 시각은 위에서 간술한 사회적·역사적 맥락에서 그 뿌리를 찾을 수 있겠다. 이들은 그 동안 강압적으로 스페인적인 가치로의 통합주의와 통일성에 저항해 왔다. 위대한 스페인, 통일된 스페인을 부르짖었던 시기에 주변으로 밀려났던 이들의 전통은 다양한 문화의 복권과 그 새로운 의미의 해석이라는 관점에서 새로운 문화 구성체를 생성케 해준다. 즉 스페인이 까스띠야를 중심으로 통일되기 전 중세 때 이슬람, 기독교도, 유태인, 집시 등 다양한 종교와 가치들이 공존했을 때가 오히려 더욱 문화적으로 풍요로왔다는 것을 보여준다.

본 글에서 살펴보았듯이 『집시 여인』의 첫 부분도 부정적인 모습의 집시로 묘사되어 있다. 그러나 이야기가 전개되어 감에 따라 공동체 의식에 대한 추구, 자연에 대한 사랑, 자유의 추구 등 순수한 감정을 중시하는 등 이들의 긍정적인 가치들을 추구하면서 사는 이들의 전통과 고유성을 인정하고, 중심으로부터 탈주를 보여준다.

이들은 자신들의 전통을 지키고 스페인의 주류 문화의 전통과 자신들을 구별하려 한다. 집시들의 고유한 집단적 특성은 한 개인이나 주류 사회에 통합되는 것이 아니라 그들만의 전통을 유지 하면서 산다. 만약 그들 고유의 가치를 계속 유지 하지 못했다면 그들은 스페인 사회에 통합되어버렸을 것이다. 앞에서도 언급했다시피 민족 국가의 형성 과정에서 그들의 고유성은 심하게 위협받는 상황에 처했지만, 이들은 스페인의 주류 문화에 대항해서 자신들의 전통을 유지한다.

❑ 참고문헌

Alborg, Juan Luis(1987), *Historia del al literatura española, Época barroca*, Madrid, Gredos.

Arco y Garay, Ricardo del, *La sociedad española en las obras de Cervantes, Patronato del IV centenario del nacimiento de Cervnates*, Madrid, Gráficas Uguina,

Bennassar, Bartolomé(1983), *La españa del Siglo de Oro*, Barcelona, Editorial Crítica.

Casalduero Joaquín(1974), *Sentido y forma de las "Novelas ejemplares"*, Madrid, Gredos.

Cervantes, Miguel de(1982), *Novelas ejemplares*, Tomo I, edición de Juan-Bautista Avalle-Arce, Madrid, Castalia.

Clébert, Jean-Paul(1985), *Los Gitanos*, prólogo del Dr Julio Baroja, Madrid, Orbis.

Criado de Val, Manuel (ed.)(1981), *Cervantes su obra y su mundo (Actas del I congreso Internacional sobre Cervantes)*, Madrid, Edi-6.

Defourneaux, Marcelin(1983), *La vida cotidiana en España del Siglo de Oro*, Barcelona, Argos Vergara.

Domínguez Ortiz, Antonio(1988), *El Antiguo régimen: Reyes Católicos y los Asturias*, Madrid, Alianza Editorial.

Granjel, Luis S.(1971), *Ejercicio de la medicina en la sociedad española del siglo XVII*, Salamanca, Universidad de Salamanca.

M. Helena Sánchez(1977), *Los gitanos españoles*, Madrid, Castellote.

Maravall, José, Antonio(1986), *Antiguos y modernos*, Madrid, Alianza editorial.

Márquez Villanueva, Francisco(1975), *Personajes y temas del Quijote*, Madrid, Taurus.

_______(1990), *La cultura del Barroco*, Barcelona, Ariel, 1990.

Miguel Herrero García(1966), *Ideas de los españoles del siglo XVII*, Madrid, Gredos.

Olmos García, Francisco(1970), *Cervantes en su época*, Madrid, Ricardo Aguilera.

Ramímez Heredia, Juan de Dios(1973), *Nosotros, los gitanos*, Barcelona, Círculo de Lectores.

Riordan, James(2002), *Russian Gypsy Tales*, New York, Interlink Books.

Tong, Diane(1997), *Cuentos populares gitanos*, Madrid, Siruela.

세르반테스(2003), 『모범소설 I』, 박철 외 옮김, 서울: 오늘의책.

가타리 - 들뢰즈(2000), 『소수 집단의 문학을 위하여』, 서울: 문학과지성사.

VII. 『질투심 많은 늙은이』와 『구운몽』에 나타난 노년의식 비교

1. 들어가는 말

전체 인구에서 노인이 차지하는 비중이 확대되어 감에 따라 인구의 노령화가 가속화되고 노인 문제는 점차 사회적 이슈가 되고 있다. 노년에 관한 문제는 심리학, 경제학, 의학, 사회학 등 제반 학문 분야뿐만 아니라, 삶의 질이나 환경, 가족해체 등의 학문외적인 측면에 있어서도 중요한 문제로 부각되고 있다. 이런 사회적 관심의 증대와 함께 요즘 문학 작품에서도 노인 문제가 본격적으로 다뤄지고 있다. 몇 년 전에 『소설 노년을 말하다』라는 단편 작품 모음집이 나왔고, 시몬 드 보브와르의 노년의 삶에 대한 대표적인 저술서 『노년』도 우리나라에서 이미 번역되어 출판 되었다.

하지만 작금의 이런 관심사와는 달리 고전 문학에서 노인은 거의 다뤄지지 않았다. 간혹 다뤄진다고 해도 노부모, 은자의 모습 같이 비중 없는 인물로 밖에 나타나지 않았다. 이런 이유는 당시 사회에서 노인 인구 비중이 차지하는 비율이 지금보다 현저히 낮았기 때문이기도 했지만 노년에 대한 언급 자체를 금기시했기 때문이기도 하다. 더군다나 노인의 의식, 특히 성의식과 관련된 언급은 일상생활에서 뿐 아니라 문학 작품에서도 언급하지 않는 것이 당연시 되어 왔다. 그러나 프로이드는 인간의 생의 본능은 에로스라고 했고, 푸코는 우리 존재의 진리라고 했듯이, 성과 인간의 삶은 분리시킬 수 없는 것이다. 그러므로 이 두 작품에 드러나는 노인의 삶에서 인간의 기본적 욕구인 노인들의 성, 특히 배우자와의 관계가 어떻게 다뤄지는가를 살펴보는 문제는 인간의 내면을 들여다보는 일인 동시에 그 사회적 관계 속에서의 의미까지 살펴보는 작업이 될 것이다.

본 글에서 다루려고 하는 『질투심 많은 늙은이』와 『구운몽』에서 노인은 주인공[1])으로 등장해서 작품을 이끌어 간다. 스페인과 한국이라는 다른 문화권에 속한 두 작가의 대표작에 등장하는 두 노인 주인공들 간의 비교는 동서양의 삶의 양식, 노인들의 정신구조의 차이를 추론해 볼 수 있는 기회가 될 것이다. 또한 이를 통해 동양적인, 혹은 서양적인 사고의 전형적인 틀을 볼 수 있을 뿐 아니라, 과거의 역사적 경험과 시대정신을 재구성해 볼 수 있을 것이다. 이와 더불어, 과거라는 낯선 공간이 주는 매력, 두 주인공들의 상반된 모습들, 두 작품 모두 작가가 노년에 들어 쓴 작품이라는 사실에서 오는 생생한 노년 경험의 직접성[2])도 본 연구의 동기가 되었다.

2. 노년의 사회적 가변성과 보편성

노년에 대한 시각은 시간과 장소에 따라 가변적이다.[3]) 개인의 문제

---

1) 두 작품에서는 노인들이 당면하고 있는 제반 문제와 갈등을 중심테마로 삼고 있다. 따라서 노인들만이 가지는 심리와 의식세계를 세밀하게 다루고 있다.
2) 작가 자신이 노년기에 쓴 작품에서는 과거에 대한 회한, 사회로부터 유폐된 채 죽음을 맞이해야 하는 현실 등을 다룬다. 심리적인 깊이에 있어서 그들이 탐구하는 노년의 삶의 문제성은 젊은 작가들이 미처 인식하지 못하는 부분들이다.
3) 노인의 분류기준에 대해서는 시대에 따라 다르다. 현대 사회에서는 60세 이상

이기도 하지만 사회적 범주의 문제이기도 하다. 또한 노년의 이미지란 불확실하고 모순적이기도 하다. 예를 들어 귀족 노인과 농부 노인의 이미지와 운명 사이에는 근본적인 차이가 있을 수밖에 없다. 귀족이나 부자 노인들은 노년에 그들의 부와 명성을 바탕으로 권력을 유지하는 반면, 가난한 노인 계층은 사회에서 멸시 받기 때문이다. 우선 『질투심 많은 늙은이』를 중심으로 노년에 대한 사회적 시각을 살펴본 후, 『구운몽』에서 나타난 노년과 사회적 가변성을 살펴볼 것이다. 마지막으로, 두 작품에서 공통적으로 볼 수 있는 노년의 부와 권력이 지니는 의미와 그것의 사회적 보편성에 대해 알아볼 것이다.

2.1. 『질투심 많은 늙은이』에서의 노년

『질투심 많은 늙은이』가 출판된 17세기에 국민들에게 가장 위대한 우상의 모습은 한 손에는 십자가, 한 손에는 칼을 들고 싸우는 것이었다. 모두 아메리카의 정복 전쟁과 종교 전쟁에 나가 싸우는 것을 영광스럽게 여겼고, 전장에서 죽는 것은 그들에게 숭고하기 그지없는 일이었다. 젊은이들은 생산적인 일에 종사하기보다는 군사적이고 종교적인 사명을 위해서 목숨을 초개처럼 버리는 것을 꿈으로 여기게 되었다. 이렇게 반종교개혁을 펼친 결과, 스페인은 유럽의 다른 나라들과 단절되고 대학들에서는 스콜라적 정통 신앙에 집착하게 된다. 프랑스를 비

또는 65세 이상을 의미하나 전통 사회에서는 50세 이상이다. 옛날에는 의학, 위생, 영양의 부족으로 수명이 훨씬 더 짧았기 때문에 50살만 넘어도 노인으로 간주되었던 것이다. 세르반테스가 이 작품을 썼을 때 이미 그는 노인으로 비참한 상태였다. 그 자신도 노년이 되었고 가진 것은 없었다. 그의 노년은 경제적으로 사회적으로 비참한 시기였다. 자신이 그렇게 어려운 상황에 처해 있지 않았다면 그렇게 부자 노인들을 조롱하고 시샘하지 않았을 것이다. 김만중(1637~1692)도 51세 때인 1687년 선천으로 2차 유배를 가서 이곳에서 『구운몽』을 썼다. 그 당시의 나이로 치면 그는 이미 노인이었으며, 노년에 과거의 영화를 뒤로 하고 유배의 시련을 겪는 과정에서 이 작품이 쓰여졌다는 것을 주목해야 한다.

롯한 유럽의 국가들은 새로운 사회를 향해 급진적인 변화를 시도하던 바로 그 시기에 스페인은 고립주의에 빠지고 만 것이다. 이에 대해 나송주(2003: 13)는 순응주의와 공포가 지배하는 사회로의 변화, 그리고 새로운 것은 무조건 거부되는 후진적인 사회로의 전락을 의미한다고 지적한다.

세르반테스는 이런 모순과 갈등으로 바로크 시대를 그린다. 불확실한 바로크 사회에서 생은 꿈에 지나지 않으며, 인생이라는 무대는 한낱 꿈이다. 흔들리지 않는 것은 신적 질서뿐이다. 이 신적 세계를 지배하는 것은 조화와 믿음을 바탕으로 한 전통과 윤리이다. 반면 신적세계가 아닌 현실은 불확실성으로 요동친다. 이런 과정을 겪는 동안 스페인 사회는 점점 활력을 잃어간다.[4] 사회적 상황은 노년의 안정과 위엄을 요구했으며 노인은 모든 연령의 모범으로 요구되었다. 17세기 사회에서 중요한 가치는 젊음이 아니라, 노인의 경험과 연륜이었다. 따라서 노인에게 높은 수준의 덕이 기대되었으며, 문학 작품 속에 등장하는 노인들에게는 '존경스러운' '위엄 있는' '충고해 주는' 같은 수식어가 동반된다. 그러나 이런 사회적 기대에서 벗어나 탐욕을 부리거나 거짓말을 하여 존경스러운 이미지를 훼손시키면 그들의 위상은 일순간에 실추된다.[5] 특히 노인들의 사랑과 질투는 혐오스럽고 타락한 모습으로 비춰진다. 시몬 드 보부아르(2007: 11)는 노인의 감정에 대해 이렇게 언급한다. "젊은이들과 똑같은 욕망, 감정, 요구 등을 표명하는 노인은 사람들의 빈축을 사게 된다. 노인들의 사랑과 질투는 추하거나

4) 반면, 르네상스 시기에는 젊음을 예찬하고 고양하며 노년에 대해서는 경멸감과 환멸감으로 대한다. 뻬드로 데 메히아(Pedro de Mexía), 로드리고 데 꼬따(Rodrigo de Cota), 안또니오 데 게바라(Antonio de Guevara), 우아르떼 데 산 후안(Huarte de San Juan) 등 스페인 르네상스를 대표하는 작가들은 자신의 작품을 통해서 젊음과 노년에 대해서 기술한다.

5) 실추된 노인의 위상은 특히 노파를 겨냥한다. 집시였던 노파 셀레스티나를 대표적인 예로 들 수 있다.

우스꽝스럽고 성 행위는 혐오스러우며, 폭력은 가소로운 것으로 여겨진다. 노인들은 모든 미덕의 본보기를 보여주어야 한다. 무엇보다도 먼저 사람들은 그들에게 평정을 요구한다. 그리고 그들이 평정함을 지니고 있다고 단정한다." 노인이 가질 수 있는 감정과 욕망, 특히 그들의 성에 대해 부정적임을 알 수 있다. 따라서 작품들 속에서도 노인의 성은 자연스럽게 수용되지 못하고 외설의 대상으로 풍자되어 버린다. 결국 노인의 성은 사회적으로 억압되어 있다고 할 수 있다. 특히 늙은 여자의 성에 대해서는 극도의 혐오감이 묻어난다. 또한 사회는 이런 타락한 모습의 노인에게 죽음을 선택할 수밖에 없도록 구조적으로 억압한다. 이런 모습이 스페인의 17세기 당시 사람들이 가졌던 노인의 성에 대한 사회적 인식이다.

2.2. 『구운몽』에서의 노년

반면, 『구운몽』의 배경이 되는 사회적 이념은 유교를 바탕으로 하고 있다. 작가인 김만중은 유학적인 가문에서 태어나 유학으로 출세한 유학 사상의 소유자이다. 파란만장한 정치 생활을 겪은 후, 이 작품을 통해서 인생무상의 감정을 이야기 하고 있다. 이와 관련하여 오미영(1994: 162)은 이렇게 언급하고 있다: "서포는 유교를 근간으로 삼고 고수하여 철저한 유교 사상을 가졌음이 분명하나 평탄치 않은 정치생활에서 오는 허무감과 인생에 대한 비애로 인해 당시 일반학자들이 경시해 왔던 불교와 도교의 세계에까지 관심을 기울이게 되었다고 본다." 그의 주장대로, 김만중은 당쟁과 유배 생활의 풍파와 고초 속에서 정치적 환멸감을 느꼈을 것이다.

이런 개인적 이력에 기원한 허무의식과 함께 유교사회가 추구하는 윤리는 『구운몽』의 가장 중요한 주제의식을 이루고 있다. 이 작품 속의 유교적 사회윤리에 대해 이영찬(2001: 101)은 다음과 같이 설명한다. "유학에서 추구하는 인격 수양의 이상적 상태를 내성외왕內聖外王이라고 한다. 내성이란 자신을 수양하여 성인의 최고 이상에 도달하는 것을 목표로 삼는 것인데, 이것을 성기成己(자기완성)라고도 일컫는다. 외왕이란 성물成物(타인을 이루어 줌)로서, 백성을 교화하여 천하에 평화를 가져오는 것을 목표로 삼는 것인데 천하에 평화를 가져온다는 것은 천하에 도덕 정치를 시행한다는 것이다." 즉, 유교적 사회에서 이런 유교적 이상을 실현하고 입신양명 하는 것은 자기완성을 의미한다. 아울러, 유교적 질서에서 놓쳐서는 안 되는 중요한 사상은 이런 자기완성을 가능하게끔 만드는 원천적 힘이 바로 '효'라는 사실이다. 효는 사회와 국가의 기간을 받쳐주는 절대적 이념의 형태이자, 가정의 가장 중요한 덕목이었다. 젊은 사람들이 나이 든 사람들을 공경하고 받드는 효는 사회 공통체를 유지하는 핵심적인 가치였다.

또한, 가부정적 대가족제에서 나이 많은 노인은 사회를 이끌어가는 중심이고, 집안을 대표하는 어른이다. 노인의 행동거지는 그 집안에 절대적인 영향을 끼치며, 그 집안의 가치관과 가풍을 형성한다. 따라서 유교사회에서 최상위층의 지위를 차지하는 것은 노인이다. 자식의 삶에 부모의 영향이 지대한 것은 두말할 필요가 없다. 부모와 조부모는 집안의 어른이므로 모든 후손은 절대 복종을 해야만 한다.

유교사회에서 노인을 존중하는 것은 그들의 경험이나 연륜 때문일 것이다. 하지만 노인의 모든 것을 복종하고 받들어야 하는 유교적 질서에서는 그들의 연륜뿐 아니라 성과 관련된 감정이나 욕구까지 존중받는다. 즉, 서양과 달리 그들의 성적 관심이나 욕망에 대해서도 젊은 후손들은 거부감 없이 수용한다. 따라서 집안의 어른인 노인이 여러 명의 부인과 첩을 거느리는 것은 사회적으로나 윤리적으로 일탈적인 행동이 아니다. 이영찬(2001: 342)에서 유교사회에서의 성이 일탈이 아님을 알 수 있다. "유교적 규범은 천명天命과 천도天道를 인성人性과 인도人道에 실천하는 것을 목적으로 한다. 유교에 있어 명命, 도道, 성

性은 우주의 보편적 원리임과 동시에 인간에게 있어 절대적 규범이다. 일탈 행동은 곧 천명과 천도를 어기는 것이고, 인성과 인도를 벗어난 것이다." 이렇듯, 노인을 봉양하고 공경하는 이상화된 가치는 유교라는 문화를 통해서 형성된 가치이며, 이것은 가정이나 사회를 지탱하는 윤리이다. 따라서 『구운몽』의 주인공 양소유가 출세한 후 8명의 처첩을 거느리는 것은 유교적 사회에서 비난거리가 아니다. 오히려 양소유는 모든 사람들에게 자기의 부를 과시하듯 첩의 숫자를 자랑거리로 삼는다. 우리는 이런 문화적 공기가 지배하는 유교적 질서 속에서 양소유의 노년의 모습과 의식을 이해해야 할 것이다. 그는 많은 처첩을 거느리고 있으면서도 존경스러운 모습으로 비춰지며, 여러 명의 첩들은 투기와 질투 없이 서로 친 자매처럼 지내는 이상적인 행태를 보여준다. 이것은 노인의 경험이나 연륜을 중시하는 유교 사회의 가치 체계를 보여준다.

2.3. 노년의 특권

살펴본 두 작품의 배경과 문화적 차이는 굉장히 크다. 그럼에도 불구하고 『구운몽』의양소유와 『질투심 많은 늙은이』의 까니살레스가 여자를 거느릴 수 있는 권력을 행사할 수 있었던 것은 그들이 가진 부와 사회적 지위 때문이다. 만약 양소유가 촌부이거나 권력 투쟁에서 밀려난 가난한 노인이었다면 모든 사람들이 그를 존경하고 여러 여자를 거느릴 수 없었을 것이다. 마찬가지로 까리살레스가 돈도 없이 늙어서 고국에 돌아왔다면 젊은 여자를 부인으로 삼을 수도 없었을 것이다. 이 점에 대해 시몬느 드 보부아르(2007: 138)는 특권을 가진 노인의 조건을 다음과 같이 설명한다. "특권을 누리는 사람들에게서 노인의 조건은 재산 제도와 관련이 있다. 재산이 더 이상 무력에 기초하지 않고 법에 의해 확고하게 보장받고 제도화 될 때, 소유주의 인격은 비본질적인 것이

되어 더 이상 관심을 끌지 않게 된다. 소유주는 그의 재산과 동일시되고 그 사람 대신에 그의 재산이 존중받는다. 문제되는 것은 그의 개인적인 능력이 아니라 그가 누리는 권력이다. 그러므로 부자는 늙었건, 허약하건, 심지어 신체가 불구이건 그것은 별로 중요하지 않다." 동서양을 불문하고 돈 많고 권력을 가진 노인은 선망의 대상인 것이다. 따라서 서로 상이한 문화와 사회적 배경에 속한 주인공들이라 해도 그들이 가진 부와 권력이 주는 특권은 가변적이지 않고 보편적이다.

3. 노년의 심리적 갈등

3.1. 까리살레스

먼저 『질투심 많은 늙은이』의 주인공 까리살레스는 68세의 노인으로 페루로 가서 많은 돈을 벌어온다. 그는 많은 인생의 경험과 탄탄한 경제적인 배경으로 사회에서 존경스러운 위치를 차지할 수 있었지만, 그리워하던 조국에 돌아온 후 많은 지참금을 지불하고 젊은 여자 레오노라를 부인으로 맞이한다. 그리고 그녀를 다른 남자들이 넘보지 못하도록 담을 쌓아 버린다. 폐쇄된 공간에서 살아야 하는 레오노라에게 바깥세상은 전혀 허용되지 않는다. 그러나 레오노라는 피 끓는 젊음과 멈출 수 없는 호기심의 소유자여서 쉽게 유혹에 빠진다. 이로 인해 그녀는 결국 비극적인 결말을 맞이하게 된다.

까리살레스는 비록 큰돈을 모았지만, 타국에서의 고독과 소외감을 극복할 수는 없었다. 과거의 삶에 대한 회상과 임박한 죽음에 대한 불안감, 인생에 대한 허무의식으로 그는 고향을 그리워한다. 노년의 삶에 허무함을 느끼는 것은 반드시 종교적 성향에서 비롯된 것은 아니다.[6] 죽음을 앞둔 그는 당연히 위기의식을 느낄 수밖에 없다. 언제 닥칠지 모르는 죽음을 앞두고 자신의 고향을 향한 염원은 노인들이 갖는 본질적인 특징이기도 하다.

> 우리의 주인공 까리살레스는 수년 동안 방랑 생활을 하며 겪었던 수많은 위험과 지나간 삶에서 겪었던 불운한 일들을 회상하며 사색에 젖었다. (…) 어느 정도 재산을 모으고 성공을 거두자 본능적으로 조국이 그리워진 그는 그토록 큰 재산을 모았던 페루를 떠나기로 마음먹었다.(20면)

그리워하던 고향에 돌아왔지만 친척들조차 죽고 없었다. 가난과 궁핍을 피하여 신대륙을 향해 떠나갈 때는 수많은 상념으로 착잡한 심정이었지만, 부로 안고 돌아온 지금 또다시 내적 갈등을 겪고 있다. 사람은 추상적 인식 속에서의 죽음이 아니라 당면한 현실 속의 죽음이 느껴질 때, 그것으로부터 자유로워지려고 하기 마련이다.

> 이미 친구들은 모두 죽고 남아 있는 사람이 아무도 없었다. 그가 아는 친척들조차 대부분이 죽은 후였지만 까리살레스는 고향으로 가고 싶었다. (…) 자신의 재산을 고향에 기부하고서 남은 평생을 조용하고 편안하게 살고 싶었다. (21면)

사실 이런 정신적 갈등은 우리들 모두가 죽음에 직면했을 때 누구든지 경험할 수 있는 심리일 것이다. 죽음 앞에 두려움과 외로움을 느끼고, 지나온 세월에 대한 회한에 빠질 것이다. 추상적으로 인식했던 죽음의 문제와 현실적으로 대면해야 하는 삶의 국면에서 그런 리얼리티를 쉽게 자신의 삶으로 받아들이기 힘들 것이다. 까리살레스의 경우,

---

6) 가톨릭이나 불교에서 현세의 삶은 일시적이고 순간적으로 여긴다. 가톨릭에서 말하는 내세에서의 구원과 영생, 불교에서 말하는 전생과 환생은 모두 현세의 삶이 순간적이라는 말이다.

불행의 시작은 68살의 나이에 열서너 살쯤 되는 레오노라를 만나면서부터이다. 그녀를 사랑한 나머지 지참금을 지불하고 결혼을 하게 된다. 그리고 후손을 갖고 싶은 욕심까지 품는다. 자신의 주변에 혈육이 없다는 것에 대한 불안감과 외로움이 그를 과도한 욕망으로 이끌게 된다. 죽기전에 자식을 보고 싶은 욕망에 사로잡힌 까리살레스는 은밀하게 자신의 정력을 측정해 보고 자신감을 갖는다. 사실 까리살레스의 이런 모습은 성적 욕망이라기보다는 자손을 남기고 싶어 하는 번식 본능에 가까울 수 있으나, 노인의 성에 대해 부정적이거나 터부시 하는 사회에서 쉽게 수용될 수 없는 행동이다. 그는 자신의 본능적 욕구를 현명한 처사로 생각하고 정당화한다. 질투심 많은 자신의 성격을 돈과 적절한 대처로 극복할 수 있다고 생각한다.

> 나이가 많은 탓에 세상의 여러 가지 이상한 사건들을 경험했던 나는 내가 선택했고 당신들이 건네주었던 이 보물(부인을 지칭함 - 옮긴이)을 가능한 한 신중하게 지키기를 원했습니다.(76면)

> 길가로 향한 모든 문과 창문을 폐쇄한 노인 까리살레스는 집에서 볼 수 있는 바깥세상은 하늘밖에 없었다. 그를 제외한 집안의 유일한 남자는 흑인 하인으로 성불능자였다. 그러나 그의 노력에도 불구하고, 세비야 출신의 게으르고 놀기 좋아하는 건달 로아이사가 등장하여 그의 모든 노력을 헛되게 만든다. 로아이사는 까리살레스의 집과 그의 아름다운 부인에게 호기심을 갖는다. 레오노라를 만나기 위해서는 문을 세 개나 열어야 하는데, 노인은 항상 이 문들을 꼭 잠그고 다닌다. 로아이사는 늙은 흑인 하인 루이스와 하녀들을 닷새 동안 꼬드긴다. 마침내 로아이사는 레오노라를 만나서 같이 잠자리에 든다. 이 광경을 목격한 늙은 남편 까리살레스는 자신의 가련한 신세를 한탄하고 고통을 느낀다. 그리고 죽기 전에 자신이 저지른 행동을 반성한다.
>
> 왜냐하면 바로 나 자신을 이 죄악의 가장 큰 책임자로 여기고 있기

> 때문입니다. 그리고 이 소녀의 15세라는 나이와 나의 80세에 가까운 나이(소녀와 노인의 나이를 작가가 혼동한 듯함 - 옮긴이)가 서로 하나로 조화를 이룰 수도 없으며 평온함도 있을 수 없었다고 생각합니다. 나는 스스로 죽을 집을 짓는 누에와 같은 처지가 되었습니다. 그리고 나는 레오노라를 나무라진 않겠습니다. 아, 나쁜 꼬임에 넘어가버린 소녀여!(77면)

이제 그에게는 아무런 희망도, 모든 것을 회복할 시간도 남아있지 않다. 지금과 같은 비극적인 상황을 우려해서 외부와의 접촉을 막으려 했던 그의 노력은 수포로 돌아갔다. 그의 곁엔 아무도 남아 있지 않다는 사실에 절망하고 체념한다.

3.2. 양소유

『구운몽』은 양소유의 젊은 시절부터 시작해서 그가 죽기 전까지의 전기적 삶을 그리고 있다.7) 육관대사의 수제자였던 성진이 심부름을 갔다 돌아오는 길에 여덟 명의 선녀와 만나서 잠시 현세의 부귀영화를 꿈꾸게 된다. 그는 그 벌로 인간 세상에 환생한다. 사실 인간세상의 잣대로 보면 벌을 받을 만큼 심한 죄를 지은 것은 아니지만, 지켜야할 규범을 어긴 댓가를 치러야 한다. 그가 아무리 불법에 통달 했다 할지라도, 인간적인 유혹을 뿌리치기 힘들었을 것이다. 그리하여, 그는 현세에서 '양소유'라는 이름으로 이 세상의 온갖 부귀영화를 누린다. 2명의 부인도 모자라 6명이나 되는 첩들과 사랑을 나눈다. 정경패와 난양공주는 부인이며 진채봉, 계섬월, 심요연, 백능파, 적경홍, 가춘운은 첩

---

7) 『구운몽』은 김만중이 유배지에서 어머니를 위해 썼다고 한다. 그러나 정작 이 소설 속에서 양소유의 행동을 보면 어머니와의 관계를 의심할 수밖에 없다. 그는 결혼 상대를 정할 때 어머니에게 일언반구도 없이 2명의 부인과 6명의 첩을 얻는다.

들의 이름이다.

작품 후반부는 노년의 삶에 해당하는 기간인데, 이 주인공의 노년은 『질투심 많은 늙은이』와 너무 대조적이다. 『구운몽』의 중심 주제는 인생의 허무함이지만, 이 허무함을 표현하기 위해 양소유가 노년에 처첩들과 살아가는 과정을 소재로 사용한다.

2명의 부인과 6명의 첩을 두었지만, 아무도 그를 비난하지 않을 뿐더러 처첩들 간의 사이도 원만하게 그려진다. 처첩간의 갈등 뿐 만 아니라 이복 형제간의 갈등도 언급되지 않고 있어, 이 작품의 의도는 가정의 내적 갈등을 묘사하는 것이 아님을 알 수 있다. 현실적으로 불가능한 일이지만, 이것은 유교 사회가 꿈꾸는 이상적인 삶의 모습일 것이다. 주자학적 가문 의식이 팽배했던 조선 시대에 여러 명의 처첩과 많은 자식을 두는 것은 비난의 대상이 아니다. 또한 가족의 모든 구성원들은 가장 어른인 양소유에게 복종 한다. 특히, 두 명의 부인과 여섯 명의 첩들은 그를 조상처럼 숭배한다. 양소유에 대한 존경심은 재상의 자리가 갖는 아우라를 훨씬 넘어선다. 작품 속에서 이런 가족 체제와 풍습은 자연스럽고 당연하게 여겨진다.

그러나 양소유는 이런 부귀영화조차 부질없는 것이라 여긴다. 그에게 허락된 시간이 많지 않다는 사실에 인생무상과 허무감을 느끼며 피할 수 없는 운명 앞에 두려움과 거부감에 발버둥 친다. 현세에서의 꿈같은 일생을 마감하고, 이제 원래 그가 있던 곳으로 돌아갈 시간이지만, 그는 삶의 완성성 보다는 허무감에 사로잡힌다. 그의 허무감은 다른 사람과 관계의 단절에서 온다기보다는 자기 자신 안에서 삶에 대한 허무의식을 깨닫는 것에서 비롯되었기 때문에 더욱 처량하다.

이런 갈등을 겪으면서, 그는 재상이라는 자리조차 무상한 것이라 여긴다. 그래서 임금에게 상소를 올리고 벼슬을 내놓고 퇴임하고자 한다. 왕은 그의 청을 거절 하지만 여러 번 상소를 올린 끝에 간신히 허락을 받는다. 그는 가족을 데리고 취미궁이란 곳으로 옮겨간다. 그곳에 도착한 후, 누대에 올라 가을 경치를 감상한다. 그의 두 부인과 6명의 첩들은 자매되기를 원한다. 그렇게 완전한 삶을 누리는 듯 했으나, 곧 진기한 음식과 화려한 음악에도 금방 싫증을 느낀다.

> "승상이 이미 공을 이루고 부귀가 극하여 만인이 부러워하니 천고에 듣지 못한 바라. 아름다운 때를 만나 풍경을 감상하며 꽃다운 술은 잔에 가득하고 사랑하는 사람이 곁에 있으니 이 또한 인생에 즐거운 일이거늘 퉁소 소리 이러하니 오늘 퉁소는 옛날 퉁소가 아니로다" (226-67면)

늦가을 서리 내릴 무렵 기러기 울며 날아갈 때, 그는 감상에 빠져 높다란 누각에 혼자 올라 눈물을 흘린다. 돈과 권세를 다 가졌을 뿐 아니라 노년을 함께할 많은 처첩들도 있지만, 인적이 끊긴 곳에서 느끼는 적막함과 세월의 무상함이 다시 그를 옥죄고 있었다. 저물어가는 해를 벗 삼아 날아가는 기러기를 보면서 또다시 허무감에 빠진다. 양소유가 겪는 이런 심리적 우울증은 모든 노인들의 공통적 현상이기도 하다. 가을날 떠나가는 기러기를 보면서 허무와 애상에 잠긴 양소유는 그가 처한 노년이라는 시간과 맞물려 더욱 절박해진다. 여러 처첩들과 보낸 행복했던 추억마저 다른 사람들에게는 인간적인 감정이 사라진 증류수 같은 시간, 감정이 탈색된 시간, 무미건조한 시간으로 비춰질 것을 생각하니 그의 심정은 더 허무해진다.

> "우리 백 년 후, 높은 누대가 무너지고 연못이 메워지고 가무하던 땅이 변하여 거친 산과 시든 풀이 되었을 때, 나무꾼과 목동들이오르내리며 탄식하며 말하되, '이곳이 양 승상이 여러 낭자들과 함께 놀던 곳이라. 승상의 부귀 풍류와 여러 낭자의 옥 같은 용모, 꽃다운 태도는 이제 어디 갔나뇨? 할 것이니 어찌 인생이 덧없지 않으리오?"(227-28면)

그의 이런 행동은 모널리스트들처럼 정숙하게 느껴진다. 인생무상과 허무감이 한바탕 몰아친 후, 그는 더 이상 육체적인 쾌락에 대한 욕망과 세속적인 명예에 집착하지 않게 된다. 양소유는 이제 세상의 물욕과 명예욕을 훌훌 털어버리고 무욕과 무념무상의 경지에 이른다. 생의 괴로움과 시련, 소유의 허망함에서 벗어나 초탈의 경지에 도달한 그는 인간적 욕망에 흔들리지 않는다. 노년에 접어든 양소유의 정신세계는 생의 유혹과 욕망을 이겨내고 근엄하고 존경 받는 모습인 것이다.

4. 사회 속의 노년

두 주인공 까니사레스와 양소유를 통해서 보았듯이 노년의 삶은 모든 인간이 맞이해야 하는 초역사적인 현실이다. 그러나 사회적 상황에 따라 얼마나 다르게 표현이 되고 인식이 되는지를 이 두 작품을 통해서 확인 할 수 있다. 노인들의 운명은 사회적 상황에 따라서 다양하게 경험되고 인식되고 있다.

양소유가 꿈꾸는 부귀와 사랑은 누구나 욕망하는 보편적 욕망이지만 조선시대라는 배경이 있었기에 가능했음을 이해해야 한다. 이원수(1994: 25)는 『구운몽』의 사회적 배경과 관련하여 다음과 같이 언급 한다. "봉건적 유교 이념의 지배 아래 살아 온 그들에게 유교적 공명주의나 가문주의는 인생관의 바탕이 되어 있었고, 그들의 삶은 이에 철저히 길들여져 있었기 때문이다. 더욱이 이성적, 의지적으로는 '탈속의 삶'을 지향하려 해도, 본능적 욕망은 '영달의 삶'에로 더 쉽게 끌리게 된다는 점에서 더욱 그러하였다." 촌로의 아들로 명문가의 딸과 결혼해서 재상까지 역임하는 양소유의 삶은 유교적 공명주의나 가문주의를 이룩한 삶인 것이다. 천태산인은 그의 『조선소설사』에서 유교 사회의 이런 점에 대해 다음과 같이 설명 한다. "구운몽은 조선인의 정신생활의 총 발로요 계급사회의 전면경이다. 우주간의 모든 존재는 상류계급의 향락재로에 지나지 못하며, 그와 같은 사회에는 여러 가지 봉건적 모순이 무난히 용인되고 융화되어 있나니, 일부다처주의는 사회조직에 중요한 누벽이어서 여권이란 당초부터 문제가 되지 못한다."[8] 유교적인 세속주의가 지배하는 『구운몽』에서 입신양명하여 가문을 빛내려는 양소유의 삶은 누구의 비난도 받지 않는다. 그러나 이런 현실에서의 성공에 대한 반작용처럼 노년의 무상함을 더욱 깊게 느낀다. 노년이라는 그림자 앞에서, 인간의 유한성 앞에서, 누구나 꿈꾸는 재물도 소용없음을 깨닫는 허무감과 무의미성은 노년에 느끼는 자연스러운 감정으로 표현된다.

『질투심 많은 늙은이』의 까니사레스 역시 『구운몽』의 양소유처럼 사회적 정신에서 자유롭지 못하다. 까니사레스가 성적 욕망을 충족시키는 과정과 그런 행동에 대한 사회적 인식에 있어서 양소유의 경우와 매우 큰 차이를 보인다. 이것은 문화적 배경의 차이에 기인한다. 물론 죽음을 현실로 인정해야 하는 노년의 불안감과 고독, 허무함에서는 양소유와 차이가 없다. 그러나 『질투심 많은 늙은이』의 까니사레스의 행동의 비극적인 결말은 모순과 갈등의 바로크 문화가 지배하는 사회, 가톨릭의 금욕적이고 신적 질서가 지배하는 종교사회의 산물이라는 것이다. 『질투심 많은 늙은이』에서 까니사레스는 반종교개혁의 시대에 사회에서 요구하는 존경스러운 모습이나 충고해 주는 노인의 모습을 보여주지 못한다. 당연히 그의 행동은 혐오스럽고 타락한 모습으로 비춰지고, 그의 행동은 비극적인 결말을 맞이하게 된다.

까니사레스와 양소유의 행동에 대한 사회적 인식은 함재봉(1994: 28)의 관점, 즉 정치, 사회, 문화, 역사의 영향을 받지 않은 순수 이설, 의식이란 없는 것이며 그 모든 것들 역시 권력과 지식을 통하여 형성된

---

8) 강경호(1984), 148면에서 재인용

다는 말과 그 궤를 같이 한다. 정도의 차이는 있겠지만 시대적 상관물로 보는 관점은 위에서 살펴본 노인들의 사고방식을 설명할 때도 마찬가지인 것이다. 그래서 글쓰기와 독서는 언제나 역사적, 사회적으로 정해진 작업이며 그 세계 안에서 그리고 개인적, 집단적 인간의 내리 자리로 귀결되는 세계 위에서 형성되어 진다는 몬트로스(1992: 114)의 설명은 더욱 설득력 있게 다가온다. 루카치의 유명한 구절을 인용하면 "성향, 재능 등은 태생적인 것이라 해도 그것이 꽃을 피우느냐 시들고 마느냐, 형성되느냐 파멸되느냐 하는 것은 삶과 그 주변 환경 그리고 이웃에 대한 작가의 교호관계에 달려 있다. 이 삶이란 객관적이며 — 작가가 이것을 알고 있건 모르고 있건 간에, 그가 그러한 관계를 원하든 원치 않든지 간에 상관없이 — 당시의 삶의 한 부분이다. 따라서 이 삶은 그 본질로서 사회적 - 역사적이다"[9)]

문화인류학자 기어츠(1973: 5)의 표현을 빌자면 "인간은 자신이 직조한 의미의 그물에 매달려 있는 거미이다." 이는 인간의 행위와 사고방식이 그 당시의 문화에 깊이 얽혀 있음을 의미한다. 인간 모든 주체는 자신이 속한 사회적 상황에서 자유로울 수가 없는 것이다. 그러므로 텍스트는 독자성을 갖춘 담론의 체계가 아니라 정치, 사회, 문화 등 외부적인 환경에 의해 이미 규정되어 있고 종속되어 있다.

따라서, 『질투심 많은 늙은이』와 『구운몽』의 까리살레스와 양소유의 행동과 사고는 문화와 사회적 상황과의 관계 속에서 이해할 수 있다. 노년의 사랑이란 원래 개인과 개인의 관계이며 감정이다. 하지만 사람은 누구나 사회 속에서 살고 있으며 다락방에서 고립되어 존재할 수는 없다. 각 주인공이 처한 사회적 문화적 배경은 그들의 사랑과 성을 각각 비난과 존경의 양극적 평가로 이끌었다. 노인의 성적 욕망은 사회적, 문화적 상관관계 속에서 묘사될 수밖에 없다.

---

9) 이명재 외(2001), 17면에서 재인용(루카치, VIII a, s.8).

5. 결론

『질투심 많은 늙은이』와 『구운몽』의 두 노인 주인공을 통하여 17세기 사회에서의 노인의 성적 욕망과 노년의 심리를 살펴보았다. 한국과 스페인의 대표적인 고전 소설인 이 작품들은 17세기 당대 사회의 노인의 성의식을 보여준다. 일정한 역사 경험을 공유하는 동시대인들은 전체적인 가치관, 인생관, 사회적 태도에 있어서 공통점을 지닐 수는 있지만, 성적 욕망에 대한 사회적 평가는 상이했다. 동양과 서양의 문화의 차이에 의해 두 작품의 주인공들은 아주 다른 방식으로 그들의 성적 욕구를 충족시켰다.

사실 공간적 배경이 다른 두 작품은 17세기라는 시간적 공통점 밖에 없다. 공간적으로나 문화적으로 그 차이가 너무 심할 뿐 아니라 이들 사회 간의 어떤 문화적 교류나 상호 영향도 미치지 않는다. 두 작품들 간의 보편성이나 일치성은 찾아보기 힘들다. 그래서 이 두 작품을 비교하는 것은 상이한 두 문화의 차이점만을 지적하는 것에 지나지 않을 수도 있다.

그러나 본 논문을 통해 확인 할 수 있었던 것은 노년의 성이라는 가장 보편적인 감정에 대한 사회적 인식에 있어서도 지배적 문화 정신으로부터 결코 자유롭지 못하다는 사실이다. 사회에서 노년을 바라보는 관점과 문학적 표현은 시대적 상황과 무관하지 않다. 결국, 문학 속의 노년의 삶도 현실에 개입하는 문화적 실행이다. 이것은 당시의 시대적 구조와 환경의 정해진 조건들의 맥락에서 이해되어야 한다. 이러한 맥락에서 노년에 대한 반응과 수용은 문화적 생성물로 해석될 수 있다.

인간이란 정치적 사회적 이념들의 혼합체이다. 모든 인간은 개인적 차원과 사회적 차원에서, 그리고 전체의 일부로서 느끼고 사고하고 행동한다는 것을 의미한다. 따라서 단순히 개인적인 문제로 보이는 것도 사회와 문화라는 큰 울타리 안에서 생성되는 구조적 결과물이다.

❑ 참고문헌

강경호(1984), 「구운몽의 사상적 고찰」, 『서울교육대학논문집』 17호.

김만중(2004), 『구운몽』, 송성욱(역), 서울: 민음사.

나송주(2003), 『스페인 황금세기 문학』, 서울: 월인.

오미영(1994), 「구운몽의 꿈의 의미」, 『초등국어교육』, 4호.

이명재 외(2001), 『문학과 사회』, 서울: 공인.

이영찬(2001), 『유교사회학』, 서울: 예문서원.

이원수(1994), 「구운몽, 현실과 꿈의 관계 및 그 중층적 의미」, 『경남대학교어문논집』 제5집, 경남대학교.

루이스 몬트로스(1992), "르네상스에 대한 언급: 문화의 시학과 문화 정책", 김태진(역), 아람 비서, The New Historicism, Routledge, 『시문학』, 250호.

Alba, Víctor(1992), *Historia social de la vejez*, Barcelona: Laertes.

Ariès, Philippe(1983), *El Hombre ante la muerte*, Madrid: Taurus.

Artigas García, José(1982), *Cómo combatir el envejecimiento*, Barcelona: Plaza &Janes.

Benassar, Bartolomé(1983), *La España del Siglo de Oro*, Barcelona: Editorial Critíca.

Blanco Soler, Carlos(1961), Vejez, envejecimiento y la llamada lucha contra vejez, Madird: Cosano.

Beauvoir, Simone de(2007), 『노년』, 홍상희・박혜영(역), 서울: 책세상.

Casalduero, Joaquín(1974), *Sentido y Forma de Novelas Ejemplares*, Madrid: Gredos.

Casals, Ignasi(1981), *Sociología de la Ancianidad*, Madrid: Editorial Mezquita.

Cervantes, Miguel de(1982), *Novelas ejemplares*, Tomo I, II, III, edición de Juan Bautista Avalle-Arce(3ª edición), Madrid: Castalia.

_______(2003), 『모범소설 1』, 박철외(역), 서울: 오늘의 책.

Defourneaux, Marcelin(1983), *La Vida Cotidiana en España del Siglo de Oro*, Barcelona: Argos Vergara.

Freeman, J. T.(1979), Aging: *Its history and literature*, New York: Human Science Press.

Granjel, Luis S.(1991), *Historia de la Vejez*, Salamanca: Universidad de Salamanca.

Herrero García, Miguel(1966), *Ideas de los españoles del siglo XVII*, Madrid: Gredos.

Kalish, Richard A.(1991), *La Vejez. Perspectiva sobre el desarrollo humano*, Madrid: Ediciones Pirámide.

Molho, Mauric(1990), "Aproximación al Celoso Extremeño" en *N.R.F.H*, XXXVIII, 2, pp.743-792.

Urbina, Eduardo(1990), "Hacia el Viejo Celoso de Cervantes" en *N.R.F.H.* XXXVIII 2, Pp.733-742.

VIII. 중세 스페인에서 유대인의 수용
-마이모니데스를 중심으로

1. 들어가는 말

지구촌 또는 세계화로 정의되는 현대 사회에서 문화 간에 교류와 그 맞부딪침은 점점 빈번해지고 그러한 교류와 맞부딪치는 공간에서 서로 다른 문화와의 조화 혹은 갈등하면서 공존해야 하는 현실은 결코 벗어날 수 없는 현대 사회의 운명이다. 이슬람 문화권과 기독교 문화권의 불화, 아랍과 이스라엘의 충돌, 서양과 동양 간에 근본적으로 낯설어하는 이항 대립적 관계, 그리고 저소득 국가의 경제적 궁핍으로 인해서 선진국에 그들의 인구와 문화가 흡수 되어 자국은 빈 공간이 되어버릴까하는 두려움과 선진국은 후진국 사람들이 자기들의 일자리를 다 빼앗아 가는가 하는 두려움 사이의 대립 등 갖가지 형태의 적대적인 대립의 관계가 휘발성을 지닌 채 항존 하고 있다. 이런 지금의 상황과 마찬가지로 인류의 역사에서도 서로 다른 문화가 만났을 때 그 양상은 비슷하게 나타났다. 흡수 혹은 동화되면서 평화적인 공존을 모색한 경우와 충돌과 배척을 통해 타자의 문화를 없애버리려는 경우로 표현되었던 것이다. 예를 들어 중세 스페인에서 이슬람, 유대, 기독교 문호가 서로 공존했던 것은 중세의 이슬람, 유대교, 기독교 신앙을 바탕으로

한 신권 중심의 문화가 서로 다른 종교와 마주쳐 다른 문화를 평화롭게 수용한 경우이다. 그러나 이슬람의 세력이 약화되면서 아프리카 북쪽의 알모아데, 알모라비데 족들이 스페인에 도착해서 종교적으로 근본주의적인 입장을 취하고 종교적 광기와 열정으로 타 종교들을 탄압한 것은 충돌과 배척의 경우이다. 결국 중세 스페인의 경우를 두고 봤을 때 중세 초기에 이질적인 문화와 종교가 서로 만나 서로의 이질성을 인정하고 공존하는, 요즘 용어로 표현하자면 다문화주의가 받아들여졌을 때는 문화적으로 융성했고, 서로를 배척하면서 자기 종교와 문화 중심주의로 나아 갈 때는 종교적 열정과 광기가 지배하는 그런 사회로 나아가고 결국은 문화적으로 쇠퇴해 버린 것을 볼 수 있다.

중세 스페인에서 타 문화와 종교를 어떻게 받아 들이냐 하는 문제는 궁극적으로 스페인의 흥망성쇠를 좌우할 만큼 중요한 문제가 아닐 수 없었다. 그렇다면 중세 초기 스페인에서 다양한 문화가 서로 소통하며 같은 시공간에 존립할 수 있게 해주었던 힘은 무엇이었을까? 힘의 역학관계, 시대적 정신, 타 종교에 대한 태도 등 여러 가지 요인이 있겠지만 가장 직접적이고 강력하게 문화 간의 소통을 가능케 해 주었던 것은 책일 것이다. 그 문화를 체화한 개인으로서 또 집단의 시대 산물인 책을 번역을 통해서 다른 문화를 수용했을 때 그 작품은 개인의 또한 문화집단의 결과물로서의 의미를 갖는다.

그런 의미에서 본 글에서 살펴보려는 마이모니데스는 중세 시대의 공존과 배타의 양상을 전형적으로 보여 준다. 스페인 중세의 문화 충돌, 공존, 수용의 양상을 이해하는데 있어 유대인들의 저작의 수용 양상을 살펴보면 문화적 상대주의적 사고로부터 비롯된 다문화주의가 제국주의적 모습으로 변해가는 과정을 유추해 볼 수 있을 것이다. 결국 유대인들의 문화적 특수성과 보편성이 정치적 환경과 문화에 따라 공존과 배타, 맞섬으로 바뀌어 가는 과정을 살펴보는 것이다.

2. 상이한 문화의 만남

이질적인 두 문화가 서로 만날 때 드물게는 두 문화 중 몇몇 요소들이 놀랍도록 일치하는 경우도 있겠지만, 대부분은 어느 정도의 상이성을 보인다. 그리고 때로는 두 문화 사이에 충돌 현상이 일어나기도 한다. 문화의 충돌이란 같은 시간과 공간 속에서 두 요소의 화해적이거나 상호 보완적인 만남이 아니라 대립과 마주침을 의미하는 것이 대부분이다. 특히 스페인 중세의 경우를 두고 봤을 때는 새뮤얼 헌팅턴이 『문명의 충돌』에서 한 지적, 즉 미래의 갈등은 문명권들 사이의 경계선에서 발생할 것이라는 말은 스페인 중세에도 해당되는 말이다. 그는 러시아 혁명 이후에는 이데올로기의 차이가 갈등의 주된 이유였으나 그 이후 시대 갈등의 주요 원인은 문명 차이가 될 것이라고 주장한다. 문명 간의 단층선을 따라 벌어지는 갈등과 대립, 문화 간의 동질성과 이질성이 이데올로기를 대체해서 국가 간의 대립과 협력 양상을 결정할 것이라고 한다.1)

상이한 언어, 상이한 문화 간의 소통을 꾀하고자 할 때 문화의 충돌은 필연적이다. 이때 상대방을 어떻게 바라보느냐 하는 것은 상대방의 언어로 쓰인 지식의 수용에 있어 절대적으로 중요하다. 왜냐하면 언어와 책은 단지 지시 대상을 묘사하는 수단일 뿐만 아니라 삶과 세계를 표현하는 유일한 수단이다. 그것은 어느 문화권에 속해 있는 사람들의 독특한 심적 구조를 반영하고 있고, 그 책의 수용은 상대방의 인식 구조의 수용이기도 하기 때문이다.

번역에 대한 20세기의 메쇼닉과 베르망의 주장2), 즉 문화 상대주의

1) 새뮤얼 헌팅턴, 『문명의 충돌』, 서울: 새물결, 2000.

2) 20세기 메쇼닉과 베르망이 주장한 직역주의는 문화 간의 상대성을 인정하고 이질적인 문화들 간의 긴장관계를 유지하기 위함이다. 그리하여 번역이 문화적 중간 지대를 형성할 수 있도록 하자는 것이 오늘날의 직역의 목표라 할 수 있다. 이들에 의하면 번역에 있어 언어의 문화적 층위를 고려하지 않는 의미 중심적

와 이질적인 요소들을 인정하는 입장은 스페인 중세의 문화 간 교류를 해석 하는 데 유용하다. 또한 1980년대 중반부터 본격적인 관심을 가지게 된 통 문화적 교류의 인류학적 연구에 대한 관심도 스페인 중세를 이해하는 이론적 모델이 될 수 있다. 구체적으로 테자스위니 나란자나의 『번역의 위치』는 자국화 번역에 반대하고 외국화 번역을 주장한다. 그의 주장은 낭만주의 전통에서 유래하는 직역주의와 그 의미가 서로 연결된다. 외국화 번역은 차이와 다양성을 보존하고 드러내 줄 수 있을 것으로 기대한다.[3)] 이런 문제 제기와 해결 의식은 이미 스페인의 중세에서 경험했고 일어났던 상황인 것이다.

3. 중세 스페인의 상황

중세 스페인은 다양한 종교적 문화적 갈등과 충돌의 역사 속에서도 화해와 공존, 그리고 조화와 상생의 역사를 경험했던 공간이다. 스페인

번역은 한 문화의 다른 문화에 대한 예속이나 지배로 귀착되는 결과를 낳는다는 것이다. 이에 반해 의역은 어디까지나 의미의 소통을 중시한다. 17세기의 번역이 자국 문화의 우월성에 대한 인식에서 이질적인 문화의 요소들을 제거, 사상하는 것에 중심이 주어졌다면, 20세기 파리학파의 의미이론은 문화의 상대성은 인정하되, 소통의 목표 달성을 위해 의미의 등가성을 중심으로 약간의 변형을 가하는 것으로 특징지어진다. 수용자 중심의 이러한 번역 방법론은 궁극적으로 자국 문화중심주의라는 비판을 받고 있지만 어디까지나 모든 것이 의미로 환원될 수 있으므로 의미 소통이 가능하다면 결국 문화의 소통도 가능하다는 인식에 바탕을 두고 있다. 문화적인 견지에서 볼 때 번역의 커다란 두 방법론, 즉 직역과 의역은 문화에 대해 상반된 기본인식의 차이를 보여준다. 직역은 두 문화 간의 우열 관계를 설정하지 않고 대등한 존재위상을 지닌 것으로 파악하거나 혹은 타 문화의 우월성을 인정하는 것으로 드러난다. 스페인에서 자국 중심적으로 이질적이거나 문화에 충돌되는 부분은 없애버리고 금지해 버리는 경우라면 19세기의 직역주의가 타 문화의 우월성을 받아들이고 그 이질성을 그대로 반영한 것이 그 전형적인 예가 될 수 있겠다.

3) 성민엽, “문화간 번역에 대하여: 레이 초우와의 대화”, 『문학판』 16호(2005 가을), 79면.

은 헬레니즘과 유대교 유산을 유럽과 공유하였고, 나아가 먼 지역의 문화 요소를 적극적으로 받아들여 그들의 문화를 더욱 풍요롭게 만들었다. 회교도과 유대인들은 천문학과 점성학, 화학, 대수학, 연금술 등 학술 분야에서 뛰어난 업적을 번역해서 그 지식을 유럽의 기독교와 공유했던 것이다. 뿐만 아니라, 그리스 로마의 학문을 보존하여 유럽에 전해 주기도 하였다. 그 덕분에 유럽은 그들 문명의 영원한 이상향을 간직할 수 있었고 이를 바탕으로 르네상스라는 근대 사회를 형성할 수 있었던 것이다. 스페인은 역사적으로 반도라는 지리적 특성으로 이질적인 문화가 서로 만나는 공간이었고, 중세에도 예외가 아니었다. 기독교와 이슬람은 강제로 개종을 강요하지 않았고, 그 결과 중세 스페인에서는 모사라베, 무데하르, 토르나디소, 물라디, 유대인[4]같이 다양한 종교적 파노라마를 형성하고 있었다. 이와 같이, 이질적인 문화와의 공존 시기 동안 스페인이 유럽 문화의 중심지가 될 정도로 화려한 문화적 업적을 이룰 수 있었던 배경에는 번역이 중간 지대를 형성해서 문화들 간의 교류가 가능했기 때문이다. 일면 계속되는 전쟁으로 인해 경제가 핍박하였기 때문에 문화적 업적도 형편없었을 것으로 상상할 수 있지만, 역사적 현실은 정반대였던 것이다.

번역을 통한 문화 수용의 구체적인 양상을 살펴보면 먼저 사무엘 벤 나그렐라를 들 수 있겠고, 아비세브론은 『삶의 원천』을 통해서 신플라톤주의를 소개했고, 바끼아 벤 빠구다은 아랍어로 『애정의 의무』를 썼다. 모이세스 벤 에스라, 헤우다 알레비, 아브라암 벤 다비드 데 돌레도, 헤우다 벤 살로몬 알하리시 등 수많은 작가들, 사상가들, 의사들은 역사서, 시집, 철학서를 섰고, 이들 작품들은 스페인어로 번역되었던 것이다. 또한 마이모니데스도 과학, 신학, 철학에 관한 주요 저술을 발

4) 모사라베: 이슬람 지역에서 사는 기독교도, 무데하르: 기독교도 지역에서 살아가던 이슬람교도, 토르나디소: 기독교로 개종한 이슬람교도, 물라디: 이슬람으로 개종한 기독교도들을 지칭하는 말이다.

표했고, 그의 작품들은 라틴어로 번역되어 스페인의 작가들에게 많은 영향을 끼쳤다. 특히 그의 대표적 저작인 『탈선자들의 안내서』는 철학서는 기독교도들에게 사상적으로 깊은 영향을 끼친다. 중세 초기 교부철학이 지배하던 시기에는 이교도들에 대해서 탄압하고 엄격하게 대처했고 이들과의 교류의 문을 닫아버렸다. 그러나 마이모니데스가 살았던 12세기에 들어서 스콜라 철학이 도입되면서 부터는 위에서 언급한 아랍과 유대 책들을 적극적으로 받아들이면서 문화적으로 훨씬 더 풍요로워질 수 있었다.

또한 아랍인들도 이들 유대인들의 저작을 금서로 작성해서 일반인이나 학자들의 접근을 배척하지 않았다. 실제 그들은 정치적・경제적 우위 때문에 또는 유대인들이 그들에게 군사적인 위협이 되지 않았기 때문에 그들에게 관대로왔다. 그러나 다른 한편으로 교리상으로 유일신을 믿고, 선한 자는 복을 받고 악한 자는 벌을 받을 것이고, 회개하는 자는 용서하는 등 이슬람과 유대인은 종교적으로 공통되는 점이 더 많다. 그래서 종교적 교리의 해석에 대해 온건한 왕조가 세력을 잡았을 때는 공존이 가능했던 것이다. 그러나 종교적으로 광신도들이 세력을 잡게 되면 유대인들이 모하마트를 예언자로 인정하지 않은 점에 분개하고, 이들에 대해 지하드를 선포하게 된다. 그들은 유대인들의 재산 빼앗고 가족을 노예로 삼아 버린다. 그러면서 한편으로는 정치적 해결책으로 디미를 체결한다. "복종한 이는 자신의 생명과 종교를 보호 받을 수 있는 권리까지 주어졌다. 이러한 권리들은 사실상 그들이 냈던 세금으로 인해 제공된 것들이었다.[5)] 이들 유대인들은 그들에게 세금을 내고 행정적으로 많은 도움을 주었기 때문에 이들과 공존을 모색하기도 했다. 특히 유대인들을 호의와 관용으로 다루었던 우마야드 왕조가 스페인을 지배하면서 유대인들은 가장 번성할 수 있었다. 우마야드는

---

5) 폴 존슨, 『유대인의 역사』 2, 서울: 책세상, 2005, 24면.

코르도바에 수도를 정하고 번성하다가 이들이 쇠퇴하고 알모아데 족들이 등장하면서 근본주의 종파의 질투와 광신에 사로잡혔다. 관용은 사라지고 문화의 수호자에서 열정적이고 열광적인 전사로 변모했다. 이들은 폭력적이고 예측불허였으며 유대인과 기독교도들에게 강제로 개종하라고 했다. 결국 스페인 중세 시대의 문화의 수용은 문화 간 충돌과 수용을 단적으로 보여주고 있는 것이다.

4. 마이모니데스의 삶과 시대적 상황

먼저 그의 생에 대해 국내에 소개된 게 전무 하므로 간략하게나마 그의 생애에 대해서 살펴보면서 당시 시대적 상황도 함께 보도록 하겠다. 그는 1135년 3월 30일에 코르도바에서 아버지 마이몬의 아들로 태어났다. 그의 어린 시절에 대해서는 알려진 게 거의 없다. 그러나 박식한 집안의 출신이고, 보통 사람들과는 완전히 달랐다고 알려진 신화화된 전설은 많이 있다. 그의 가족은 여러 나라를 방랑하며 피난 생활을 하다가 1165년 카이로에서 마지막으로 정착해서 살았고, 그는 1204년 77세의 나이로 사망했다. 그가 죽자 이집트의 포스타트에서는 유대인들과 이슬람인들 모두 3일장을 치렀다고 한다. 그의 아버지는 아들에게 많은 영향력을 미쳤지만, 아버지와 아들 사이에는 큰 차이가 있었다. 아들이 철학자라면 아버지는 종교적인 믿음을 추구하는 사람이었다고 한다.[6)]

당시 아프리카에서 태동한 새로운 종파가 스페인까지 확산되게 되면서 알 안다루스 지역은 모로코의 세력이 통치하게 된다. 그러다가 1212년 나바스 데 톨로사(Navas de Tolosa) 전투에서의 패배 이후 이슬

---

6) Bauer Ignacio, *Maimónides, Un Sabio de la Edad Media*, Madrid: Ediciones Alcántara, 1999, p.9.

람은 스페인에서 패권을 상실하는데, 이미 그 전에 알모아데스 족의 스페인에 대한 지배권은 흔들리기 시작한다. 알모아데스족의 통일주의 종파(Unitaria)의 설립자는 압달라흐 이븐 투마트(Abd-Allah Ibn Tumart)이다. 그는 종교적 열정과 정치적 야심으로 가득 찬 사람 있었다. 그는 영혼의 강력한 매력을 가지고 있는 사람으로, 순수하고 강력한 이슬람, 동시에 소박하고 고뇌에 찬 삶을 추구했다.[7] 특히 압달라흐 이븐 투마트는 유일신론을 강하게 주장했던 사람으로 신에 대한 개인적인 해석은 배척하고 전통과 이슬람 지도자들의 모임인 우마흐에서 협의된 이상적인 의견만을 따랐고 그 강도가 지나치게 심해 다른 종교인들에 의해 배척 받기도 하였다.

개혁론자들 또한 이슬람 안에서 존재하는 이교도에 대해 관대하지는 않았다. 그 어떤 교회도, 그 어떤 유대교 집회(시나고그)도 허용하지 않는다는 것이 알모하데의 전쟁 구호였다. 오랜 전쟁 후, 1146년 모로코가 압델무멘의 손에 넘어가자, 기독교도 인들과 유대인들은 불행하게 되었다. 그들은 죽음이냐 개종이냐를 두고 갈등해야 했다. 여기에 압델무멘은 어느 정도 관용을 가지고 이교도들이 이민을 택할 수 있도록 허용해 주었다. 기독교도 인들은 스페인 북부에서 피난처를 찾을 수 있었지만 유대인들은 이런 선택을 할 수가 없었다. 많은 유대인들은 순교를 해야 했지만, 대부분은 그런 탄압의 강도가 느슨해지기만을 기다리며 이슬람 교인으로 위장하고서 지냈다. 이들은 은밀하게나마 그들의 유태종교의식을 지켜나갔다. 그런 시대적 사정으로 "남부 스페인에서 번영을 누렸던 유대인 정착지는 이 같은 박해를 견디지 못하여 대부분 북쪽의 기독교 영역으로 피신하였고, 나머지들도 보다 관용적으로 대해 줄 모슬렘 통치자를 찾아 아프리카로 이주했다"[8] 그래서 마

7) 위의 책, 12면. Unitarianismo 유일교, 일신론자, 기독교에서는 삼위일체를 인정하지 않는 유니테리언 주의를 말하지만 여기서는, 하나의 신만을 인정하는 주의를 말함.

이모니데스의 아버지 마이몬은 코르도바를 떠난 후 10년 동안 스페인 각지를 떠돌다가 스페인을 떠날 생각을 했다. 그의 가족들은 페즈(Fez)에 임시로 정착한다. 그곳에서 마이몬은 아들 다빗과 함께 상업에 종사하였고, 마이모니데스는 신학과 의학 등을 공부하였다. 당시 페즈는 코르도바와 마찬가지로 알모하데 족의 지배하에 있었다. 어떻게 보면 페즈에서 신학과 의학이라는 상이한 두 분야를 동시에 공부하면서 이성에 바탕을 둔 객관성과 믿음을 추구 하는 종교성 사이의 조화를 배웠는지도 모른다.

그의 가족은 아랍 문명권에서 생활했으므로 기독교도 인들의 풍습과 언어 속에서는 낯설었을 것으로 생각된다. 적어도 당시 기독교도 지역의 여러 유럽 국가에서도 친구로서는 아니더라도 그들을 받아들여주었을 것이다. 그러나 모로코에 정착 한 진짜 이유는 이슬람으로 거짓으로만 개종한 척 하면 다른 압박을 받지 않을 것이라는 생각 때문이었다.

비록 이븐 투마트의 강경한 행동들이 있었기는 하지만 알모하데 족이 문명을 파괴할 정도로 근본주의자는 아니었다. 그러나 유대인들의 이런 이중적 삶이 위험으로부터 완전하게 자유롭게 해 주지는 못했다. 지식인들이야 율법에 충실할 수 있겠지만 마호마트에게 절해야하고 이스람회당을 방문해야 했던 일반인들은 이슬람에 조금씩 종화되어가고 있었다. 그들은 하느님께서 이슬람을 유대교를 대신하여 보내주셨다 믿게 되었고 모세의 자리를 메우기 위해 마호마트가 태어났다고 믿기 시작했던 것이다.

마이모니데스는 이런 시대적 상황에서 『배교에 관한 서신』을 쓴다. 아버지는 배교에 대한 신앙의 문제에 신앙의 원리를 적용 하였지만 아들은 율법의 원리를 적용했다. 철저하게 법적인 차원에서 본다면 마이

8) 폴 존슨, 앞의 책, 31면.

모니데스는 사람들의 행동 규칙을 정하기 위해 한 것이지 자기 자신을 위함이 아니었다. 자신을 위해서는 이상적인 행동 규칙을 규정 할 수 있었겠지만, 재판관의 자격으로 다른 사람들을 위해서 율법의 내용을 적용하는 것이 절대적으로 필요했고, 시대적 상황에 맞는 기준을 제시 했던 것이다.

마이모니데스가 페즈의 유대인들에게 희망을 북돋아주기 시작하자, 이런 행위는 곧 이슬람 교인들의 눈에 띄게 되고 곧 탄압이 시작된다. 이슬람에서 배교는 곧 죽음을 의미하며, 어떠한 경우에도 용서받지 못 한다. 여기서 마이모니다스는 시인이며 신학자였던 아랍 친구인 아불 아랍 이븐 모이샤에 의해 목숨을 부지했다. 상황의 위태로움으로 인해 1165년 4월 18일 저녁 팔레스타인의 아크레주(Acre)에 도착했다. 그러나 당시 팔레스타인에서 가장 중요한 항구였던 아크레주에는 소규모의 유대인 공동체밖에 없었으며, 경제적 상황도 좋지 않았고 문화적으로 부족함이 많았다. 그래서 마이모니데스는 알렉산드리아로 건너갔다.[9] 이집트의 유대인들은 내부적으로는 자치적인 행정을 할 수 있었을 정도로 거의 완전한 자유를 누리고 있었다. 이집트에서 우월적인 위치를 차지하고 있던 카라이즘[10]을 마이모니데스는 화해와 인내로 극복해 냈다. 적을 친구로 만들면서 갈등을 이겨냈기 때문에, 벤 시라는 이런 상황에 대해 최고의 갈채를 받을 승리라고 평가했다. 그런 고난의 인생에 대해 그는 친구인 자펫에게 보낸 서신에서 "율법과 철학이 아니었다면 슬픔에 빠져 죽었을 것이다"[11]라는 글을 읽을 수 있다.

---

9) 파티마 왕족의 지배하에 있던 이집트는 시리아의 누레딘이 가장 신임한 장군인 쉬르쿠에 의해 1169년에 넘어간다. 하지만 쉬르쿠가 승리를 거두고 3개월 후 사망하자 살라딘은 그 뒤를 잇는다. 그리고 1174년 누레딘이 죽자 살라딘은 이집트를 떠나 더욱 큰 역할을 맡게 된다.
(http://es.wikipedia.org/wiki/Maim%C3%B3nides(검색일: 2008. 08.28).

10) 구전 율법과 랍비들의 가르침을 거부하고 성경만을 고수했던 종파.

11) Bauer Ignacio, p.24.

살라딘이 점령한 지역에서는 모든 국민은 법의 보호를 받았다. 카이로의 유대인들은 이 덕분에 번영할 수 있었고, 영향력을 유지할 수 있었고 또한 자치운영을 누릴 수 있었다. 마이모니데스는 말로만 그들을 돕는 것이 아니었다. 1174년 살라딘의 동생이 예멘을 실질적으로 통치하게 되면서부터는 이들은 종교적으로나 경제적으로 더욱 안정을 누리게 되었다.

이때부터 마이모니데스의 유명세는 사람들의 입을 통해 빠르게 전파되었다. 1174년 살라딘이 이집트를 떠날 때, 마이모니데스는 당시 비지르인 알파달의 주치의였다. 그때부터, 아홉 명의 동지들과 함께 유대교회의를 만들었고 이를 통해 여러 문제들을 해결해 나갔다. 살라딘의 집권 시기(1169~1193)는 이집트에서 이슬람 정부가 최고로 꽃을 피운 시절이었다. 살라딘은 나일 강 주변에서 관대롭게 정치를 펼쳤다. 다른 나라에서는 침략을 계속했지만, 이집트의 수도는 모든 부분에 걸쳐 번영을 구가했다. 포스타트는 유대교의 신 중심지로 만드는 동안, 살라딘의 권력 아래 이슬람은 파티마 왕족의 구 수도에 그들의 작전 사령부를 만들었다. 수도 카이로에서의 방어를 강화하기 위해 성벽을 건축했고 교육에도 신경을 썼다. 마드라사(이슬람의 교육회당)에서는 여러 학문 연구와 교육 및 무료교육을 진행했다. 누레딘이 시리아에 설치한 것을 살라딘이 카이로와 알렉산드리아로 가져온 것이다.

살라딘이 파티마 왕족의 보물을 손에 넣었을 때, 알파달에게 도서관을 넘기고 비지르로 임명하였고 그에게 모든 권한을 이양했다. 1185년 마이모니데스는 비지르의 의사들 중 의 한명으로 임명된다. 문화를 사랑한 비지르로 인해 마이모니데스의 앞길은 큰 영향을 받는다. 이 시절 마이모니데스는 그의 3부작을 남긴다.[12] 살라딘의 지배하에 있게

12) 이집트의 운영은 살라딘의 동생이자 훌륭한 장군이었던 엘아딜의 손에 달려 있었다. 엘아딜은 람레 협정에서 살라딘과 영국 왕 리카르도 사이의 중재자 역할도 했으며, 영국 왕은 그의 용맹함과 용모에 반해 자신의 여동생 조안과의 결혼

된 예루살렘은 유대인들에게 부흥의 기회가 주어졌다. 살라딘의 집권이 시작되고 예루살렘은 몇 년 안 되는 기간 동안 "내 집은 모든 사람들을 위한 기도의 집이라 불려야 한다."[13]라는 히브리인들의 꿈이 실현 되었다.

위에서 살펴 본 것처럼 마이모니데스는 시대적 배경 때문에 유랑의 길을 떠나야 했다. 그는 유랑생활 속에서도 아버지의 교육 및 다른 현인들과 그들의 작품을 통해 학식을 쌓았다. 유대인이면서도 이슬람 권 실력자의 주치의로 또 학자로 활동하며 유대인들의 정신적 지주의 역할을 훌륭하게 행하는 동안 유대인들뿐만이 아니라 이슬람 인들에게서도 존경을 받았고 그의 저작은 모든 종교인들이 읽고 받아들였다.

5. 그의 작품과 사상

마이모니데스의 작품들은 신학관련 작품들, 신학-철학관련 작품들, 과학 관련 작품들로 나눠진다.

25세 때 배교에 관해 쓴 편지 형식의 글로 『신의 성화에 관한 수필』(아랍어 타이틀의 원 제목『Maamar Kiddush Hashem』)을 들 수 있겠다. 마이모니데스는 첫 작품인 『신의 성화에 관한 수필 』로 동료 신학자들에게서 인정받는다.

이 편지를 쓰게 된 동기는 다음과 같다. 이슬람 외에 다른 종교의 예식을 탄압하던 알모하드의 지배하에 있던 유대인들이 겉으로만 개종하고 내부적으로는 모세의 율법을 따르는 것이 당시 상황이었다. 거짓 개종자 중에서 진짜로 신앙심이 약해지는 유대인들이 나타나고도 했고 거짓으로 이슬람을 따르는 신앙고백하면서 영적으로 고통스러워하는

을 제안할 정도였다.

13) Bauer Ignacio, p.36.

유대인들도 있었다. 이런 상황에서 마그레브의 한 유대인이 어느 랍비에게 목숨을 부지하기 위해 겉으로는 이슬람을 믿는 척하지만 집안에 숨어서 조상의 종교를 믿는 것에 대해 물었다. 랍비는 '마호마트에 대한 공개 신앙고백을 한 유대인은 신을 부정한 것이오, 이는 이슬람이 신앙숭배를 일삼는 자들이기 때문이다. 결론적으로 이런 사람들의 기도는 신의 답변을 얻을 수 없다. 숨어서 비밀리에 유대 율법을 지키는 것은 큰 도움이 되지 못할 것이고 또한 유대인으로 생각할 수도 없는 것이다. 이스라엘 사람으로 할 수 있는 유일한 길은 그들에게 굽히기보다는 순교의 길을 택하는 것이다.'라고 대답해 주었다. 그의 글은 마그레브 전역에서 파장을 일으켰다. 마그레브의 다른 유대인들과 같은 상황에 처해 있던 마이모니데스는 거짓으로 개종한 사람을 비난하면 안 된다고 생각했다. "…… 기도하는 것이 죄라고 한다면, 깨우치지 못한 사람들은 기도하는 것을 완전히 버리지 않겠습니까?"14)라는 걱정 어린 서신을 쓴다. 마이모니데스의 종교에 관대로운 시각을 드러낸 구절이라고 할 수 있다. "현재는 과거의 경험과는 다릅니다. 이전 이스라엘 사람들은 실질적인 행동으로 율법을 어기도록 강요받았던 적도 있습니다. 하지만 지금은 이교에 대해 적극적으로 예식을 치르라는 요구를 하지는 않습니다. 빈 말 한마디면 그만이지요. 단지 광신도를 속이기 위해 거짓으로 내뱉는 말이라는 것은 이슬람교도들도 잘 알고 있습니다."15)

말로만 하는 개종과 진짜 개종을 구분함으로써 수많은 유대 공동체가 사라지는 것을 막았다. 마이모니데스는 자기 생각을 설명하기 위해 탈무드의 관점을 적용하였다. 즉 탈무드에 따르면 순교로 목숨을 잃게 되더라도 피해야 하는 3가지 죄란, 우상숭배, 불순, 살인이다. 하지만 마이모니데스는 이렇게 주장한다. "하지만 지금은 그런 것들이 필요

14) Bauer Ignazio, p.46.

15) Bauer Ignacio, p.46

없으니, 결과적으로는 회교도들의 주문을 외우고 나서 613개의 율법항목을 집에서 관찰하기를 원하고 또 어떤 방해도 받지 않고 할 수 있답니다. ……이 상황에서 순교를 택하는 자들은 주님 앞에서 더 큰 상을 받을 것이오…… 하지만 누군가 내게 날 죽이도록 내버려 두어야 하는지 아니면 이슬람의 주문을 말해야 하는지를 묻는다면, 주문을 외우고 살라고 답할 것입니다."[16)]

이렇게 마이모니데스는 거짓 개종과 유대교를 간직한 채 순교하는 것 사이에서 방황하는 사람들을 다시 공동체로 불러왔다. 그들에게 굳은 마음을 가지도록 용기를 북돋았고 조언도 해 주었다. 토요일을 어기는 사람들을 업신여기지 말고 그들이 행동을 바르게 잡을 수 있도록 명상을 권장하여야 한다고 말하기도 했다. 이렇게 해서 마이모니데스는 마그레브의 유대인들이 이슬람에 흡수되는 것을 막았다.

아랍어로 쓰인『해설 Siraj』은 마이모니데스의 주요 생각들이 전개되지 않은 상태에서 쓰여졌다. 아랍어로 쓰여진 덕분에 아랍어에 더 익숙한 많은 유대인들에게 인기를 끌었다.

그는 이 책에서 탈무드에 깊은 경외를 표한다. 랍비의 전통에 '그 어느 것도 더하지도 빼지도 말라'라는 율법의 구절을 적용했다. 그래서 랍비들의 가르침의 모든 내용을 그대로 받아들이지도 또 전통으로서 여기지도 않았다. 탈무드에 관한 우화적 설명에는 아주 깊은 뜻이 숨겨져 있다. "아주 깊게 파고들 수 있도록 허락하십시오. 우화가 가진 진정한 재산의 숨겨진 보물의 가치를 느끼십시오. 이 보물의 가치를 넘어서는 것은 아무것도 없습니다. 그땐 신성한 진실이, 또 철학자들이 평생을 두고 찾았던 것들의 많은 부분이 그 앞에 펼쳐질 것입니다. 하지만 현인들은 이 모든 것들을 숨겼으니 이는 모든 이들에게 다 알려지는 것을 원하지 않아서이다. 학생의 영이 성숙해지기를, 또 순수한

16) Bauer Ignacio, p.48

진실을 받아드릴 수 있을 충분한 지혜를 가지고 있지 않은 사람들에게는 계속해서 비밀로 남겨지기를 바랐다."[17]라고 설명한다.

이 작품의 8장은 히브리즘과 헬레니즘의 혼합주의를 다룬 중세 윤리서 중 가장 뛰어난 부분이라 할 수 있다. 사상적으로는 유대인들의 사상을 표현했으며 방법론으로는 헬레니즘의 그것을 사용했다. 영혼의 병과 그 치유에 관한 논문으로 마이모니데스가 논하고자 하는 두 문구는 '진리는 영혼의 약이다'와 '신의 모든 행동은 하느님의 영광을 위한 것이어야 한다.'이다. 특히 이 글의 네 번째 장에서 유대 윤리에 아리스토텔레스의 가르침인 중용적인 태도를 견지한다.

마이모니데스는 모든 덕을 중용의 상태라고 말하고 있다. 하지만 이 덕은 형이상학에서 온 것이 아니라 율법에서 비롯된 것이라고 한다. 선을 행하는데 있어 근본원천으로 성경을 든다. 마이모니데스는 성경에 나오는 덕행에 중용의 가르침을 적용한다. 그는 이성으로 설명할 수 있는 믿음, 즉 믿음은 이성을 통해서, 이성의 바탕위에서, 이성으로 설명되는 그런 믿음을 추구한다. 맹목적인 믿음이라는 것은 자질이 낮은 사람들이 하는 행동인 것이다. 마이모니데스의 영향으로 중용은 윤리적 문제를 해결하는 중요한 잣대가 된다.

그는 사람들이 진정한 신비와 미래에 대해서는 관심이 없고 단순히 죽은 사람들이 어떻게 부활할까? 옷은 입었을까 아닐까? 등의 질문에만 관심을 갖는다고 한다. 진실을 깨닫기 위한 것이 아니라면 인간이 배우는 이유가 뭐인가? 하나님께 순종하기 위해서가 아니면 왜 율법을 따라야 하는가? 인간은 단순히 율법에 대해 알기 위해 그리고 진실을 찾기 위해, 또 찾은 것을 실행하기 위해 배워야 한다고 주장한다. 어떤 포상을 얻기 위해 또 벌 받지 않기 위해 악을 피한다라고 말하는 것은 옳지 않다고 말한다.

17) Bauer Ignacio, p.50.

또 다른 저작 『미슈네 토라 Mischneh Tofah』는 10년의 작업 기간을 거쳐 1180년에 끝마친 마이모니데스의 대작이다.

이 작품에서 마이모니데스는 철학가들과 유대 종교학자들이 서로 독립적으로 구축해 놓은 것을 조화롭게 하나로 묶었다. 필론에서부터 아브라함 이븐 다웃까지 유대의 현인들도 형이상학을 연구하기는 했지만 그들에게 있어 철학은 신앙에서 벗어나 있어야 했다. 마이모니데스는 반대로 성역 안으로 집어넣었다. 아리스토텔레스를 탈무드의 대가들과 같은 자리에 앉혔다고 할 수도 있을 것이다. 마이모니데스는 마치 철학가가 논리를 펼치듯 내용을 전개한다. 그는 하느님을 유일하다고 받아들이는 것은 당연하다고 말한다. 유일한 존재로서만이 아니라 무형이라는 것도 인정해야 한다.

그는 이렇게 아리스토텔레스의 철학을 탈무드 틀 안에 옮겨 놓는다. 철학의 가르침에 대한 연구를 유대 율법 항목을 연구하는 것보다 더 중요하게 만들려 하기도 했다. 이제 과학에 대한 연구가 탈무드와 동등한 자리를 차지했다.

마이모니데스는 아리스토텔레스의 생각에서 영감을 얻은 자신만의 입장을 말한다. 영혼은 그 본질에 따라 불멸하지는 않다. 하느님께 다가가기 위한 하나의 능력일 뿐이다. 도덕적으로 완벽을 추구하고 또한 완벽한 지식을 쌓는 동안 영혼은 사라져가는 물질세상의 학대에서 멀어질 수 있었고 이렇게 하느님의 생각 있는 영들의 세상에 다가갈 수 있었다. 반면, 죄 많은 영혼은 불멸성을 얻을 수 없어 사라지게 되니 이것의 그런 영혼이 받을 벌이다.

마이모니데스는 율법이 행동의 지표만이 아니라 모든 형이상학적 진실의 실체도 포함하고 있다고 주장한다. 그리스 철학이 히브리적인 영감에서 나왔다는 얘기를 고수하는 것이 꼭 유대인 작가들만은 아니다라는 점을 마이모니데스는 여러 번 주장한다. 말로 유일함을 선언할지라도 그 사람의 마음은 그렇지 않을 수도 있다. 이성이 믿음을 부지하지 않는다면, 유일성에 대한 철학적인 분석을 하지 않는다면 말이다. 그는 작품의 끝에서 "가장 고귀한 예식은 하느님에 대한 지식을 얻었을 때 가능하다…… 율법에 금지된 행위를 저지르며 하느님을 두려워하게 된다. 하느님에 대한 사랑은 율법에서 가르치는 진실들의 결과이다…"[18]라고 한다.

그의 저서 『호라티우스에 대하여 In Flaccum』에서 주장하기를 "이성의 결여는 인간을 동물보다도 못한 괴물로 바꿀 수 있다. 유대인들이 반유대주의를 악의 하나로 본 것은 그것이 본성상 비합리주의적일 뿐만 아니라 하나님에 대한 거부, 곧 어리석음의 전형이기 때문이었다. 이에 맞서 유대의 지성들은 그들의 저술을 통해 어리석음과 싸웠다."[19] 라고 주장한다. 그는 합리주의자이고 이성주의자였다. 그는 아비세나와 아베로에스 같은 아랍의 중재자들을 통해서 아리스토텔레스 철학을 접했다. "마이모니데스는 진리와 이성을 갖춘 사회, 결국 하나님의 사회가 어떠해야 하는가에 대한 명확한 견해를 가지고 있었다. 그것은 물리적이거나 물질적인 만족으로 구성된 것이 아니며, 궁극적인 행복은 하나님을 바라보는 인간의 지성이라는 불멸의 존재 속에 놓여있는 것이라고 생각했다."[20] 『탈선자들의 안내서자에 대한 지침』에서 "그는 유대인들의 신념이 신성한 명령이나 랍비들의 권위에 의해 부과된 인위적인 주장이 아니라 이성에 의해 연역되고 증명될 수 잇다는 점을 보여주려 했다. 이 점에서 그는 (필로 이후로) 유대교를 이성적인 기 위에 세우려 했던 최초의 유대인 철학자이자 수사 대하거에서 활동했던 가온 사아디아 벤 요셉(Saadiah ben Joseph, 882~942)의 발자취를 따르고자 했던 대학자였다. 이븐시나와 이븐루슈트도 이슬람에 대해 그런 역할을 했을 것이며, 토마스 아퀴나스(Tomas Aquinas) 또한 기독교를 위

18) Bauer Ignacio, p.8.
19) 폴 존슨, 52면.
20) 폴 존슨, 54면에서 재인용.

해 같은 일을 담당할 터였다."[21]

하나의 작은 세상이기도 한 인간은 우주의 집합과 인간 특유의 분별력을 가지고 있다. 이 분별력이란 이성적으로 판단하는 능력을 말한다. 이 능력은 다른 종의 동물들에게서는 찾아볼 수 없다. 이 동물들은 자신들의 존재를 연장하기 위해 생각이나, 반성, 규칙 같은 것은 필요로 하지 않는다.

인간은 이성을 가졌으며 이 이성으로 생각하고 명상하며 활동한다. 또한 여러 가지 재능으로 음식과 거처 그리고 입을 옷을 마련하며 신체의 사지를 조정하기도 한다. 이 능력은 매우 고귀하기도 하지만 또한 매우 깊숙이 숨겨져, 그 진정한 특성을 다른 자연적 특성들처럼 단번에 일반적 사고만 가지고 이해할 수는 없다.

이성의 능력은 육신 안에 있는 것으로 육신에서 분리할 수 없다. 하지만 얻은 지력은 육신과 떨어져 있으면서 육신에게 쏟아진다. 육신 안에 어떤 물체도 능력도 아니고 단지 다른 것들이 존재하는 이유로 말하고 싶다. 서로 구분되지는 않지만 어쨌든 하나는 이유이고 또 다른 하나는 결과이다.

인간과 종교에 대한 마이모니데스의 이런 태도는 중세 스콜라 철학에 의해서 받아들여진다. 종교 사회에서 미신을 추방하고 대신 그 자리에 이성을 강조했던 마이모니데스의 태도는 스콜라 철학에서도 수용될 수 있었던 것이다. 그래서 그의 모습에서 이성에 바탕을 둔 미래를 준비하는 미래주의자적인 모습을 볼 수 있다. 기독교 문화권은 12세기에 이슬람 세계로부터 아리스토텔레스 저작의 번역이 역수입되어 아리스토텔레스 철학을 새롭게 조명한다. 스콜라 철학자들은 이슬람 신학자들에 의해 해석된 아리스토텔레스 철학을 적극적으로 수용했기 때문이다. 스콜라 철학도 처음에는 아리스토텔레스를 어떻게 받아들여야

---

21) 폴 존슨, 59면.

할지에 대해 논쟁이 많았지만, 도미니코 학파는 아리스토텔레스를 적극적인 해석을 통해 그의 철학을 수용했다. 그리고 스콜라 철학자들에게 주석가로 불리는 아베로에스 이후 스페인 지방에서 일어난 아베로에스 주의도 그런 시대적 흐름의 산물이다. 이들은 본질적으로 그리스의 형이상학과 유대 계시들 사이의 혼합주의였다고 할 수 있다.

특히 알폰소 10세 때 톨레도 번역 학교를 세워 이슬람 학자인 아베로에스와 유대인 마이모니데스의 사상을 적극적으로 수용한다. 그는 유대인과 이슬람의 신앙이 기독교인들과 같은 뿌리에서 나왔다고 하면서 그들의 자유를 보호한다. 그렇게 함으로써 그가 왕이었던 13세기 동안 스페인을 문화적으로 르네상스로 이끌 수 있었던 것이다. 비록 그가 스페인을 떠나서 스페인 밖에서 생의 대부분을 보내면서 저작 활동을 했지만, 그의 작품은 기독교 진영 스페인에 번역을 통해서 소개되어 스페인 문화의 부흥의 밑바탕이 되었던 것이다.

6. 마치면서

펠리페 2세와 까를로스 1세 시대에 엄격한 기독교 중심주의로 편향됨에 따라 문화적으로 유대인과 유럽의 새로운 정신세계와 분리되어 스페인은 문화적 빈곤기를 맞게 된다. 그리고 페르난도와 이사벨이 종교재판소를 설립한 1478년부터 강제 개종을 당한 회교도들을 다시 1609~1611년 사이에 북아프리카로 추방하게 된다. 1492년, 유대인들이 추방당했으며, 루터파도 그 조직도 채 갖추지 못한 상태에서 1550년부터 종교재판을 통해 축출되었다.

그래서 스페인에서 유대인의 비기독교적인 책은 더 이상 써지지도 번역되지도 못하게 된다. 스페인에서 이교정신이 사라지게 되면서 스페인의 문화적 내용도 빈약해 졌었던 것이다. 이런 종교적 문화적인 측면을 지니게 된 것은 문화의 수용에 있어 자국 문화의 우월성에 대한 인식에서 이질적인 것들을 제거해 버린 결과이다. 기독교와 이슬람은 타 문화의 상대성을 인정하지 않고 기독교 이슬람 원리주의로 기울어 버린다.

따라서 스페인 몰락은 근본적으로 중세 기독교도와 유대교도 및 이슬람교도들의 상호 공존의 파괴와 상호간 문화 변용의 부재, 곧 중세 스페인 역사가들이 창안해낸 그 유명한 표현인 '공존의 소멸'에서 그 원인을 찾아야 한다. 스페인이 그런 배제를 위한 조치들을 취한 이유가 효율적인 통치를 위해서 종교의 통일이 필수적이라고 생각했기 때문이든, 구기독교도들을 달래어 사회적인 안정을 확보하고자 했기 때문이든, 아니면 스페인 왕국들의 역사적인 분열을 극복하기 위한 강력한 왕실을 만들 절호의 기회라고 생각했든 간에 결과적으로는 스페인은 유럽의 중심에서 전락해서 유럽의 주변부가 되어버렸다. 배척과 추방이 이베리아 반도에서 확고한 뿌리를 내리는 순간 기독교로의 종교적인 통일은 이룩했지만, 새로운 지식의 유통과 유입은 완전히 단절된 것이다. 결국 스페인 문화의 쇠퇴는 유대인과 회교도들의 추방과 같은 정치적인 요인에서 비롯된 문화적인 현상이지만, 이는 문화 접촉을 통해 유통되던 이질적인 것들을 제거하고 사장해 버린 결과이기도 하다. 이런 행위의 귀착점은 영토적, 언어적, 종교적 통일, 중남미대륙의 건설이지만, 동시에 다른 문화와 소통하는 확장성은 갖지 못한다.

그런 의미에서 보면 가장 종교적인 중세에서 기독교, 이슬람, 유대교라는 각기 다른 종교에서 존경 받는 철학자이자 의사였던 마이모니데스의 사상이 폭 넓게 수용되었던 사실은 많은 것을 암시해 준다. 그의 사상과 작품이 동시대의 여러 종교에 의해 수용되었을 때는 문화가 꽃피웠고, 그의 사상을 배척하고 종교적으로 서로 증오하게 되면서 부터는 종교에 대한 언급은 빠지고 그의 저작 중에서 철학적인 부분만 언급 된다. 예를 들어 스페인계 유대인인 셈 톱 벤 호세프 아벤팔라케라(

Shem Tob Josef Abenfalaquera 1225~1290, 유명한 셈 톱(Shem Tob의 아버지)은 1280년에 그의 작품에 대해 주석서를 쓰면서 순전히 철학적인 부분만 언급하면서 그의 주해를 쓰다.22) 한편으로는 그의 철학 작품 덕분에 기독교 진영이 신비주의로 흐르는 것을 막을 수가 있었다. 왜냐하면 그는 이성을 중시하였으므로 그 덕분에 철학이 대중화 된다. 유대인들도 그 덕분에 그들 게토에 갇혀서 있지 않게 했고, 유대인들을 분리시키려 했던 지역 정부도 그들을 분리시킬 수 없었다.

❑ 참고문헌

Saenz, Antonio Piñero y otros(1985), *De Abrahán a Maimónides III Los Judios en Cordoba(SSX-XII)*, Cordoba: ediciones Almendro.

Ignacio, Bauer(1999), *Maimonides un sabio de la Edad Media*, Madrid: ediciones Alcantara.

Rosal, Jesus Pelaez del (editor), *Sobre la vida y obra de Maimonides*, I congreso Internacional, Córdoba: Ediciones El Almendro.

del Valle, Carlos y otros(2007), *Maimónides y su época*, Madrid: Sociedad Estatal de Conmemoraciones Culturales.

Cohen, Robert S and Hillel Leving ed.(2000), *Maimónides and Sciences*, Dordrecht.

Gelmann, Judah(1991), "Maimonides's Raving", *Review of Metaphysics*, 45, 309-328.

Havlin, S.Z.(1985), "The Date of Maimonides's Birth", *Daat*, 15, 79-83.

Jospe., R., "Faith and Reason. The controversy over Philosophy on Jewish History", en I. Kajon (ed.) *La storia delle filosofia Ebraica*(Padova, 1993).

Kaplan, Lawrence(1986), "Maimonides on Christianity and Islam", *L'Eylah*, 22, 31-34.

Kreisel, Howard(1995), 『Maimonides 's political Thought, Albany, N.Y..

______(1999), *Maimonides's political thought: studies in ethics, law and the human idea*, N.Y.: Albany.

22) Bauer Ignacio, 117면, 13~14세기에 그의 작품은 스페인과 유럽의 수많은 학자들에 의해서 여러 언어로 번역 되면서 최고의 학자로 칭송 받기도 했지만, 이단자 또는 파문 당한 사람으로 평가도 받았다. 특히 그의 사후에 그에 대한 공격이 더욱 격렬해 졌던 것이다. 이에 대한 논쟁은 Bauer Ignacio의 책 118면을 참조하면 잘 나와 있다.

Strauss, Leo(1987), *Philosophy and Law. Essays toward the Understanding of Maimonides and his Predecesso*, Philadelphia.

성민엽(1992), "문화간 번역에 대하여: 레이 초우와의 대화", 『문학판』, 16호 (2005 가을), pp.73-93.

2부 은의 세기

I. 스페인 내전 이후 작가들의 망명과 귀향 의식

1. 들어가는 말

스페인 근대사에서 가장 잔인했던 내전을 경험한 스페인 사람들, 이들은 정치적, 문화적 그리고 이데올로기적으로 두 개의 집단으로 나눠 전쟁을 치른다. 이들은 원하던 원치 않던 간에 내전 동안 어느 한쪽에 가담해야만 했고 중립을 지킨다는 것은 불가능했다. 같은 마을에 살았던 이웃과 직장의 동료들을 증오했고 이들에 대해 총칼을 겨눠야 하는 비극적이고도 지옥 같은 현실을 스스로들 만들어냈다. 이렇게 고통스럽고도 극단적인 상황에 대한 기억 때문에 내전이 끝난 후에도 서로 화해할 수 없었고 고통스런 악몽을 그들 뇌리에서 지울 수도 없었다.

전쟁에서 승리한 프랑코 파는 그들이 옳다는 신념으로 가득 차 있었다. 그들은 나라를 구한다는 일념으로 공화파의 이데올로기가 갖는 해독성을 알리고, 나아가서 가톨릭 교리에 충실하고 민족주의적인 국가를 건설하는 것만이 국민들을 이런 위험에서 건지는 것이라고 믿는다. 프랑코 체제는 그들의 정권을 공고히 하기 위해서 내전 후에도 많은 사람들을 탄압 하고, 소설을 포함한 모든 예술 활동에 대해서 그들의 이데올로기를 강요하기 위해 사용하는 모든 수단은 정당하다고 여긴다. 프랑코와 그의 추종자들은 프랑코가 죽음으로써 정권이 막을 내릴 때까지 공화파의 이데올로기를 뿌리 뽑기 위해서 박해, 투옥, 인권의 탄압과 언론의 자유의 제한과 모든 출판물에 대해서 검열을 실시하고 많은 작가들과 지식인들은 이런 스페인의 암울하고 답답한 현실을 피해서 망명해야 한다. 프랑코를 지지하는 군인과 교회는 자유로운 사상의 표현을 반 스페인적인 것으로 간주하고 그들의 신념에 반하는 모든 것들을 뿌리 뽑기 위해서 사용하는 모든 수단은 옳다고 믿고 있었던 것이다.

하지만 전쟁에서 패한 공화파 사람들은 이런 프랑코 체제에 대해 반역적이고 이질적인 현실감과 고뇌를 느낀다. 내전 직전의 제 2공화정 체제하에서 누렸던 자유스런 분위기와 표현의 자유는 패전과 함께 좌절된 현실 의식으로 바뀌고, 작가들은 그런 현실에서 벗어나 해외에서 자유롭게 문학 작품을 통해서 그들의 세계를 표현하고자 한다. 이들이 말하려 하는 것을 허용해 주지 않는 프랑코와 그 지지자들의 탄압을 피해 많은 작가들은 표현의 자유를 찾아 해외로 망명해야 하는 처지에 놓이게 된다.

이들은 망명지에서 문학을 통해서 내전 전의 자유스러운 스페인의 문화적·지적인 지평의 회복을 시도한다. 그래서 아베얀은 이들 망명 작가들이 추구하는 공통적인 특징으로 "그들 뿌리를 잃지 않고, 스페인의 새로운 세대와 연결하려는 소원, 없어지기를 원치 않는 과거의 지속적인 추억에 대한 시도"[1]라고 든다.

하지만 어느 나라에서 살고 있든 간에 망명지에서의 삶은 쉽지가 않다. 망명 당시 가졌던 꿈과 정치적 이데올로기 지향점은 시간이 흐름에 따라 많은 변화의 과정을 거친다. 조국을 떠나 이국에서 정착하며 살면서 겪어야 했던 현실적 고통, 이런 현실적 문제들로 인해서 그들

---

1) J.L. Abellán(ed.), "presentación general", En *El exilio español de 1939*, Tomo 1, Madrid, Taurus, 1976, p.11-24.

이 간직하고 있던 신념에 대한 회의를 겪어야 한다. 많은 망명 작가들에게 있어 고국으로의 귀환은 단지 꿈으로만 멀어지면서 타국에서 이방인으로서 서러움을 느낀다. 이제 그들은 문학 작품을 통해서 그들이 가지고 있던 이데올로기를 전파하려는 치열성과는 멀어져 간다. 내전 기간 동안 공화파의 신념을 확고하게 하기 위한 선동적이기까지 하게 보였던 내용들은 망명 작가의 고향을 상실한 고뇌로 바뀌게 되는 것이다. 이념과 조국과는 거리감을 유지하고 이방인으로서 느끼는 실존적 고뇌감과 자기 찾기에 열중한다. 내전 전의 자유스러운 스페인의 문화적・지적인 지평의 회복이 아니라 이념적・정치적 좌절감과 울분이고 현실적 생활에서 느끼는 좌절과 울분으로 바뀌게 되는 것이다.

이에 본 글에서는 프랑코의 집권으로 말미암아 스페인을 떠나야만 했던 망명 작가들의 귀착점이었던 좌절감과 귀향의식을 살펴보고자 한다. 망명 작가들의 다양한 사상적 차이로 인한 일괄된 사상적 지향점이나 일치된 문학 운동 또는 그 차이점을 찾아보려는 것이 아니라 모든 작가들이 고통스러워했고 이를 작품을 통해서 표현했던 스페인에 대한 이들의 귀향 의식과 향수를 살펴보고자 한다. 이는 자신들의 정치적 이데올로기인 반프랑코 투쟁의 정치적・문화적 활동을 포기한 그 좌절의 스펙트럼이고 인간 본연의 감정적 표현으로서 망명 작가들을 바라보는 것이다 .

2. 망명을 할 수밖에 없던 상황

스페인 내전 때부터 공화파 작가들에 적대적이었던 프랑코는 내전이 끝난 후 스페인 사회주의당 및 공산당의 활동을 금지하는 것은 물론이고, 프랑코 이념에 비협조적이거나 반대한 작가들을 탄압한다. 프랑코 체제는 팔랑헤와 가톨릭 교회의 지지를 기반으로 하는 일당 독재 국가 체제로 언론과 인쇄 매체를 그들의 이데올로기를 알리기 위한 수단으로 여겼다.[2)] 그래서 언론과 문화에 대한 통제를 엄격하게 행하고, 1938년 전쟁 기간 동안에 제정된 언론에 관한 골격이 거의 그대로 1966년까지 유지된다. 내문장관이 관장하는 '언론 국립 기관'(Servicio Nacional de Prensa)이 설치되어 정부에서 금하는 내용을 인쇄했을 때는 엄격한 형법에 의거해서 처벌 한다. 이 법령들을 통해서 스페인에서 간행되는 서적에 대한 이념적 성향의 감시 및 검열뿐만 아니라 문화계의 숙청을 정당화 된다. 스페인의 대표적인 작가이자 신문기자인 델리베스의 증언에 의하면 "이 기관은 사설이나 기사에서 다뤄야 할 주제를 결정했을 뿐만 아니라 이것은 얼마만큼 써야 되고 저 것은 얼마 만큼이어야 한다는 것, 신문에서의 배치까지도 결정했다는 점은 놀랍다."[3)]라고 한다.

검열 당국은 가톨릭 교리에 어긋나는 부분이나 공공질서를 해칠 수 있다고 생각되는 부분들을 삭제함으로써 국민들을 도덕적으로 보호한다고 말한다. "직접 또는 간접적으로 국가나 체제의 권위를 떨어뜨리고, 정부의 업무를 마비시키거나 지적으로 무력한 사람들 사이에 유해한 사상을 전파하는 저작물들에 대해 행해지는 검열 또는 수정이 이에 해당된다."[4)] 이들은 도덕적으로 사회를 부패와 타락으로부터 정화하기 위한 수단이라고 주장 하지만 검열과 통제의 본질적인 목적은 정치, 사회와 문화에 대한 비판을 억누르는 데 있었다는 점은 명백하다. 이런 명분으로 작가들, 출판사 문학 단체 및 평론계 등 출판과 관계된 사람들과 단체들에 대한 검열과 통제를 정당화 하고, 작가들은 자기

---

2) 프랑코 통치 시기는 크게 두시기 나눌 수 있는데, 1기는 전쟁기간 동안과 전쟁에서 승리한 이후이고, 1966년부터는 2기로 분류된다.

3) Miguel Delibes, *La Censura de prensa en los años 40 y otros ensayos*, Valladorid, ediciones Ambito, 1985, p.8.

4) Georgina Cisquella, *Diez años de represión cultural, la censura de libros durante la ley de Prensa(1966-76)*, Barcelona, Anagrama, 1977, p.13.

검열이라는 과정을 통해서 사전에 반프랑코적인 이야기를 삭제하고 자기를 표현해야만 한다.

이런 프랑코의 정책에 따라서 스페인에 남아 있던 대부분의 작가들은 프랑코 체제의 문화 정책에 따라 글을 써야만 한다. 그것에 대해 반대하거나 비판하는 그룹의 작가들은 프랑코 정권 아래에서 자유로운 표현을 더 이상 꿈꿀 수도 없다. 이에 많은 작가들은 자유로운 작품 활동을 위해서 망명이라는 어쩔 수 없는 선택을 할 수밖에 없다. 떠난 이유와 목적은 작가에 따라서 약간씩 다르지만 공통적으로 표현의 자유라는 정치적인 의미를 띌 수밖에 없다. 사실 문학과 예술 창작에 있어서 내전 전의 자유로운 시절을 경험한 작가들에게 있어서 억압적인 그런 사회적 분위기와 창작 활동에 있어서 자유의 박탈은 견딜 수 없는 현실적 조건이다.

내전이 끝난 후의 이런 현실에서 창작의 자유를 부르짖던 작가들은 스페인의 국경을 자의든 타의든 떠나야 한다. 정치적인 이념의 반대자들이 스페인에 머물며 숨어서 반체제 활동을 하거나 체포되어 강제수용소에 감금될 수밖에 없는 상황에서 프랑코 정권에 대항하는 가장 효과적인 방업, 유일한 방법은 망명밖에 없다. 망명을 떠나면서 작가들은 프랑코 정권에 대한 증오 및 반감과 자신들이 지향하는 세계관에 대한 확신을 더욱 가지게 된다. 비록 정치나 이념에 별로 관심을 가지지 않았던 작가들도 반프랑코주의자라는 정치성을 띨 수밖에 없다.

이들은 서정시인, 희곡작가, 수필가, 소설가, 비평가에 이르기까지 다양한 장르의 작가들이었다. 라몬 센데르, 막스 아웁, 프란시스꼬 아얄라, 로사 차셀, 뻬드로 살리나스, 호르헤 기옌, 아르뚜로 바레아, 라파엘 알베르띠, 루이스 세르누다 등 20세기 스페인 문학을 대표하는 작가들은 거의 망명했다고 봐야한다. 세데나 가야르도는 스페인 역사에서 그렇게 대규모로 그런 성격의 탈출 경험한 적이 한 번도 없었다라고 하면서, 스페인이 최초로 경험한 대규모의 이민에 대해 정의한다.

"스페인은 그 긴 이민의 역사 동안에 그 지속성과 중요성에 있어서 내전 정도로 그렇게 중요한 이민의 인파로 알려진 적이 없었다."[5] 이들은 좀 더 나은 세상을 향해 그리고 물질적인 풍요를 누리기 위해 이민을 선택했던 사람들과는 다른 존재들이다. 프랑코의 파시즘 치하의 억압을 피해서 망명한 사람들로서, 이들의 망명은 정치적인 동기가 그 밑바탕에 깔려 있다.

이들은 크게 적극적으로 정치 활동을 하는 작가들과 그렇지 않은 비정치적인 작가들로 구분할 수 있겠다. 대규모 망명객에서 볼 수 있듯이 당연히 그 숫자도 많지만 그 이념적 스펙트럼도 다양하다. 공산당, 사회주의자, 자유주의자, 무정부주의자, 세계평화주의자들, 심지어 이념적인 문제에 무관심한 순수 문학의 작가 등 다양한 층위를 형성하고 있다. 이들 망명 작가들은 정치 지향적 이었지만, 현실 문제에 초연해서 순수문학으로 노벨문학상을 수상한 후안 라몬 히메네스까지도 망명하게 된다. 이들은 순수문학, 참여 문학, 대중 문학이나 통속 소설에 이르기까지 장르와 문학적 경향에 관계없이 문학의 존엄성과 자율성을 유지하고 정신적 자유, 인간의 존엄과 품위를 지키기 위한 투쟁, 정신의 고양을 글쓰기의 목표로 삼고서 해외로 탈출한다.

이들은 프랑스, 미국, 아르헨티나, 영국, 멕시코에 등 여러 나라에 망명 한다. 프랑스는 오랜 역사적 문화적 친숙감과 지리적 인접성으로 인해 망명 작가들이 선호 한다. 특히 프랑스의 자유로운 정치적 분위기 때문에 파리가 망명자들의 집결지로서 역할을 담당한다. 사실 프랑스도 그런 대규모의 탈출민들을 수용한 적이 한 번도 없었다. 세데나 가야르도는 『프랑스에서의 스페인 공화파의 망명』이라는 책에서 프랑스에서 발생한 그 당시 상황에 대해 자세하게 기록하고 있는데, 프랑스가 망명지가 된 이유로 지리적 근접성과 프랑스의 정치 체제에 대한

5) Eusebio Cedena Gallardo, *El diario y su aplicación en los escritores del Exilio español de posguerra*, Fundación Universidad Española, p.172.

부러움을 든다. 즉 그들은 스페인에서는 사회주의가 패배했지만 프랑스에서는 뿌리를 내리고 있었기 때문이다. 스페인을 "자기 나라로 빨리 돌아올 희망에 수치스럽다고 여겨지는 한 번 패배한 정치 체제"[6] 라고 생각한다.

사실 2차 세계 대전 전까지만 하더라도 파리는 정신적 고향이다. 하지만 프랑스어로 독자와 만나야 하는 상황에서 독자와의 소통에 대한 가능성이 희박함 짐으로써 느끼는 불안감과 고립감 같은 것, 망명의 대규모성으로 인해 인해수용소 생활을 해야 했던 고통 때문에 중남미 국가들이 망명지로서 더욱 선호되었다.

특히 중남미 국가들로의 망명은 스페인어를 계속 사용 할 수 있다는 점이 크게 작용했다. 아마도 프랑스에서 작가라는 직업을 수행하는데 있어 언어 문제는 커다란 장벽이었고, 그래서 같은 언어를 사용하는 수월성은 큰 매력일 것이다. 게다가 멕시코는 망명자들의 이념적 성향을 따지지도 않았다. 당시 멕시코 대통령이었던 까르데나스와 알폰소 레이에수 같은 지식인들은 망명 작가들을 받아들이는데 적극적이었다. 이미 1937년부터 다니엘 꼬시오 비예가스, 에두아르도 비야세뇨르, 마누엘 마르띠네스 바에스 같은 지식인들은 멕시코 정부가 스페인의 유명한 지식인들과 작가들을 받아들이기 위한 필요한 기구를 설립하라는 청원을 계속했었다. 이미 1939년 파리에 다른 나라들보다 좀 더 쉽게 정착할 수 있도록 도와주기 위한 목적으로 '스페인 문화 평의회'를 만들었다. 멕시코 정부는 이들에게 비자나 별도의 허가 서류 없이 입국을 허용한다. 멕시코는 망명 작가들에게 제2의 고향이 된다. 이들에게 숙소와 생필품의 지원, 작품 활동도 자유롭게 보장 된다. 그들은 이곳에서 학교를 세우고 멕시코의 현대 문학에 큰 영향력을 끼친다. 후안 데 라 엔시나, 엔리께 디아스-까네도, 호세 가오스 다마소 알론소, 메

6) 위의 책, 172면.

넨데스 뻬달 같은 비평가들은 까사 데 에스빠냐에 초청되었다.

이렇게 멕시코는 라사로 카르데나(Lázaro Cárdena) 대통령이 선두에 서서 스페인 망명객들을 관대롭게 수용해 주었다. 스페인 공화파 사람들 4만 명에게 입국 허가를 내주었고 그 중에서 2만 명 정도가 멕시코에 입국할 수 있었다.7) 비센떼 요렌스 분석에 의하면 1940년대 초부터는 멕시코에 있던 스페인 망명객들 중에서 원하던 70% 이상의 사람들에게 멕시코 시민권을 주었다.8) 이러한 정치적 사회적 분위기와 더불어 멕시코에는 유럽 문학의 전통이 있었고, 스페인 망명 작가들의 작품에 호감을 갖고 있는 폭넓은 독자층이 있었다. 망명객들이 집필 활동을 계속할 수 있는 여건을 제공하는 나라는 멕시코가 최적지가 되었다.

드레퓌스 아르망이 설명하듯이 대부분의 망명객들은 교수, 예술가, 의사, 기자, 작가, 변호사와 다른 프로페셔널들이었다.9) 1939년에서 1948년 사이에 멕시코에 정착한 스페인 사람들 반 이상이 자유스러운 직업에 종사했는데, 이런 경향은 중남미의 다른 나라에 정착한 경우에도 비슷했다.

하지만 멕시코에서의 이런 상황과는 달리, 다른 나라들은 망명 작가들에 대해 엄격했다. 칠레는 국내의 경제 사정 때문에 작가들 숫자 제한 없이 받아들여주지는 않았다. 작가들이 농장에서 일한다는 조건으로는 제한 없이 받아주었지만, 대학이나 언론, 작가로서의 생활 같이 자유스러운 직업에 종사하는 것은 허용되지 않았다. 당시 주 파리 칠레 대사관에 근무하고 있었던 빠블로 네루다는 칠레로의 망명을 원하는 사람들을 선별하는 책임을 지고 있었다. 그는 망명자들을 선택하는데 있어서 골치 아픈 아나르키스타 보다는 공산주의자들을 선호했다는

7) 위의 책, 178면.
8) 위의 책, 178면.
9) 위의 책, 184면.

점은 잘 알려져 있는 사실이다. 또한 아르헨티나도 노동 시장의 문제를 가지고 있었다. 그래서 부에노스아이레스 정부는 이민 문제에 아주 엄격했고, 지명도가 높은 사람들만 받아들였다. 이들 나라에 망명한 사람들은 나중에 멕시코나 미국으로 이주해서 자신의 명성에 걸맞은 신분을 다시 획득할 수 있었다.

결국 어느 나라가 망명 작가들을 어느 정도 받아 들였느냐 또는 이들을 어떻게 수용했는냐에 따라 프랑스와 중남미의 여러 국가가 스페인 망명 작가들의 정신적 고향이 되느냐가 아니면 고단한 타국으로 여겨지게 되느냐가 달려있었다.

3. 문학의 정치화

망명을 하게 만든 당대의 특수한 역사적·정치적 상황, 즉 내전에서의 패배와 이로 인한 정치적 망명은 작가들로 하여금 현실 참여적 글쓰기를 하게 한다. 스페인에 프랑코 정권이 실재하다는 단 한 가지 이유만으로 문학의 정치화는 불가피한 상황이었다. 사회 비판적 글쓰기를 하면 반프랑코적으로 되고, 정치 참여적이 되는 것이다. 망명 작가들의 다양한 이념적 스펙트럼에도 불구하고, 망명이라는 조건은 이들을 반 프랑코주의라는 정치 지향적으로 이끌었던 것이다.

1944년 나치의 패배와 함께 프랑코 정권이 막을 내릴 거라는 희망이 증가했다. 당연히 그들의 망명 생활은 빠른 시일 안에 끝날 것이라고 생각했지 그렇게 길어질 것이라고 생각지 않았다. 그런 꿈과 기대에 대해 불안해하면서도 다른 한편으로는 고국으로 돌아갈 희망에 차 국경 가까이서 떠나지 못하고 있었다. 그래서 스페인과 지리적으로 근접한 프랑스에서 반프랑코의 구호 아래 투쟁적이고 사회 참여적인 작품을 통해서 국내외의 저항을 야기하고 스페인 내의 독자들이 이런 작품들을 읽는 것을 목표로 삼는다. 드레퓌스 아르망의 통계에 의하면 프랑스에서만 출판된 간행물 수가 650종에 달했다고 한다. "프랑스에서 스페인 망명의 가장 중요한 것들 중의 하나는 출판 활동이었는데, 특히 이웃 나라에서 스페인 신문들 대부분이 만들어진 1944~1947년 사이에 만들어 졌는데, 구체적으로 1944년에 55개, 1945년에 101개, 1946년에 63개, 1947년에 48개의 스페인 신문이 만들어졌다. 이런 출판물들 대부분은 부족한 경제적인 수단으로 인해서 그 기간 동안에 사라져 버렸다."[10] 이렇게 많은 간행물들이 물론 경제적인 어려움으로 이런 많은 간행물들이 유지되기는 불가능했지만, 조국으로의 빠른 귀국이라는 그들의 꿈이 좌절되었을 때의 실망감 때문에 잡지와 신문을 통한 정치적 활동을 계속 지속 할 수도 없었을 것이다. 그러나 공화국 시절부터 정치적으로 의식화되어 있었던 막스 아웁같은 작가는 사회주의 신념을 지키려는 이념적 신념을 끝까지 유지한다.

이들의 정치적 목표는 별로 성과를 내지는 못했다. 오히려 망명 작가들의 정치적 목적성을 띤 작품이 도구화되고, 자신의 믿음에 대한 신념은 자신들의 이념에 동조하지 않는 타인에 대한 배척으로 이어진다. 게다가 공산주의자들은 망명 작가들의 정치적이고 심리적인 상황을 망명 초기부터 반프랑코 전선을 구축하는데 이용하려 했다. 이들 공산주의자들은 망명 작가들을 자신들의 정치적 선전활동에 이용하면서 작가들을 자신들의 공산주의 이념을 방어하는 맹목적인 대변자로, 문학을 사회의 종속 변수로 만들어 버린다. 그들에게 문학의 본래의 목적인 인간 삶은 부차적인 문제로 전락시켜 버린다.

도구화된 이성의 하수인이 된 망명 작가들은 이념적 성향에 따라 분열된 그룹을 형성하게 되었다. 분열로 인해 혼란스러워지고, 망명지에서 이런 분열적 모습 때문에 작가들은 더욱 정치에 환멸을 느끼게 된

10) 위의 책, 186면.

다. 심지어 귀국해서 조차도 자신들이 신봉했던 이데올로기에 따라 사분오열 되는 양상은 계속 된다.

4. 조국에 대한 그리움과 향수

이렇게 광범위하고 다양한 망명 작가들이 낫선 곳에서 겪어야 했던 고통은 혹독한 것이었다. 정치적 위협에서 벗어났지만 힘든 생존 조건들, 물질적 빈곤으로 힘든 시간을 견뎌야 했다. 망명지에서 책 판매가 잘 된다든지 안정적인 직업을 얻었을 때는 문제가 덜 되지만, 그렇지 않고 생활상의 곤란까지 겪으면 더욱 심화된다. 물질적 곤궁과 자신들의 존재 이유인 창작 활동과 그들의 작품을 사서 읽어주는 독자들과 소통에 대한 두려움 같은 힘든 조건들이 그들이 당면한 현실이었던 것이다. 언어적 단절감으로 인한 의사소통의 부재, 낫선 관습에서 기인한 친근감을 공유할 사람들의 부재 등도 이들을 힘들게 한다. 또한 시간이 흐름에 따라 외국에서의 오랜 생활로 현실 감각이 떨어지고, 그런 사회적 상황 때문에 겪어야 하는 창작 활동의 고통 등으로 많은 심리적 압박을 받는다. 정치적 상황과 더불어 생존을 위해 현실의 삶에서 견뎌내야 하는 상황들이 그들이 극복해야 할 조건이다. 망명 전의 정치적 이념을 실현하는 것을 삶의 가장 중요한 목표로 삼는 작가들도 있지만 대부분 경우 망명이라는 상황으로 인해 이념적 갈등과 정신적 공황 상태를 겪어야 했다.

망명 초기에는 그들의 꿈에 대한 확신과 이를 신세계에서 이루고자 하는 바램이 지 최고의 지향점이다. 그래서 위에서 살펴보았듯이 역사의식의 심화, 사회 비판, 프랑코 정권을 비판하고, 파시즘을 비판하는 정치적 의미를 짙게 띤다. 악마적이고 야수 같은 스페인이라고 비판하는 극단적인 감정적 표현이나 사회 비판적 성향을 지녔던 것이다.

더욱이 2차 세계 대전의 연합군의 승리로 민주주의적인 기본원칙들을 폐기한 프랑코 정권이 무너지는 것은 시간문제일 뿐이지 당연한 문제라고 생각했기 때문에 그들의 신념에 대한 믿음은 확고했다. 그래서 곧 돌아갈 기대로 스페인 국경에서 가까운 프랑스에 대규모로 집결해서 살았던 이유이기도 하다. 안또니오 오르미곤은 그들의 이런 목표에 대해 다음과 같이 설명한다. "망명객들 거의 대부분은 오랜 기간 동안 비슷한 꿈을 가지고 있었는데, 정치적인 변화가 일어나지 않는 동안은 돌아가지 않으려는 굳은 의지로 열망하는 '귀향의 열렬한 꿈'으로 종합되는 그런 꿈을 가지고 있었다."[11] 이런 의미에서 망명자들에게 스페인의 존재, 스페인에 대한 생각, 전쟁에 대한 고통과 추방감은 그들 생애를 통해서 지속되는 목표 일 수밖에 없다. "우리들 공화파 대부분은 스페인에서 1975년 11월 20일에 복원된 민주주의와 대중의 자유를 보지 못하고 프랑코보다 먼저 죽었다. 60년이 지난 21세기의 문턱에서 스페인 민주의의 사회는 그 역사적인 사건을 도덕적으로 추도해야 한다. 이 '60년 후'라는 다양한 회의는 함께 - 기억하고, 다시 말해서 망각에 대해 기억하고, 역사적인 기억을 나누고, 1939년의 공화파 망명의 역사, 문학, 문화에 대한 비판적인 반영을 실현하기 위해 초대되었다."[12]

그러나 프랑코 정권이 안정되고 장기화되자 작가들이 느꼈을 그 좌절감이란! 가까운 시일 안에 돌아 갈 기대감을 지니고서 떠나온 고향이었지만 죽을 때까지도 돌아 갈 수 없었던 사람들이 느꼈던 그 고통과 상실감이란! 이들은 스페인에도 망명을 받아준 나라에도 속하지 않

---

11) Antonio J., Hormigón, 「condición y características del exilio teatral español」, ADE Teatro, Revista de la Asociación de Directores de Escena de España 98, noviembre-diciembre, p.21.

12) Soler, M., Aznar, "presentación", en *El exilio cultural de la Gerra Civil (1936-1939)*, J.M. Balcells y J. A. Pérez Bowie(eds.), Salamanca, Ediciones de la Universidad de Salamanca, 2001, p.11.

는다는 뿌리 뽑힌 의식이 점점 더 들어갈 것이다. 당연히 감정은 불안할 수밖에 없을 것이다. 이런 상황에서 심리적 갈등을 느끼지 않을 망명 작가들이 누가 있겠는가.

그런 좌절 의식을 극복하기 위해서 새로운 공간에서 새로 시작할 꿈으로 자신들을 무장하려 한다. 그래서 모레노 비야는 멕시코에서 다시 시작할 필요성을 역설한다. “멕시코에서 내 인생을 다시 시작해야 했었는데, 젊은이의 환상과 유연성이 없다면 아주 힘겨운 일이다. (…) 멕시코에서 스페인에서의 실패는 그곳에서의 내 삶은 끝났고 좀 더 높은 압력을 헤쳐 내는 나의 모든 능력을 증명할 필요가 있다는 신념을 갖게 해 주었다”13)

공화국이라는 현실 속의 꿈은 좌절되어 버렸고, 망명은 비록 작가로서 성공을 거두어서 외견상 부족함이 없어 보일지라도 자신의 처지에 대한 상실감과 환멸감에 젖어 있다. 그들이 목표로 했던 이상적 사회가 이룩될 수 없음에 대한 좌절감, 추억으로 회상록이나 집필해야 하는 우울한 현실, 스스로에 대한 불만과 환멸, 이로 인한 불면의 밤들, 누구를 위해서 또 무엇을 위해 살아야 하는 지에 대한 회의감에서 오는 패배주의와 염세주의에서 고뇌한다. 결국 이들은 망명자 생활로 인한 자신의 집필 작업에 대한 회의감과 작가로서 신념의 상실 및 향수로 인한 우울증과 이로 인해 극도의 쇠진 상태에 처하게 된다.

그러나 세월이 흐르면서 이제 역설적으로 그런 스페인은 전통을 보존하고 있는 이상주의적 공간으로, 아름다운 공간으로 이상화 된다. 프랑코의 탄압과 정치적 신념과 표현의 자유를 찾아 망명지를 향해 떠나갈 때는 패배자의 정치적·문화적 좌절감이었지만 세월이 흐른 지금은 또 다른 형태의 내적 고뇌를 한다. 추상적이고 관념적인 인식 속에서의 죽음이 아니라 당면한 현실 속에서 죽음이 다가올 때, 죽음 앞에

---

13) 위의 책, 13면.

두려움과 외로움을 느끼고 지나온 세월에 대한 회한에 빠진다. 베르가민은 시간이 흐르는 것은 죽는 것과 같다고 고통스러워 한다. 시간에 대한 두려움으로 침묵 하고 고향에 대한 향수에 젖어 든다.

그렇게 오랜 세월을 살고 나 후
내가 이해할 수 있는 유일한 것은
시간을 잃어버리는 것이나 영혼을 잃어버리는 것은
같기 때문에 같은 감정을 느끼게 한다.
그리고 목숨을 잃는 것은 죽는 것이 아니다
그 사실은 알고 있지, 왜냐하면 어느 날
나 자신이 죽어 있는 것을 발견하는 것으로
끝날 거라는 것을 예견하기 때문이지.[14)]

사실 이런 정신적 갈등은 우리들 모두가 죽음에 직면했을 때 누구든지 경험할 수 있는 심리적 자세일 것이다. 어린 시절의 삶에 대한 회상과 임박한 죽음에 대한 불안감, 인생에 대한 허무의식으로 정치적인 이념성은 그 가치를 상실한다. 이국 생활에서 오는 향수는 이데올로기에 허무함을 느끼게 만든다. 뻬드로 가르피아스는 『외로움과 다른 슬픔들』에서 저녁에 느끼는 외로움과 죽음의 공포에 대해서 노래한다.

언제가, 한 밤중에,
네 어께 위로 슬픔의 강이 흘러가는 것을 느낀다,
그리고 시간이 멈추는 것을 듣는다,
그리고 불안한 그림자들이 모여드는 것을 본다.[15)]

14) Eugenio Pérez Alcalá, (Ed.), *Cultura, Historia y Literatura del exilio republicano español de 1939*, Jaén: Universidad de Jaén, 1999, p.233.
15) 위의 책, 220면.

죽음을 앞둔 사람으로서 언제 닥칠지 모르는 죽음 앞에서 자신의 고향으로 돌아가고 싶은 꿈은 오랜 타국생활을 하는 모든 사람들이 겪는 공통적인 본능이기도 하다. 정치적 신념으로 타국에서의 고독과 소외감을 극복할 수는 없다.

그들에게 생존을 위한 하나의 새로운 생활양식이 된 망명이라는 조건, 그것은 고국을 등져야만 했던 그들에게 정신적인 타격이었다. 자신을 추방당한 사람, 고향을 잃어버린 사람, 돌아갈 곳 없는 사람으로 저주 받은 사람으로 여긴다. 에밀리오 쁘리도스의 "미세한 죽음"이라는 시에서 이런 외로움을 잘 볼 수 있다.

> 외로움, 저녁마다 너를 세우고 있다,
> 저녁마다 너를 나의 기름진 피로 높이 쌓아 올린다.[16)]

그런 외로움을 느끼는 것은 고국을 등져야 했던 망명 작가들이 느끼는 전형적인 행동이라고 보여 진다. 산체스 바스께스는 "어느 때보다도 더 분리된 망명의 긴 여행의 마지막에, 망명객은 영원히 그런 존재가 되도록 처형 받는다. 그러나 실행에 옮기도록 되어 있는 극적인 회계장부는 단지 몇몇 숫자로만 강제적으로 작동해야 하는 것이 아니다. 손실, 환멸, 절망만 남은 회계장부로 남을 수 있지만, 또한 두 개의 뿌리, 두 개의 나라, 두 개의 희망으로 남을 수 있다 — 왜 그럴 수 없는가? 가장 결정적인 것은 어느 날 망명에 내 던져진, 그러나 그런 상황에 충실한 것이다 — 이곳과 저곳에."[17)]

그런 실존 조건으로 인한 심리적 고통은 작품을 통해서 그대로 드러난다. 물론 다양한 이념성을 지닌 망명 작가들에게 공통적인 요소를 찾는다는 것은 쉬운 일이 아니다. 다양한 사상적 스펙트럼으로 인해

---

16) 위의 책, 164면.
17) Eusebio Cedena Gallardo, 앞의 책, 201면.

다른 방식으로 생각하고, 쓰고 적응하기 때문이다. 그러나 긴 시간이 흐른 후에는 이념보다는 이것을 넘어서는 공통적인 지향성을 추구하게 된다. 이들 망명 작가들의 새로운 지향점, 즉 고독, 향수, 고뇌를 주제로 한 작품들의 형성은 전후 스페인 문학에 새로운 패러다임의 제시라고 할 수 있다. 망명객들에게 있어서 스페인이라는 존재, 스페인에 대한 생각, 그것과 결부된 전쟁에 대한 고통은 그림자처럼 그들을 따라다니는 대상이다. 이념 문학이 아니라 고향을 잃은 사람이 느끼는 경계선 없는 세계성과 보편성을 획득하는 글인 것이다. 이런 이념의 해체로 스페인 망명 문학은 그들 세계관의 확장으로 이어지고 고향을 상실한 인간의 망향 의식으로 변화하게 된다. 정치적 강요에 의해 어쩔 수 없이 조국을 떠나야 했지만 이제 정치에 무관심 한 채 귀국의 허가만 떨어지면 언제든지 다시 돌아가겠다고 마음을 바꾼다. 좀 더 풍요로운 삶을 향해서 스페인을 떠난 사람들이 아니라 도망간 사람들이고 쫓겨난 사람들이고 추방된 사람들이기 때문에 더욱 그러는 지도 모르겠다.

망명지에서의 삶은 사람들을 만나고, 그곳에서의 일상생활, 모임, 인상, 독서 등 이다. 그러나 결론은 그런 삶에서 위안을 얻지 못하고 고통스런 감정만 남는다. “세상 사람들은 귀환한다, 그러나 나는 내가 돌아가야 할 곳으로 돌아가지 않는다. 너희들은 부패하게 만든 그 고향으로, 그 어떤 사람이 있고 싶은 곳으로 말이다, 아무 것도 아니지만, 한 사람의 고향이기 때문이지 - 다른 고장이 좋다고 할지라도, 우리들 자식들의 고향일 것이다. 그러나 그것은 다른 노래이다. 원튼 원치 않던, 어떤 개인은 임대해서 살고 있다.”[18] 이런 시각이 망명 작가들이 살고 있는 세계에 대한 솔직하게 표현한 감정이고 자기를 둘러쌓고 있는 현실에 대한 생각이다. 아마 그는 다른 사람들에게서 잊혀지고 있

18) Eusebio Cedena Gallardo, 앞의 책, 251면,

다는 생각, 다른 사람으로부터 버려지고 있다는 외로움과 고독감이 그를 이런 감정으로 이끈다고 할 수 있다.

"나는 무엇인가? 독일사람, 프랑스 사람, 스페인 사람, 멕시코 사람? 아무 것도. 누구에게 잘못이 있는가?"[19]라는 구절에서도 확인할 수 있듯이 표현의 자유라는 것을 얻은 대신에 치러야 할 대가이기도 한 이 고통은 망명객 누구도 피할 수 없는 운명이다. 물론 꿈에 그리던 스페인에 귀국해서 귀향의 꿈을 이룬 작가들로 있지만, 뿌리 뽑힌 존재로서 좌절 의식과 상처를 입은 작가들이 훨씬 더 많다. 막스 아웁 같은 경우 파리에서 태어났고 유태계라는 특수한 상황이었지만 그도 이런 고통에서 벗어 날 수 없었다.

다른 개인적인 체험에도 불구하고 공통적으로 표현하는 것은 어린 시절의 회상과 스페인에 대한 향수라고 할 수 있다. 여러 정치적 지향점의 차이에도 불구하고 망명 작가들의 최소 공배수는 향수라는 결론이다. 산체스 바스께스는 그들의 뿌리 뽑힌 좌절 의식을 다음과 같이 설명한다. "또한 그곳에서 어젠가는 할 것이면서 절대로 하지 않는 긴 여행을 떠나기 위해 꾸려 놓은 짐꾸러미와 함께 일상적인 것을 살아가는 덧없는 방식 – 혹은 임시적인 계획, 물질적인 재산과 이 땅으로 ≪돌아갈≫날이 취소 될 수 있는 약속을 결정하지 못하는 어정쩡한 삶, 공기 중에 있는 삶으로, – 다시 한 번 꿈꾸고, ≪귀향≫은 모든 것과 모두를 정의하는 마술적인 단어이다. 즉 일어나지 않는 과거와 도착하지 않을 미래의 이중 집게 아래 망명지에서의 삶은 유대감과 뿌리가 없는 것이다."[20]

---

19) M. Aub, *Diarios(1939-1972)*, Barcelona, Alba editorial, Edición 1998, Eusebio Cedena Gallardo 재인용. 252면.

20) Vázquez, Sánchez, "Miradas sobre -y desde- el exilio", en *Exilio*, A Guerra(ed), 246-251, Madrid, Fundación Pablo Iglesias, 2002, Eusebio Cedena Gallardo 재인용, 191면,

5. 마치면서

지금가지 스페인 내전 이후 망명 작가들에 대한 수많은 연구가 이뤄졌다. 프랑스, 멕시코, 칠레, 미국, 푸에르토리코, 등 다양한 나라들에서 다른 상황에 처해있던 작가들이지만 이들이 작가들이 겪어야 했던 정신적 문제의 유사성과 공통점을 볼 수 있었다.

넓은 의미에서 보면 망명이라는 조건만으로도 그들은 반 프랑코 작가이다. 그들은 대부분 사회주의 계열의 작가들이었지만, 정치적 신념에 관계없이 모든 작가들은 조국에 대한 그리움과 향수를 지녔다고 할 수 있다.

1975년 프랑코 사후 망명 작가들은 스페인으로의 귀국 결정을 하게 된다. 정치적 동기 때문에 스페인을 떠났던 작가들의 경우 스페인으로 돌아오는데 아무런 주저함이 없었다. 그러나 망명 작가들은 그렇게까지 그리워했던 스페인에서 옛 이상을 발견하지 못했다. 너무나 많이 변해버린 현실과 자신들을 이어줄 어떤 수단도 없었다. 새로운 스페인의 현실에 적응 할 수 있었던 소수의 작가들만이 다시금 작가로서 활동을 재개할 수 있었다. 하지만 이들도 국내에 남아 있던 작가들과의 이질감의 극복이라는 문제가 난제가 있었다.

망명 작가들과 국내에 머물러 있었던 두 그룹은 상호 비방과 자기변호 및 자기 정당화를 외친다. 먼저 국내에 머물렀던 작가들은 망명 작가들에 대해서 병든 모국을 떠나간 반역자들이라고 비난한다. 오히려 해외에서 안락한 삶을 즐기는 동안 스페인 국민들은 프랑코의 독재 하에서 감시, 검열, 출판 금지 등 인고의 세월을 보냈다고 주장한다. 프랑코 치하에서 어떤 일이 벌어졌는지에 대해서는 무관심 한 채, 도덕적 우월감을 가지고서 스페인에 머물렀던 작가들을 평가절하하려 한다고 비난한다. 이들에게 망명은 조국에 대한 배반으로 보였다. 반면에 표현의 자유를 찾아 해외로 망명했던 이들은 비록 프랑코 치하의 스페인이 암흑으로 뒤덮여 있던 시절에 해외에서 스페인 정신과 언어에 대한 존경심이 사라지지 않도록 노력했다는 점을 반복해서 주장한다. 프랑코 독재의 실상을 폭로하고 보다 나은 스페인에 대한 꿈을 간직한 채 방황하고 떠돈 자신들의 고단함을 호소하면서 말이다.

이렇게 망명 작가들과 스페인에 머물렀던 작가들 간의 정신적 간극은 메워 질 수 없었다. 서로들 너무나 오랜 시간 동안 다른 방식으로 다르게 살면서 상대방을 서로 이해할 수 있는 공통분모가 전혀 없는 이질적인 집단이 되어 있었던 것이다.

❑ 참고문헌

Abellán, J. L.(2002), 「El Significado histórico del exiilio de 1939」, en *Exilio*, A. Guerra(ed.), 118-123, Madrid: Fundación Pablo Iglesias.

______(1998), *El exilio filosófico en América. Los transterrados de 1939*. Madrid: Fondo de Cultura Económica de España.

Alted Vigil, A. y Aznar Soler, M., (eds)(1998). *Literatura y cultura del exilio español de 1939 en Francia*, Barcelona: Gexel-Aemic.

Andújar, M.(1976), "Las revistas culturales y literarias del exilio en Hispanoamérica" en *El Exilio español de 1939*, J. L. Abellán, (ed.), tomo 3,21-92. Madrid: Taurus.

Balcells, J. M. y Pérez Bowie, J. A., (eds)(2001), *El exilio cultural de la Guerra Civil(1936-1939)*. Salamanca: Ediciones de la Universidad de Salamanca.

Cedena Gallardo, Eusebio(2004), *El Diario y su aplocación en los escritores del exilio español de posguerra*, Madrid: Fundación Universitaria Española.

Delibes, Miguel(1985), *La Censura de prensa en los años 40 y otros ensayos*, Valladorid: ediciones Ambito.

Dominguez Ortiz, Antonio(2001), *España Tres milenio de historia*, Madrid: Marcial Pons.

Fusi, Juan Pablo(2000), *España La evolución de la identidad nacional*, Madrid: Ediciones de Temas de Hoy.

Gil Casado, Pablo(1975), *La Novela social Española*, Barcelona: Seix Barral.

Martínez Cachero, J. Mª(1985), *La Novela española entre 1936 y 1980*, Madrid: Castalia.

Pérez Alcalá, Eugenio (Ed.)(1999), *Cultura, Historia y Literatura del exilio republicano español de 1939*, Jaén: Universidad de Jaén.

Suárez Fernández, Luis(2000), *Real Academia de la Historia España como nación*, Planeta, Barcelona.

Torres Lara, A.(1993), "La correspondencia epistolar en España (1975-1992)", en *Escritura autobiográfica*, J. Romera *et alli* 391-397. Madrid: Visor Libros.

Zambrano, M.(1997), *delirio y destino. Veinte años de una española*, Madrid: Editorial Centro de Estudios Ramón Areces.

II. 우나무노 소설의 지역성 탈피와 모더니즘 수용

1. 서론

『사랑과 교육』, 『안개』, 『아벨 산체스』, 『기독교의 고뇌』 같은 우나무노의 대표적인 작품들은 전통적인 사실주의적 글쓰기와 단절 하고 전통적인 글쓰기의 관습들을 낯설게 만든다. 그는 이런 작품들에서 19세기적 전통인 자아와 미학적 통일성에서 벗어나 전통과 단절한 <새로움>을 추구하게 된다. 글쓰기에 있어서 <새로움>은 프랑스와 영국 등 20세기 유럽 문학의 중심지에서 다른 나라들로 퍼져나가는데, 이 새로운 형식을 스페인에 받아들인 사람이 우나무노였던 것이다.

그는 20세기 자본주의의 발달과 더불어 그 우울한 그림자처럼 보이는 불안정한 현실, 사회적 삶의 유동성, 세계의 불확실성을 소설로 하여금 환기시키려 했다. 위에서 열거한 우나무노의 대표적인 작품들은 그가 동시대 유럽 작가들이 사회로부터 독립을, 그래서 국가의 정치적, 민족주의적 이해에 맞서 자기 나름의 특별한 역사와 정치와 관계를 맺지 않은 고유의 논리를 추구한 예술 지상주의 또는 문학 지상주의자임을 확인시켜준다. 그의 소설의 가장 자율적이고 미학적이고 형식적이고 시적인 어휘들은 역사적, 정치적, 국민적인 문제들을 부정하고, 반항·부정하면서 문학만의 고유성을 강하게 표현하려 한다.

그러나 스페인의 비평가들은 우나무노를 호아낀 꼬스따, 메넨데스 뻴라요, 오르떼가 이 가세뜨 같은 지성인들, 마에쭈, 아소린, 삐오 바로하 같은 작가들처럼 스페인적인 가치의 부흥을 부르짖는 그룹의 작가로 분류한다. 98세대 작가들로 불리는 이들은 헤르더의 민족 언어 운동의 전통을 계승하면서 20세기 유럽의 새로운 글쓰기 방식과 대립된다.

우나무노를 포함한 삐오 바로하, 아소린, 바예 인끌란은 암울한 현실을 타개하는데 적극적으로 참여해야 하는 시대적 요구를 받아들이면서 사실주의적이고 반아방가르드적임을 표방한다. 1902년에 삐오 바로하의『완성의 길 Camino de perfección』, 아소린의 『의지 La voluntad』, 바예 인끌란의 『가을 소나타 sonata de otoño』등과 같은 해에 우나무노의 『순수 혈통주의에 대하여 En torno a casticismo』는 출판된다. 그래서 실제로 비평가들은 미학적으로나 인식론적 바탕과 영향 관계의 시각에서 우나무노를 98세대의 작가로 그들과 하나로 묶어서 전통적인 소설을 반복하는 것으로 해석하고 있는 것이다.

그러나 『사랑과 교육』, 『안개』, 『아벨 산체스』, 『기독교의 고뇌』 같은 그의 대표적인 대부분의 작품들은 모더니즘 지향적인 작품이라는 역설적인 평가를 어떻게 이해해야 하는가이다. 다시 말해 1897년에 출판된 『전쟁에서의 평화』는 전통적인 이야기 방식에 의거해 쓰여진 소설이지만, 그 이후의 작품은 철학적이고 새로운 양식의 장르를 개척한 작품임에도 불구하고 98세대 작가로 분류되는 모순적인 평가를 어떻게 이해해야 하는가이다. 그래서 그의 『사랑과 교육』 이후의 소설을 98세대적인 스타일과 주제에서 벗어난 모더니즘[1]적 가치를 지향한 작가로서,

1) 모더니즘이라는 용어는 원래 단일한 방법론이나 확실한 방향성을 가지고 시작된 예술 운동이 아니기 때문에 개념 규정이 쉬운 일이 아니다. 그러나 모더니즘의 가장 두드러진 특징은 기존의 예술, 즉 리얼리즘에 대한 전면적인 부정이라고 할 수 있다. 이들은 인생을 고뇌에 차고 부조리한 실존이라고 생각하고, 무의미한 삶, 삶의 비극적 의미, 변화하는 의식에 초점을 맞춘다. 기존 소설에서 추구

스페인적인 지역성에서 벗어난 작가로서, 또한 그만의 고유성과 개성을 가진 언어 체계와 문체적 혁신을 시도한 소설가로서 해석 하고자 한다. 스페인적인 가치를 추구하는 98세대 작가가 아니라 전통과의 단절과 예술 지상주의를 지향한 모더니즘 작가로 평가하는 것이다. 즉 유럽의 새로운 아방가르드[2)]적인 미학에 근거해 자기 주변의 세상을 묘사하고 등장인물의 성격을 탐구하고, 인간 세계의 다양한 사건을 다루는 소설가로서이다. 그러므로 그의 지역성 탈피는 모더니즘 수용이라는 말이며, 98세대의 문제의식에서 새로운 방식의 글쓰기를 살펴보는 것이 될 것이다. 그러나 한편으로는 이 목표가 그의 소설에 대해 피상적으로 훑고 지나가지 않을까 하는 염려이다. 그래서 본 글에서는 우나무노 소설의 모더니즘 시학에 대한 본격적인 논의보다는 전통과 단절한 새로움을 추구한 소설이라는 측면에 제한해서 살펴보도록 하겠다.

2. 20세기 문학의 동시성

괴테는 '국가적인 경계선을 초월하는 공동의 세계문학'에 대한 꿈으로 지역적인 것을 넘어 다른 문화와의 교류와 보편성을 추구한다. 그가 말하는 <세계문학>이라는 표현은 세계의 문학들로 이루어진 광범

하던 재현과 플롯은 무의미 하게 되고 불분명한 파편과 인과성에서 벗어난 우연성, 내면 독백과 의식의 흐름 기법이 소설 쓰기의 방법이 된다. 심명호 교수는 『영미 모더니즘 문학의 전개』에서 기존의 예술 양식과는 전혀 다른 생경감과 난해함을 그 특징으로 지닌다는 점을 지적한다. "재현 개념에 대한 회의, 진리의 불확정성, 인간 이성과 그에 입각한 인본주의적 주체개념의 와해와 같은 서구 철학의 근본을 새롭게 반성하는 사유의 틀 속에서 모더니즘의 특징적 현상도 새롭게 조명되었다." (심명호, 『영미 모더니즘 문학의 전개』, 서울: 서울대학교 출판부, 2000, 6면.)

2) 아방가르드란 예술분야에서 실험적이거나 비관습적인 행동과 운동을 지칭하는 일반적인 의미로 사용하겠으며, 모더니즘의 핵심적인 특징을 설명하는 용어이다.

위한 전세계적 집합으로서 이를 통해 <다국간의 대화>가 가능하다는 것이었다. 괴테의 세계문학은 자본주의적 세계 시장의 성립, 생산의 산업화, 도시의 팽창 같은 일군의 사회적 과정과 그에 상응하는 지적 생산의 변모를 간파하고 이에 대처하는 발상이었다.

20세기에 들어서 유럽의 중심지 국가들의 풍요로운 문학은 <세계의 문학>이라는 이름으로 주변의 유럽 국가들로 퍼져 나간다. 스페인의 작가들은 <보편성>이라는 이름으로 포장된 새로운 미적 기준을 도입하느냐 아니면 그들만의 국민적 문학 공간을 지키느냐를 두고 충돌 하게 된다. 우나무노도 탈국민화, 탈지역성을 통해서 유럽의 중심부 국가들과 동시적인 글쓰기를 지향하기와 스페인의 국민 문학적 통일성을 지향하기 사이에서 갈등한다.

스페인의 지역성을 추구하면서 유럽의 중심부로부터 탈주를 시도했던 우나무노를 포함한 98세대 작가들은 유럽의 프르스트, 제임스 조이스, 버지니아 울프를 정신적 지주로 삼고서 이들을 모방하려 하던 아방가르드적인 작가들을 <유럽주의자>라고 하면서 새로움을 추구하는 작가들과 충돌하게 된다.

이들로부터 유럽주의자라고 비난 받던 아방가르드적인 작가들은 『율리시즈』와 『피네간스 웨이크』를 가장 중요한 문학적 정전으로 삼는다. 프르스트, 버지니아 울프, 헉슬리, 토마스 만 같이 소설 그 자체를 목적으로 삼는 작가들을 그들 스승으로 삼는다. 이들은 자체로서 목적이 되는 순수한 소설이 되기 위해서 작가는 탈인간화되고 탈사회화 되어야 한다고 한다. 새로움을 추구하는 스페인의 소설가들은 감각적이고 초현실적인 표현주의, 미래주의, 입체주의, 다다이즘, 초현실주의를 소설적 미학으로 삼고서 모방했고 스페인 사회의 사회 질서의 개혁에는 무관심한 것처럼 보인다. 이들은 옥타비오 빠스가 말하는 <모든 이들과 동시대에> 속하고자 하는 욕구로 동시대 문학에 대한 그들의 놀라운 믿음을 추구하면서 예술적 구원의 유일한 약속인 문학적 시간 안으로 들어가려고 한다. 그것은 윤리와 정치적 함의를 강하게 가지고 있는 민족주의 또는 풍속주의에서 벗어나 당시 서구 다른 나라들과 똑같은 구조를 한 스페인 사회의 객관화와 유럽과의 동시성을 시도한다는 말이다.

이들 새로움을 추구하는 스페인의 소설가들은 유럽의 이런 실험적 경향을 모방하는 것이 유럽과의 뒤쳐짐을 만회할 수 있는 유일한 길인 것처럼 생각하고서 유럽의 경향을 무조건적으로 수용하면서 유럽의 중심부 양식으로 빨려 들어간다. 스페인은 오랫동안 정치적·경제적으로 후진적인 지역에 속해 있었고, 문학적 차원에서 문화를 통해 지배당하는 지역이었다. 그래서 그들이 도입하는 문학 혁명은 그들의 경제적인 낙후성에서 오는 콤플렉스와 문화적인 창조성의 부재에서 벗어나는 유일한 길이라고 믿는 몸짓처럼 보인다. 이들은 파리에서 도입한 쇄신 덕분에 답답하고 인습적인 표현과 사고로부터 해방되어 자유롭게 되고 유럽의 다른 나라들과 동시대성을 확보할 수 있다고 생각한다.

우나무노는 무조건적으로 유럽의 문화를 받아들이기 보다는 유럽과의, 구체적으로 프랑스와의 문화, 사상, 글쓰기 방식을 서로 교환하는 것을 제안한다. 서로 간의 이런 교류는 문화를 풍요롭게 해준다고 생각했다. 그는 스페인과 프랑스는 서로 본질적으로 다른 문화를 가지고 있다고 보았다. 데 우나무노 뻬레스는 우나무노가 프랑스어에서 스페인어로 번역을 거치면서 원래의 의미에서 벌어지고 또한 스페인과 프랑스는 문화적 차이를 가지고 있음에도 불구하고 프랑스와의 교류는 필요하다고 주장한다고 말한다. "우나무노는 옛날에 라틴어의 중요성과 현재의 프랑스 연구의 중요성을 비교한다. 유럽의 문화는 항상 프랑스를 통해서 왔기 때문에 프랑스어는 유럽과의 통신을 위한 수단이었다. 우리들은 독일, 영국, 러시아 등의 문학을 프랑스인들의 ≪평범한≫ 번역을 통해서 알고 있는데, 프랑스 사람들에 의해 변화되어 중얼거리는 유럽 문화를 받아들이고 있다."[3] 그렇다고 프랑스 문화의 중요성을 무시하는 것은 아니다. 오히려 우나무노는 고유의 문화에만 집착할 때는 빈곤해진다고 주장한다. 『안개』에서 우나무노는 외국문학 전문가인 빠빠르리고뿔로스의 입을 통해서 유럽과의 교류에 부정적인 사람들을 비판한다. 작품 속에서 빠빠르리고뿔로스를 공격하는 사람들은 그를 외국의 방법론을 무비판적으로 수입하는 사람이라고 적의에 차서 그를 조롱한다. 하지만 그는 외국어를 하지 못하기 때문에 외국에서 출판된 문학평론집과 문학사 중에서 스페인어로 번역된 모든 책을 구입해서 읽고 그 작가들에 관한 여러 평론가들의 의견을 종합하는 세심한 평론가이다. 우나무노는 빠빠르리고뿔로스같이 유럽의 새로운 시각과 방법론을 스페인에 소개하는 사람이 많으면 많을수록 스페인은 유럽의 새로운 지식을 흡수할 수 있다고 말한다.

> 이보다 한발 더 나아가서 그를 공격하는 자들은 그는 단순한 외국사상의 번역자며 정리자라는 것이다. 그러나 이러한 공격을 가하는 자들은 외래사상을 그렇게도 깨끗하고 순수하며 투명한 스페인어로 옮겨 놓음으로써 외래사상을 스페인적인 것으로 만들며 동시에 작가 자신의 것으로 만든다는 사실을 모르고 있는 자들이다.[4)]

쁘리모 데 리베라 독재 때 프랑스에 망명해서 프랑스어로 작품을 출판하기도 했던 우나무노에게 이런 빠빠르리고뿔로스는 자신의 생각을 실천하는 분신이다. 그는 파리의 영향을 지속적으로 받았고 파리에 직접적으로 연결되어 있다. 우나무노 박물관에 보관되어 있는 모리스 르 장드르와 교환한 64편의 편지를 통해서도 볼 수 있듯이[5)] 우나무노가 프랑스에 항상 시선을 두고 있었다는 것은 너무나 잘 알려진 사실이다. 아스꾼세 아리에따는 우나무노의 유럽 지향적 경향에 대해 이렇게 지

---

3) María de la Concepción de Unamuno Pérez, Miguel de Unamuno y la cultura francesa, Salamanca, Universidad de Salamanca, 1991, pp.35-6.

4) 미겔 데 우나무노, 『안개』, 김현창 옮김, 서울: 범우사, 1997, 152면.

5) María de la Concepción de Unamuno Pérez, *op. cit.*, p.133.

적한다. "시에서 자유스런 시구를 실행에 옮긴 최초의 사람들 중의 한 명인데, 그렇다고 처음부터 파리를 향해서 방향을 정한 중남미 모더니즘의 방향과 아주 다른 것이 아니다. 우나무노는 레오파르디 시가 지향한 혁신적인 운동에 다가간다. 철학에서는 부분적으로 키에르케고르에 의해 만들어진 개념을 발전시키지만, 그로부터 자유롭게 전개하고, 하이데거와 사르트르를 발전시키다. 연극에서는 고전적인 신화를 재해석할 뿐 아니라, 반신화적이기까지 한 수단을 이용한다."[6] 그는 유럽의 새로운 흐름에 대해서 스페인만의 전통을 지키려고 하는 순수혈통주의를 비판하고 또 마찬가지로 유럽의 새로운 가치만을 아름다운 것으로 생각하고서 무조건적으로 받아들이려는 사람들에게도 반대한다. 데 우나무노 뻬레스는 가장 이상적인 것은 이 두 흐름에 균형을 유지하는 것이라는 우나무노의 주장에 대해 이렇게 평가한다. "우나무노의 스페인에는 명백한 2개의 흐름이 존재한다. 즉 스페인적인 개성이 위험에 처해 있다고 보는 전통주의의 흐름과 국수주의적인 것과 고유한 것을 체계적으로 폄하하는 흐름이다. 우나무노는 각각에 대해 대항한다. 국경을 닫으라고 요구하면서 국가적인 전통을 방어하려고 하지도 않고, 우리들을 정복하라고 내버려두라고 요구하지도 않는다."[7]

3. 우나무노 소설의 탈 지역성

구체적으로 우나무노의 초기 작품과 후기 작품의 비교를 통해 문체적, 사상적 변화에 대해 살펴보면 유럽의 모더니즘의 수용과 소설의

---

6) José Angel Ascunce Arrieta y Otros, La Poesía de Miguel de Unamuno, Volumen Homenaje en el cincuentenario de la muerte de Miguel de Unamuno, San Sebastian, Universidad de Deusto, 1886, p.257.

7) María de la Concepción de Unamuno Pérez, *op. cit.*, p.129.

탈지역성을 볼 수 있다. 사상적 면에서는 작품에서 <스페인의 문제>에서 <예술적 자의식>으로, 문체적으로는 직설적이고 건조한 문체에서 메타 담론으로, 소설은 사회적 관계라는 외적인 요인에서 문학 자체의 형식적이고도 언어적인 특성의 관계라는 내적인 요인으로 변화하는 것을 확인 할 수 있다. 우나무노는 소설이라는 표현 형식을 통해서 현실을 반영하고 물질적이고 구체적인 사회와 관계를 맺는다는 입장에서 개인성, 무미건조한 언어로 관심이 옮겨간다.

우나무노는 19세기 소설의 형식을 차용하며, 실험에 소극적이고, 지역적이고, 고유색이란 덕을 소설의 정수로서의 인식한다. 그에게 있어 프랑스가 부과한 문학적 기준을 거부하는 유일한 방도, 가장 자율적인 것이고 가장 세계적인 파리의 기준으로부터 탈주는 스페인적인 가치의 발견을 통해서 스페인적인 현실로 향하는 것이다. 왜냐하면 스페인은 매우 풍부하고 다양한 언어적·문화적 유산들을 지닌 지역이고, 설화와 구비문학, 기독교적 전통의 문학, 아메리카의 인디오와의 혼합에서 생겨나는 다양한 잡종의 문화·문학형태들이 쌓여 문학적·문화적 원천 혹은 공동체의 기록창고를 이루고 있다고 생각하기 때문이다. 스페인의 각 지역의 전통을 스페인의 변화를 위한 밑바탕으로 여겼고, 그래서 우나무노는 스페인의 지역적인 가치의 부활에서 서사의 힘을 찾으면서 파리의 유행에서 벗어나려고 한다.

먼저 우나무노는 그의 소설에서 스페인 고유의 민족적 개성과 민중정신을 확립한다. 그에 의하면 15세기 말 가톨릭 양왕에 의한 스페인 통일은 스페인 민족의 위대한 미래를 약속한 것이다. 이 통일은 까스띠야 왕국에 의한 위업이었으므로 까스띠야를 스페인 역사의 원동력이자 중심으로 보았다. 우나무노는 『안개』에서 빠빠르리고뿔로스의 입을 통해 가톨릭 양왕 시절의 스페인의 위대한 꿈을 이루기 위해 그의 정신적 에너지를 솟아야 한다고 말한다. 우상화된 스페인을 꿈꾼다고 해서 화려한 과거가 부활하는 것이 아니라 민중의 친밀한 과거의 연구를 통해서 이다.

> 그는 자기 동포의 눈앞에 우리의 과거, 즉 우리들 선조의 현재를 부활시키기를 열망했다. 또한 순수한 환상에 의거하여 과거를 부활하려던 모든 사람들의 실수를 잘 알고 있는 그는 자기의 박식한 역사학의 건설을 부동의 토대 위에 올려놓고자 모든 유의 지나간 기억까지도 소홀히 하지 않았다.[8)]

이 인용문을 통해서 확일 할 수 있듯이 그의 상상력은 스페인적인 역사와 체험에 깊이 뿌리 내리고 있다는 점을 보여준다. 우나무노는 스페인 민족의 역사의 이면에는 민족사의 영원한 실체, 듯 '까스띠야의 내역사'가 존재한다고 결론지었다. 사볼라는 스페인 사회를 근대화시키고 과거의 영광을 재현하기 위한 우나무노의 정의에 대해 이렇게 평가 한다. "나라의 역사적인 형성의 내적인 조직에 대해 질문하고, 작품들은 무엇보다는 나라, 역사적인 혈통, 까스떼야노적인 것 같은 목적론적인 원칙에 집중된다. 작품에서 뛰어난 것은 질문들의 세속적인 기원이다. 우나무노는 현재에 대해, 현재의 문제에 대해 걱정한다. 현재에 대한 언급은, 최소한 특정한 역사적인 상황으로서이다."[9)]

<스페인의 문제>에 관심을 갖고서 쓰여진 『전쟁 속에서 평화』는 1874년 스페인 북부 도시 빌바오를 배경으로 한다. 농민 출신인 뻬드로 안토니오와 그 가족을 중심으로 민중, 단순한 신앙, 스페인의 전통, 국토 등 우나무노가 철학적으로 다룬 스페인의 내역사를 가시화하는 한편 도시 부르조아 계층인 아라나와 빠치코 주변으로는 교육 받은 계급, 도시, 자유주의 신앙에 대한 이성적 접근 등 근대성을 부각시킴으로써 구조적 대칭을 이루고 있다. 결국 이 소설은 역사와 내역사 사이

---

8) 미겔 데 우나무노, 『안개』, 앞의 책, 149면.

9) Iris M. Zavala, Unamuno y el Pensamiento dialógico, Barcelona, Anthropos, 1991, p.17.

의 갈등, 즉 스페인의 항구적 전통과 근대 문명과의 갈등을 묘사한 것으로 우나무노의 자서전적 주인공인 빠치꼬를 통해 그것을 내적, 정신적 갈등으로 전환시키고 있다. 이 작품에서 그는 유럽의 언어미학적 감수성으로는 헤아리기 어려운 스페인적 특색, 좀 더 구체적으로 스페인의 사회적 토양, 빌바오라는 그의 고향의 정서를 이상화 시킨다.

또 다른 작품인 『돈키호테와 산초의 인생』은 돈키호테를 축으로 주요 인물과 사건의 상징성을 분석하면서 스페인의 국가적 문제와 인간적 문제를 동시에 고찰함으로써 돈키호테를 까스띠야 정신의 상징적 인물로 고양시켰다. 돈키호테가 추구하는 불멸의 명예, 이성의 세계에 반하는 의지를 통한 삶의 새로운 가치 의식, 모든 개인적 이해로부터 초탈 등은 스페인 정신의 핵심인 불멸에의 경배를 행동으로 보여준 것이다. 데 우나무노 뻬레스는 우나무노는 돈키호테를 이상주의적 꿈을 실천하는 화신으로 보고, 그에게서 스페인의 이상을 찾았다고 지적한다. “우나무노에게 있어 정신적인 삶은 두 가지 면으로 되어 있다. 즉 평온한 편안함이라는 면과 새로운 과업 앞에서 항상 불안해하는 면이다. 돈 미겔은 이 두 번째 면은 별의 안내를 받으면서 진실과 정의를 찾아서 떠난 돈키호테의 모습에서 실현된다고 본다.”10) 우나무노는 모든 물질주의적 개혁에 우선해 끊임없이 쉬지 않고 자유와 꿈을 찾는 돈키호테를 이상적인 인물로 삼는다.

그러나 우나무노의 문제의식은 1897년 그의 아들인 라이문딘의 죽음으로 정신적 위기를 겪고, 이를 계기로 생의 근본 문제와 모더니즘적인 집착으로 변화한다. 이젠 삶의 완전한 허무 의식, 죽음과 물질문명에 대한 회의에 사로잡히게 되었다. 그의 관심은 스페인의 부흥이 아니라 실존 의식, 일상성, 새로움, 무한성으로 더욱 집착하게 된다. 유럽의 작가들이 1910년 후기인상파 전시회에서 받은 충격을 작품으로

10) María de la Concepción de Unamuno Pérez, *op. cit.*, p.132.

표현한 것처럼, 우나무노는 아들의 죽음이라는 사건을 계기로 세상을 바라보고 표현하는 관점이 완전히 변한다. 공동체적 삶의 방식의 파괴와 그로 인한 현실에서의 좌절을 표현하기 위해서인지 소설의 배경도 농촌에서 도시로 바뀐다. 『전쟁과 평화』에서는 스페인의 전통적인 빌바오의 농촌이 배경이지만, 『안개』의 배경 무대는 도시이다. 모더니즘 작가들처럼 우나무노의 소설은 도시를 배경으로 삼는다. 농촌과 도시는 이질적인 속성을 지니고 있다.

도시라는 공간에서 도시적 삶과 세상을 그리게 되면서 모더니즘적 성격을 가진 작품들로 완전히 새로운 방식으로 소설을 전개한다. 종교적 신념을 상실하고 공동체적 삶의 방식과 단절한 새로운 지적 모험을 새롭고 낯선 방식으로 그린다. 즉 사회 개혁론자로서 스페인의 모든 불행의 원인과 낡은 전통적 사회제도와 경제문제에 대한 관심에서 새로운 형식과 내용에 대한 추구로 관심이 옮겨간다.

그의 새로운 소설 속에는 현실적 경험 내용이 거의 없는 현실의 파편밖에 없다. 파편화는 인과율의 부재를 가져오고, 앞 사건과 뒷 사건의 연관성이 단절된 단편들이다. 아무런 논리적 연관성도 없이 보이는 생각과 감정, 계기가 없는 파편적인 공간들의 병치로 나타나다. 이런 방식의 글쓰기를 보면 러시아 형식주의자들이 예술의 본질적 특징으로 든 '낯설게 하기'가 떠오른다. 독특한 삶의 내용과 낯선 형식을 통해서 직접적 지각을 훼방 놓을 뿐이다.

존재론적 허무와 실존적 고뇌로 가득 차 있고, 이념도 없고 감정의 이입도 없다. 그는 무엇이 <실존적>이고 <신적인>, <진정한>이냐라는 것에 대해 질문을 끝없이 하지만, 신과 이념의 부재, 자기 부정, 대책 없는 허무주의를 확인하는 것으로 끝난다. 이런 문제들에 대한 끝없이 계속되는 질문과 대답은 풀헨시오와 아폴로도로 사이의 대화에서도 그대로 확인할 수 있다.

> 죽는다는 것은… 잔다는 것! 잔다는 것은… 아무 꿈꾸는 것이지 않을까요! 예술은 어디에서 나왔을까? 영원불멸에 대한 목마름에서가 아닐까? 바로 이러한 점에서 피라미드가 나왔고 또 피라미드 아래에서 영원한 잠을 자고 있는 스핑크스도 나왔으니까. 예술은 유희에서 나왔다고도 하지. 유희! 유희라는 것은 논리에서 벗어나려는 노력이야. 논리는 죽음을 동반하고 다니니까. 사람들이 나를 유물론자라고들 하지. 그래, 유물론자. 나는 물질적인 영원불멸을 원하니까. 실체와 부피를 가진… 지금 이 순간에도 나는 살아가고 있어…11)

결국 그의 소설은 의미를 추구하는 목적성에서 벗어나서 글쓰기 행위는 지적 유희가 된다. 의사소통이나 의미 생산의 기능을 벗어나, 주관적 경험을 가공하여 소설의 문맥에 위치시킴으로써 그는 새로운 형식을 만들어 내고 있는 것이다. 이 새로운 형식의 소설은 삶의 모방이 아니다. 삶과 소설의 경계가 무너지고 유희로서이다. 예술의 개념에 대해서 언급할 때도 자아비판 하듯이 강한 자의식을 가지고 있다. 예술은 사회적인 실천과는 구별되는 영역이라는 인식, 예술은 의미를 창조한다고 하면서 예술의 숭고성과 신성함을 추구하는 의견에 대해서 회의한다.

> 나는 예술의 신성함에 대한 이야기에는 질렸다. 뿐만 아니라 문학은 삶을 유지할 수 있는 한 수단의 역할을 수행하고 있기는 하지만, 도달해야 할 목표점에는 여전히 도달하지 못했다는 이야기 역시 지겨울 따름이다. 지금까지는 이러한 논리를 바탕으로 글쓰기 작업을 해왔다. 그래서 시인의 작업은 목수나 미장이 재단사나 농부들의 일과는 다른 무엇이라고 했다. 그러나 이런 생각은 심각한 오류다.12)

---

11) 미겔 데 우나무노, 『사랑과 교육』, 남진희 옮김, 서울: 문학과 지성사, 2004, 169면.

12) 위의 책, 190-91면.

<예술적 자의식>에 본격적인 관심을 갖고서 완전히 새로운 방식으로 쓴 『사랑과 교육』의 줄거리는 너무나 단순하다. 실증주의적 세계관을 신봉하는 아비또 까라스깔은 과학적인 교육을 통해서 자기 천재를 만들기 위해 결혼을 한다. 그의 자식인 아폴로도로는 커 가면서 자기 아버지와는 다른 그만의 자아가 생기고, 이로 인해 아버지와 갈등하고 충돌하게 된다. 그를 억압하는 아버지와의 갈등은 점점 더 커져만 가고, 게다가 사랑의 실패로 인해서 자살을 하게 된다. 아비또 까라스깔에게 있어 유일한 삶의 의미는 아들을 과학정신으로 무장한 인간으로 키우는 것이었지만, 그의 이런 노력은 허사가 된다. 아비또 까라스깔이 과학과 진보에 대해서 가지고 있던 낙관주의는 비웃음이 된다. 과학주의의 표상인 그가 조롱받음은 그의 허상을 보여주는 것이며, 과학주의적 인간관이 지향하던 이성, 질서, 논리가 조롱 받는 것이다.

줄거리가 너무 단순해서 어찌 보면 이야기 하고자 하는 내용이 없는 것 같이 너무나 생소하고 낯선 방식으로 이야기를 풀어간다. 이 소설은 의미전달에 그 목표를 두지도 않고 의사소통의 효과를 상실한다. 데 우나무노 뻬레스는 이런 성격에 대해 다음과 같이 언급 한다. “우나무노의 소설에는 행위는 인물의 내부에서만 흘러가면서 거의 없다. 사랑, 질투, 탐욕 같은 것은 본심으로서가 아니라 존재로서 연구된다. 작가는 줄거리에는 거의 관심이 없고, 주인공들의 삶의 사건에도 관심이 없고, 삶 자체에만 관심이 있다(…)”[13] 일상 속의 사건을 이야기하기 보다는 사건 없는 일상이다. 아무 일도 없이 매일매일 반복되는 일상이다.

아비또 까라스깔는 임대 수입으로 살아가는 사람이다. 그의 삶은 지향하는 이상도 없고, 인생에 의미를 갖지 못하고, 주위 사람들과도 단절된다. 무기력 하고, 권태로운 일상에 젖어 폐쇄적이고, 단절되고, 소

13) María de la Concepción de Unamuno Pérez, *op. cit.*, p.175.

외되고, 고독하고 비사교적이다. 또 『안개』의 주인공인 아우구스또도 아직 결혼하지 않고 혼자 살고 있다. 그의 어머니가 6개월 전에 죽으면서 남겨준 재산으로 하인과 요리사를 데리고 사는 룸펜이다. 피아노 교사인 에우헤니아를 길에서 우연히 보고 그녀와 결혼하는 것을 생의 목표로 삼는다. 아우구스또가 관계를 맺고 있는 유일한 사람은 빅또르 밖에 없다. 아비또 까라스깔와 아우구스또는 두사람 전부 사회 조직의 메카니즘에 편입되지 않는, 항상 우울하고, 고독하며 현실에 대해 적극적인 개입의 감정이 없는 사람들이다. 다른 사람과 관계를 맺지 않기 때문에 고독하고, 이런 고독은 그의 본질적인 성격으로 그려지고 있다. 아우구스또와 아비또 까라스깔의 삶의 행적을 따라 가보면 이들이 외부 세계에 수동적으로 대응하고 삶에 대해 무기력하다는 걸 금방 확인할 수 있다. 이성의 통제를 받는 사회화된 객관적 존재가 아니라 자아를 유폐시키고 고독감이 그들 일상이다. 우나무노는 이런 작품들에서 19세기 소설 전통처럼 시간적 계기에 따라 사건이 어떻게 전개시키는가에는 관심도 없고 또 전개 과정을 따지는 것도 별다른 의미를 두지 않는다. 데 우나무노 뻬레스도 우나무노 소설의 이런 특징을 지적한다. "우나무노의 소설에서는 기술, 풍속에 대한 묘사, 공간과 시간과 관계된 표시가 거의 없는 특징이 있는데, 작가는 묘사적인 것이 이야기와 인간의 열정이 가지고 있는 관심을 방해하다고 여기기 때문이다."[14)]

아우구스또는 우연, 하나님, 사랑, 삶, 꿈같은 내면세계에 대해 탐색을 거치지만, 그렇다고 새로운 정체성을 찾을 수도 없다. 이런 것들은 그냥 단상처럼 스치고 지나가고, 목적을 상실한 파편화된 의식 속에서 의미를 획득하지 못한다. 왜냐하면 인물들 간의 대화의 부재와 소통의 불가능하기 때문이다. 이런 내면 의식으로 가득 찬 내면독백이라는 새로운 형식은 20세기 유럽의 소설 작법에서 도입된 것으로 스페인의 풍

---

14) *Ibid.*, p.175.

속주의와 자연주의에 익숙해져 있던 독자들에게 큰 파장을 불러일으킨다. 사회로부터 유리된 아비또 까라스깔도 모든 인간관계를 상실한 인물이다. 일상은 무의미하고, 인간관계를 맺지 못한 고립된 개인이다. 그에게 어떤 것도 절대적 의미를 갖지 못하기 때문에 고립에서 벗어나지 못한다. 또한 현실적인 목적이나 유용성 도덕적 실천으로부터 유예된 인물로 사회적 가치를 실현하는 인물이 아니라 자기 자신의 내면성을 절대적 가치로 생각하는 룸펜이다. 그래서 이사벨 끄리아도 미겔은 『사랑과 교육』의 서문에 대해 비평하면서 세계에 대한 비모방성, 빈정저리는 말투, 목표점이 없음 같은 것들이 우나무노 소설의 가장 두드러진 특징이자 독창성이라고 지적 한다. "그 서문의 읽기는 핵심적인 세 가지로 표현할 수 있겠다. 먼저 작품에서 창조된 세계가 현실의 비모방적인 개념으로, 연필로 그린 단순한 소묘인 ≪이상한≫, ≪윤곽이 뚜렷하지 않은≫ 인간들이 지나다니는 세상이고, 두 번째는 반복적으로 정당화된 불합리한 빈정거림의 말투이고, 마지막으로 오락적인 확고한 성격으로 인해 억제된, 특별한 목표점이 없는 쓸모없음이 있는데, 작가는 이 소설로 <아무 것도 꾀하지 않는다>."[15]

삶은 이야기하기이며 소설도 결국 그런 이야기하기로서의 삶의 한 표현이다. 그러나 사발라는 우나무노의 『안개』에서 전통적인 소설에서 같은 뭔가를 기대하는 것은 헛된 것이라고 지적한다. "『안개』에서 언어는 변형자로서, 논증과 반론의 넓은 대화로서 작동한다. 언어의 유희는 지시적이고 의문을 나타내는 언명의 망에서 정보, 지식, 앎의 놀이이다. 픽션의 전통적인 지식과 구조는 서로 바뀐다. 서술과 화자에게 지정된 역할은 거부된다. 모두는 발송자이고 수신자가 된다. 그래서 활동들 중에서 하나를 차지하려는 권리는 다른 사람이 차지하고 있는 이중적 사실 위에 세워진다. 모든 권위는 깨진다. 모든 단어는 언어의 행

15) Isabel Criado Miguel, Las Novelas de Miguel de Unamuno, Salamanca, Universidad de Salamanca, 1986, pp.16-17.

동, 발화자뿐만 아니라 수신자의, 내적이거나 외적인 제 삼자인 다른 사람의 언어의 행동이 된다(…)"[16]

그의 소설의 이런 성격은 『사랑과 교육』에서도 반복된다. 미리 계획하지 않은, 별 의미도 없는 사소한 내용들로 가득 찬, 독자에게 건네는 듯한 형식을 통해 소설에 대한 단편적인 생각들을 예술적인 감각으로 서술해 간다. 아비또 까라스깔은 왜곡된 인간관계에 놓여 있다. 사회 속에서 의미와 일상에서의 의미를 동시에 상실했다. 그는 당대 스페인 사회를 표상하는 대리인이 아닐 뿐만 아니라 사회와 무관하다고 생각한다. 관습적인 가치의 위계질서로부터 벗어남으로써 정상성이라는 관습적인 평가 기준을 깰 수 있다고 생각한다.

> 얘야, 벗어나보려고 , 가능하면 벗어나려고 노력하렴. 그것이 아무 의미 없이 무미건조하게 떠도는 것보다 훨씬 나을 거야. 어리석은 사람들은 가까운 이웃을 상식에서 엉뚱하게 벗어난 사람이라고 부르지, 따라서 그런 사람이 되기 위해선 많은 대가를 치러야 해. 너는 '분류될 수 없는 인물'이 되어야 해. (…) 그들의 눈에는 비논리적인 인물이 되어야 한다는 이야기야. 그리고 사람들이 너를 분류하고자 하는 욕망을 감히 품지 못하고 이런 이야기를 하게 만들어야 해. 아폴로도로 카라스칼은 유일무이한 사람이자 다른 사람으로 대체될 수 없는 사람이야. 너는 너 자신이 되어야 해. 유일무이한 사람이. 그리고 다른 사람으로 대체할 수 없는 너 자신이 되어야 한다고.[17]

획일주의가 지배하는 현대사회에서 새로움과 독창성으로 채워진 개인의 유일성을 역설하며, 개인의 우위성을 끊임없이 강조하는 이런 모습의 개인이 당대의 표상처럼 보인다. 사회의 구속성에서, 사회의 울타리에서 벗어난 사회와 무관한 개인의 모습을 역설한다.

---

16) Iris M. Zavala, *op. cit.*, p.151.
17) 미겔 데 우나무노, 『사랑과 교육』, 앞의 책, 119면.

또한 실험성으로 가득 찬 그의 소설들은 각 장르에서 지속적인 혁신을 시도한다. 노벨라(소설, novela)에 대해 니볼라(스설, nivola)라는 새로운 단어를 통해 소설의 형식적인 측면에서의 혁신을 보여주었다. 사볼라는 우나무노가 만들어 낸 니볼라라는 장르에 대해 이렇게 평한다: "태생 동물같은 스설(니볼라)은 사랑과 교육(1902)부터 현실의 놀이, 형이상학적인 문제, 주체의 위치로서 계획된다. 게다가 『안개』로 작가의 죽음을 알리고(바르트의 개념)독자의 전폭적인 협력을 알린다. 텍스트는 그것을 형성하는 활동의 형이상학이다 – 그렇게 말할 수 있다면. 타인과 자신의 텍스트에 발송의 망에서 문자와 독서이다."[18] 새로운 장르인 스설에서 자신이 창조자로서 설정한 인물이 아니라 뼈와 살을 가진 독립적인 등장인물을 창조해 그가 작품 속에서 생각하고, 느끼고, 행동하고, 결정할 수 있는 자유 의지를 부여해 주었다. 줄거리도 작가가 전지적으로 결정하는 것이 아니다. 등장인물은 여러 초점에서 삶을 보여주려는 듯이 현실, 허구, 꿈, 하나님의 꿈 사이에서 의문하는 인물이다.

> 내 소설도 바로 그런 거야. 즉 소설이 아니고 뭐랬지? 소슬, 수설, 아니 아니 스설, 그럼으로써 아무도 소설이란 장르의 법칙을 저촉한다고 말할 권리가 없어지는 거야…나에게 있어서 장르는 발명한다는 것은 다른 아무것도 아닌 새 이름을 부여하는 것이며 내 마음 가는 대로 그 법칙을 부여하는 거야.[19]

이 새로운 장르에서 의식의 흐름을 통해 철학적인 관념 세계를 만들어 간다. 『사랑과 교육』에서도 아비토, 아폴로도로와 풀헨시오의 심리적인 변화와 갈등이 소설의 주된 내용이다. 기존의 소설이 전지적

---

18) Iris M. Zavala, p.134.
19) 미겔 데 우나무노, 『안개』, 앞의 책, 112면.

작가로서, 창조자인 작가에 의해 등장인물들은 마음대로 결정되는 반면에 우나무노의 소설에 등장하는 인물들은 자신만의 고유한 특성을 가진, 작가가 마음대로 운명을 바꿀 수 없는 존재이다. 호세 마누엘 노뻬스 데 아리아다는 우나무노 소설 속의 인물들의 이런 특징에 대해서 이렇게 지적한다. “꿈으로서 삶이다, 그러나 칼데론적인 의미에서가 아니고 다른 사람의, 작가의, 하나님의 꿈으로서이다. 즉 인물은 꿈의 산물이거나 그 사람을 창조한 사람의 상상의 산물이고, 이 사람의 의지에 종속된다. 우나무노는 아우구스토에 대해서 결정하고, 그는 그의 하나님이다. 우나무노가 원할 때 죽는다. 동시에 ‘하나님이 그를 꿈꾸는 것을 그만 두었을 때, 아우구스또가 그에게 말한 것처럼 죽을 것이다.”[20] 『안개』에서 아우구스또는 빅또르가 해준 가난한 재무성 공무원인 엘로이노 로드리게스 데 알부께르께 이 알바레스 데 까스뜨로의 결혼 이야기를 듣는다. 우나무노는 빅또르의 이야기를 듣고서 세르반테스가 『돈키호테』에 여러 개의 삽입 소설을 끼워 넣는 것을 모방해서, 이 이야기를 소설에 삽입한다. 그러면서 빅또르가 아우구스또에게 어떤 줄거리의 소설을 쓰느냐고 물어보자 되는대로 줄거리가 없는 소설을 쓴다고 말한다.

> 내 소설은 줄거리가 없어. 다시 말해서 되는대로 쓰는 거야. 줄거리는 자기 스스로 만들어지는 거야.
>
> 어떻게 그럴 수가 있어?
>
> 이것 봐. 최근 어느 날 나는 뭘 해야 할지 모르고 있던 중 뭔가 해보고 싶은 충동을 느꼈어. 뭔가 살금살금거리고 환상이 꿈틀거리더란 말이야. 그래서 난 혼자말로 ‘소설을 하나 써야겠다.’ 그러나 사람의 생활 그대로를 소설로 쓰겠단 말이야. 앞으로 닥칠지도 모르는 생활을 난 앉은 채로 종이 몇 장을 꺼내서 아무런 사전 생각도 없이 다음에 올

20) José Angel Ascunce Arrieta y Otros, *op. cit.*, p.262.

> 것을 알지도 못하면서 그저 생각나는 것을 쓰기 시작한 거야.[21]

또 작중 인물과 현실 속의 작가가 서로 대화한다. 『안개』에서 아우구스또는 그를 죽이려는 작가의 계획에 대해 살고 싶다고 항변한다. 우나무노는 그런 그에게 이미 작품에 죽는 걸로 써놓았다고 하면서 거부한다. 이런 방식의 글쓰기의 효과는 소설 속의 소설을 현실과 가상의 세계 중간에 위치하게 만들어 버린다. 끄리아도 미겔은 우나무노의 이런 글쓰기를 이렇게 평한다. "현실의 모든 허위를 깨뜨리고 순수한 허구로서 표명한 소설 짓기의 방법인데, 1902년 『사랑과 교육』으로 시작되어,『안개』(1913)에서 가장 높은 수준에 도달하고, 『돈 산달리오의 소설』(1930)에서 정점에 이르는데, 『뚤리오 몬딸반』이나 『룸브리아 후작』같은 단편 소설의 용감한 시도들도 잊지 않아야 한다."[22] 자기 목소리를 가진 등장인물, 그리고 이들과의 독자의 능동적인 참여는 여러 가지 다양한 의미로 해석할 수 있는 열린 텍스트가 된다. 아우구스또와 빅또르가 어떻게 소설을 써야 되는가에 대해 토론하면서 상상력, 사실주의, 형이상학, 자연을 놓고 논쟁한다. 빅또르는 작가는 소설 속의 등장인물의 행동을 감시하고 통제할 수 있다고 하자, 우나무노는 이들의 대화에 작가로서 불쑥 개입하고, 그의 소설론을 펼치면서 메타담론화 하고, 그러므로써 작가, 등장인물, 독자 사이의 경계를 무너 버린다.

> 아우구스또와 빅또르가 이러한 스설적인 대화를 나누고 있는 동안 독자 여러분이 손에 들고 읽고 있는 이 스설의 작가인 나는 나의 스설적인 인물들이 나를 변호하고 나의 방법론을 정당화하는 것을 보면서 나 혼자 애매한 미소를 짓고 또 내 자신에게 이렇게 말을 하고 있습니

21) 미겔 데 우나무노, 『안개』, 앞의 책, 110-11면.
22) Isabel Criado Miguel, *op. cit.*, p.23.

다. '이 불행한 인간들은 내가 그들에게 하고 있는 일을 그들 자신이 오직 정당화만을 하고 있다는 것을 전연 눈치 채지 못하고 있지 않은가!23)

4. 결론

우나무노 소설의 지역성 탈피와 유럽의 모더니즘 수용을 규정하기 위해서는 먼저 98세대의 성격에 대한 이해가 필요하다. 이는 동시대의 문학과의 관계를 보다 명확하게 파악하기 위해서 이기도 하지만 그의 대표적인 소설의 성격과 특징을 해명하기 위해서도 필요하다. 아도르노의 말처럼 문학 작품은 자율적 언어인 동시에 사회적 사실이라 할 때 우나무노도 예외가 아니다. 본 글은 이러한 문제의식 아래 우나무노 소설의 지역성 탈피와 아방가르드적 성격을 살펴보았다.

20세기 전반기 동안 스페인은 정치적으로 혼돈스런 상황이었고, 세계 문학과 문학장의 위계적인 체계에서 뒤떨어 있었다. 중심에서 벗어나 있었고, 유럽의 중심에서는 '타자'이며, 주변부에 머물러 있었다. 그래서 스페인에서 일군의 작가들이민족 정체성을 회복하기 위해 가장 주요한 문학 운동인 98세대 운동을 전개한다. 스페인의 많은 지식인들과 작가들은 17세기 바로크적 언어 및 문화적 전통에 의해 가장 중요한 문화 유산의 상속자였음에도 불구하고 유럽의 변방이라는 질곡 속에 놓여 있는 스페인의 현실에 대해 한탄한다.

이들은 20세기 초 스페인적 지방성을 스페인의 정체성으로 파악하여 스페인의 소설은 그런 가치를 고양시켜야 하고 유럽 중심적 주류 모더니즘에 대항하고 한다고 했다. 우나무노가 '돈키호테' 정신을 이상화시킨 것도 그런 문학 운동의 산물이다. 스페인이라는 역사적인 공간

23) 미겔 데 우나무노, 『안개』, 앞의 책, 167면.

에서 돈키호테라는 허구적 인물을 스페인의 본질적인 모습으로 그린다. 하지만 이런 그의 노력은 스페인 전통의 긍정을 통해서 유럽의 보편성을 추구하는 방법으로 여겼던 것이다. 그런 맥락에서 우나무노는 소설을 통해서 스페인의 지역성과 전통을 찾았던 것이다.

우나무노는 『사랑과 교육』의 출판과 함께 이제 그는 스페인적인 가치의 고양이라는 지역성에서 탈피해서 새로움을 추구한다. 모방적 차원에서 미학적 차원을 추구하고, 이는 유럽의 모더니즘과 동시성을 갖으면서 그의 소설의 특징이 된다. 단순히 기존의 문학적 예술적 관습의 파괴와 혁신만을 시도하는 것이 아니라 주관적 경험, 개인의 내면성, 파편화, 일시성 같은 모더니즘의 표현, 형식, 내용을 추구한다. 유럽의 모더니즘을 받아들이면서 근대적 사유와 방법 등 모든 것을 유럽화 했다. 『사랑과 교육』에서의 글쓰기 방식의 그의 급진적인 변화는 『안개』, 『아벨 산체스』에서도 계속된다. 『전쟁에서의 평화』, 『돈키호테와 산초의 삶』 같은 작품에서의 주된 관심사인 사실주의적인 객관성을 버리고, 독창성과 유일한 개인, 개인성, 주관성에 기운다. 실용적 목적과 도덕적 판단 기준에 의미를 두지 않는 미적 경험은 현실에 대한 재현 보다는 인간의 내면세계에 대한 관심으로, 의식 주체와 인식의 문제를 새로운 형식과 새로운 언어를 사용해서 표현한다.

❑ 참고문헌

Abellán, José Luis(1964), *Miguel de Unamuno a la luz de la Psicología. Una interpretación de Unamuno desde la Psicología individual*, Tecnos, Madrid.

Ascunce Arrieta, José Angel y Otros(1886), *La Poesía de Miguel de Unamuno, Volumen Homenaje en el cincuentenario de la muerte de Miguel de Unamuno*, San Sebastian, Universidad de Deusto.

Criado Miguel, Isabel(1986), *Las Novelas de Miguel de Unamuno*, Salamanca, Universidad de Salamanca.

De Unamuno Pérez, María de la Concepción(1991), *Miguel de Unamuno y la cultura francesa*, Salamanca, Universidad de Salamanca.

Elizalde, Ignacio(1983), *Miguel de Unamuno y su novelística*, Caja de Ahorros Provincial de Guipúzcoa.

Nicholas, Robert L.(1987), *Unamuno narrador*, Madrid, Castalia.

Novoa, Manuel Padilla(1985), *Unamuno, Filosofo de encrucijada*, Bogotá, Cincel-Kapelusz.

París, Carlos(1989), *Unamuno Estructura de su mundo intelectual*, Barcelona, Anthropos.

Prado, Francisco la Rubia(1999), *Unamuno y la vida como ficcón*, Madrid, Gredos.

Pérez de la Dehesa, Rafael(1966), *Política y sociedad en el primer Unamuno*, Ciencia Nueva, Madrid.

Qveraas, Anne Marie(1993), *Nivola contra novela*, Ediciones Universidad de Salamanca, Salamanca.

Rivera de Ventosa, Enrique(1985), *Unamuno y Dios, Encuentro*, Madrid.

Villanueva, Cristina Ferreiro y Galán Font(1990), Eduardo, *San Manuel Bueno, Mártir Miguel de Unamuno*, Madrid, Ciclo.

Zavala, Iris M.(1991), *Unamuno y el Pensamiento dialógico*, Barcelona, Anthropos.

심명호(2000), 『영미 모더니즘 문학의 전개』, 서울: 서울대학교 출판부.

미겔 데 우나무노(2004), 『사랑과 교육』, 남진희 옮김, 서울: 문학과 지성사.

______________(1997), 『안개』, 김현창 옮김, 서울: 범우사.

______________(1978), 『아벨 산체스』, 장선영 옮김, 서울: 삼성출판사.

III. 바스크 문학과 소수문학

1. 들어가는말

1975년 11월 프랑코 사후부터 스페인은 다문화주의를 허용하면서 바스크, 까딸루냐, 갈리시아 등 지방의 분권적인 자치를 허용했다. 이를 기점으로 그들 지역의 고유한 언어와 문화에 대한 집중적인 관심이 높아져 갔고 그 동안 억압되었던 지역어의 사용이 활발해지면서 각 지역에서는 지역 문화나 문학에 대한 연구가 활발하게 이뤄지게 되었다.

본 글의 대상으로 삼은 바스크 지역도 이런 흐름을 반복한다. 까딸루냐, 갈리시아처럼 바스크 지방도 중세 때부터 동일하게 자치의 획득과 중앙으로의 통합 사이에서 그 향유와 투쟁이라는 갈등의 반복의 역사를 지니고 있었다. 그들 고유의 언어와 외모의 차이, 지리적 고립으로 인하여 다른 지역보다도 더 그들 고유성을 유지하면서 살았었다. 특히 20세기에 접어들면서 바스크 지방에 풍부한 광물 자원과 이를 바탕으로 철광업, 조선업이 발달하고, 일자리를 찾아서 스페인의 타 지역에서 급격하게 스페인 사람들이 유입되면서 많은 문화적 갈등을 겪게 된다. 1939년 스페인 내전이 종료되면서 프랑코 통치기 동안 모든 지방의 특징이나 고유성은 까스띠야적 전통에 전부 다 통일시키려 했다.

마치 우리가 미국 문화를 용광로로 해서 미국의 앵글로 - 색슨에 통합시키려 했던 것처럼 까스띠야 지역의 전통으로의 통일을 시도했던 것이다. 이에 민족주의 운동을 부르짖은 작가들은 중남미나 유럽으로 망명길에 올라야 했다. 내전 기간 동안인 1936~39년에는 바스크어로 단 한 권의 책도 출판될 수 없었던 사실을 통해서 볼 수 있듯이 극도로 바스크 지역의 고유성은 금지되었다. 이런 침체기를 극복하려는 작가들은 멕시코, 부에노스 아이레스 과테말라 같은 해외에서 출판하여야 했던 것이다. 국내는 조용하고 오히려 국외에서 활동한 이들의 목소리가 국내에 영향을 미치게 되었다. 전후 세대가 이들과 접촉을 하게 되면서 1954년부터 바스크 지역의 고전작품들이 출판되고, 바스크 한림원이 다시 활동을 시작하고, 그러면서 50년대 말부터 젊은 세대들이 문화적 분야에서 두각을 나타내기 시작한다. 그들은 열정을 분출하고, 바스크어의 사용을 찬성하는 조직들을 만들고, 바스크어로만 쓰여진 "Eusko-Gogoa"(1950년, 과테말라), "Egan"(1954, 도노스띠아) 문화잡지들을 출판한다. 60년대는 다시 바스크의 르네상스기가 도래한다. 에우스께라로 수업을 하는 학교들이 설립되고, "Agur", "Argia" 처럼 에우스께라로 쓰여진 신문과 라디오 방송이 생긴다. 그 중에서도 교과서가 에우스께라로 쓰여진 책이 등장하는 것은 가장 혁신적인 사건이었다.

이런 양적인 증대는 질적인 비약으로 이어지고, 그래서 작가들 중에서도 주제나 기법 면에서 새로운 문학적 혁신을 이룬다. Txillardegi, Aresti, Gandiaga, Azurmendi, Saizarbitoria 등은 마드리드에서 부과하는 단일성에서 벗어나 그들 고유의 영역을 개척해 나간다. 특히 1975년 이후, 스페인의 각 지방에서 까스떼야노 외에도 다른 언어들이 공식적으로 인정된다. 1978년 스페인 헌법에 따라서 새로운 정치 - 제도적 프로젝트들, 바스크 자치 규약(1979)이 헌법에 의해서 인정되면서 에우스께라는 까스떼야노처럼 공식적인 언어로서 또 모든 주민들은 두 언어를 알고 사용할 권리를 가진다라고 규정했다.

이제 신세대 작가들은 통일성 속의 다양성을 추구하게 되었다. 그에 따라 스페인의 문화의 영역은 과거의 까스떼야노 중심에서 다문화주의로 초점이 바뀌었다. 그에 따라 스페인의 문학 영역은 과거의 까스떼야노로 쓰여진 소위 문학 경전 외에도 지역적 자치 또는 중앙에서 부과하는 형식과는 차별되는 영역으로 분산되었다. 이는 문학의 다양성과 역동성 및 새로운 가능성을 보여준다고 볼 수 있다. 지구마을 시대화, 세계화 시대에 스페인 문학은 역설적이게도 세계문학의 가능성을 국내의 '타자적 상상력'을 통해 찾는다고 하겠다. 여기서 타자는 스페인적인 것이라고 정의한 것과는 다른 전통 또는 표현 양식, 까스떼야노로 쓰여진 것과는 다른 언어로 다른 느낌과 다른 생각에 대한 표현이다. 지금까지 배척되고 미워하고 그 흔적마저도 지워버리려는 것들이 그들 고유의 영역을 향해서 탈주하는 하는 것이다. 지금까지 주변부였던 타자는 우리라는 동일성을 형성하기 위한 필연적인 존재로부터 중심부를 대체하는 아니면 중심부를 더욱 풍요롭게 만들어주는 대화가 되고 있다. 타자는 스페인 자신의 일부이며 스페인을 비춰주는 거울인 것이다.

그러나 이런 긍정적인 모습의 이면에는 그들의 정체성에 집착한 나머지 경직된 이데올로기적인 정치 운동으로 인해서 폭력이 일상화되어 버렸고, 그 결과 처음에는 좋았던 지방성이 결국 독선과 억압과 횡포의 폭력성으로 변질되어 버렸다. 예컨대 ETA의 운동에 반대한 사람들로 하여금 입 조심을 하게 만들었고 건전하고 활발한 논의를 심각하게 위축시켰다. 이제 바스크 사람들은 혹시 ETA에 반대하는 발언으로 인해서 테러의 대상이 되지 않을까 걱정하게 만들었다. 이로 인해 바스크 사회는 양분되게 되었다. 정치적 테러에 반대하는 사람들은 "이젠 그만"(Ya Basta)같은 대중적인 사회 운동을 전개하게 되고, ETA는 혁명세라는 명목으로 강제적으로 기업인들에게 돈을 요구하고, 만약 이를 거부할 때는 이들을 유괴하고 테러를 일삼게 되었다. 그 결과 현재

바스크 지방은 아주 겁에 질린 사람들로 가득 찬 창백한 사회가 되었을 뿐 아니라 스페인의 다른 지역의 사람들에게 바스크 지역 사람들에 대한 거부 반응, 그래서 통합의 논리를 오히려 강화시키는 역효과를 초래하고 있다.

그래서 이들의 이러한 폭력성과 분리 주의에 위기를 느낀 스페인 사람들은 스스로를 '스페인과 전통의 수호자'로 자처하게 만들어 까스띠야는 다른 지방의 문화 보다 우월하다고 느끼고서 스페인적인 전통에 반대되는 바스크에 극우익적인 경향을 지니고서 대항하게 만들었다. 그런데 이들 극우익주의자들은 바스크 분리주의자들을 야만주의, 비이성주의, 폭력이라고 비난하면서 이들도 이런 방법을 사용한다는데 모순성을 가지고 있다.

이와 같은 사실을 염두고 두고서, 본 글에서는 스페인에서 바스크가 역사적으로 얼마나 탈중심적이었나, 가타리-들뢰즈 용어로 하자면 탈영토화를 지향했고, 이는 근대 사회의 기본 모델인 수목 모델에서 리좀의 세계를 지향했는가에 대한 양상을 살펴본다. 이를 위해 바스크 지역의 고유성을 유지하고 지키려는 역사적 배경과 이를 형상화한 문학 작품들, 20세기에 들어서는 까스떼야노로 작품활동을 하는 바스크 지역 출신 소설가들인 우나무노와 바로하의 예를 통해서 이들 소설의 탈중심성과 탈영토성, 소수적 양상과 탈스페인화를 살펴보는 것이다.

2. 지역주의의 등장과 다문화주의

스페인은 프랑코의 죽음과 함께 개방 사회로 또 유럽 연합에 가입하면서 원하든 원치 않든 간에 다문화주의에 노출되어 있다. 이에 『엘 시드』, 세르반테스, 로뻬 데 베가, 공고라, 등 까스띠야어로 쓰여진 작품들은 그 동안 당연한 정전으로서 스페인적인 정신과 본질을 표현한 작품으로 간주되었고, 스페인 사람들은 이를 성스러운 작품으로 받아들였다. 하지만 새로운 사회의 등장과 함께 탈중심과 탈위계 질서를 주장하는 해체이론처럼 각 지방어로 쓰여진 소수문학 역시 탈중심과 탈정전을 지향하면서 이 세상에 중심이 되는 정전은 없다고 주장한다. 그러므로 모든 텍스트와 지방 문화는 동등하게 된다. 까스떼야노를 중심으로 한 정전은 없고 그 동안 잊혀져 있던 각 지방어로 쓰여진 책들에 대한 가치의 재발견과 그 의미의 재해석의 작업이 행해진다.

그래서 스페인에서 바스크 문학은 지배에 대한 저항으로서 소수성의 문제가 아니라 지배언어에 대한 언어의 소수적 사용에 관한 문제와 직접적으로 연관된다. 언어의 소수적 사용은 문학을 정치적이고 민족적인 문제로 전환시킨다. 체코의 유태인이 독일어로 그을 써야 하듯이, 또 우즈벡인이 러시아어로 글을 써야 하듯이 바스크인들은 주류의 언어인 스페인어로 글을 쓰는 것이 강요된다. 이런 흐름에 반대해서 주류 언어에 그들의 언어를 함께 사용해서 글을 쓰는 것을 가타리 - 들뢰즈는 "구멍을 파는 개처럼 혹은 땅굴을 파는 쥐처럼 글쓰기"[1]라고 말한다. 이를 통해서 이들은 자신들만의 사투리, 자신의 고유한 영역을 발견하고 확보해 나가는 것이다.

그러므로 바스크 문학에서 소수성은 소수라는 숫적인 의미보다는, 지배, 중심, 주류 문화에 반대되는 운동을 의미한다. 까스띠야가 권력을 가진 억압하는 주체로서 제도와 장치를 가지고 있는 권력 그 자체라면, 바스크 문화는 주변부로서 제도나 장치와 같은 권력을 소유하지 않으며 다수성에 의해 지배당하지 않는 노력이다. 이는 위계적인 구조라고 불리는 수목 모델이 아니라 이와는 반대로 그물망을 형성하는 리좀 모델적인 방식이다. 즉 나무처럼 하나의 몸통을 중심으로 줄기가 뻗어 나가는 구조가 아니라 어디로든 열려있고 또 그물망을 형성함으

1) 들뢰즈 · 가타리, 『소수 집단의 문학을 위하여』, 서울: 문학과지성사, 2000, 18면.

로써 어떻게 보면 무질서하고 엉성하지만, 어디로든 그 의미가 통하는 구조를 지향한다. 그래서 바스크어의 사용은 "표현과 내용 사이에 수립되는 관계를 제거한다기보다는 내용의 지배적인 형태와 표현과 표현의 지배받는 형태들 사이에 수립되는 관습적인 관계를 전복시킨다."[2] 라고 할 수 있다. 그러므로 부분들이 조각들을 강조하며 유기적 전체성, 논리성, 통일성으로서의 로고스를 배제한다. 작품의 통일성은 처음부터 존재해야하는 단일한 형태라기 보다는 나중에 효과로서 발견되는 특별한 것이라고 할 수 있다.

그와 같은 태도는 결국 스페인적이라는 것들로 지칭되는 것들이 절대적이고 신성한 지배문화가 아니다라는 점을 의미한다. 상대적이고 세속적인 다문화주의에 근거해서 봤을 때 스페인적인 것의 지배문화는 거부되며 전통적인 가치도 부정된다.

3. 바스크의 역사적 고유성

원래 바스크어는 지금의 바스크 지역과 리오하 지방, 피레네 지역과 아끼따니아 지역을 포함해서 사용되었다. 지금은 스페인의 알라바, 구뿌스꼬아 나바라 비스까야 지역과 프랑스의 라부르디, 수베로아, 베나바라 지역에서 사용된다. 20,000km2의 면적에 2백만 이상의 주민 중에서 유창하게 사용하는 사람은 백만이 조금 안 된다. 중세 말기에 구전노래가 있었고, 바스크어로 쓰여진 첫 번째 작품인 베르낫 에체빠레(Bernat Etxepare)의 "Linguae Vasconum Primitiae"(1545)는 그 당시 그 지방 고유어로 문화적인 이용에 찬성하는 유럽의 흐름의 산물이었다. 25년 후 신약성서가 바스크어로 출판되었다. 반은 성경에 대해서 반은

2) 위의 책, 119면.

서정시로 구성되어 있다. 아수라르Axular(본명 Pedro de Agerre, 1643년)는 그의 “게로”(Gero)를 씀으로써 바스크어의 문학적 가능성을 남겼다. 그로부터 1세기 후, 마누엘 데 라라멘디(Manuel de Larramendi, 1690～1766)는 『불가능한 패배자』(El imposible vencido, 1729)와 『3개 국어로 된 사전』(Diccionario Trilingüe, 1745)을 출판함으로써 바스크어는 사회 - 문화적으로 사람들 사이에서 사용되어야 한다고 주장한다.

18세기 부르봉 왕가의 통치와 더불어, 스페인어가 아니 모든 책은 출판이 금지되었다. 까를로스 3세의 대신인 아란다 백작의 문서에 나타나 있듯이 18세기 내내 바스크 문학은 침체에서 벗어나지 못한다. 그는 비록 종교적인 성격의 책이라도 출판이 금지되고 아무리 방대한 작품이라도 전면적으로 스페인어로 번역되어야 했다.

1789년 프랑스 혁명, 앙샹 레짐의 위기(1808～1814, 1833～1839) 등 불안정한 정치적 상황으로 인해서 언어의 방어와 발전에 직면해야 했다. 1791, 1839, 1876년에는 자치 정부의 권한이 정지되는 상황은 에우스께라의 사용에도 직접적으로 영향을 미쳤던 것이다. 이 때부터 내전 시기까지 에우스께라에 찬성하는 사람과 반대하는 사람들이 공존했다. 자유주의적인 부르조아지 개념에서 유래한 사회적 - 언어적 관점은 까스떼야노와 에우스께라의 공존을 강요한다. 프랑스에서 행정과 학교에서 사용하는 공식 언어로 공화국의 공식적인 기구로 프랑스어를 독점적으로 유일하게 인정했다. 19세기는 이런 식으로 국가의 권력 기관들이 사회적인 삶의 통제에 있어서 효용성을 획득해 감에 따라서 에우스께라는 그 독점적 사용에 있어 더욱 어려운 상황에 놓이게 된다.

자치권의 상실, 까스떼야노어로의 단일한 언어를 바탕으로 하는 학교 교육, 의무병 제도의 도입으로 언어적으로 사회적 삶이 어려운 상황에 놓이게 된다. 이는 새로운 저항을 불러일으키고 에우스께라의 방어를 부르짖는 민족주의적인 의식이 싹트게 되는 것은 당연하다. 이런 저항은 까를리스따 전쟁이 끝나는 1876년부터 더욱 거세 진다. 특히 그들에게 허용된 자치 특권에 의해서 지배되는 농촌 지역은 분쟁과 갈등이 없는 지역이었다. 안또니오 엘로르사 Antonio Elorza는 그 때를 "…그 훌륭하고 소중한 정치적인 조직은 지난 세기 말까지 유럽에 존재했던 가장 현명하고 민주적이었다."[3]라고 평가한다.

그러나 언어의 정치적 - 제도적인 차원에서 발생하는 변화와 함께 1876~1914년 동안 산업혁명의 인구언어학적인 변화는 바스크 지역에 엄청난 변화를 가져왔다. 즉 스페인의 다른 지역에서 에우스께라를 할 줄 모르는 사람들이 대거 유입되었던 것이다. 동시에 바스크 지역 농촌 사람들은 아메리카로 대거 이민을 떠나야만 했다. 울라시아는 이런 변화를 경험하기 전의 비스까야의 시대를 아름다운 시절로 규정한다. 이상화된 순간, 산업화와 다른 지방 출신들의 대규모 유입으로 그들의 순수성이 방해받고 훼손되는 현실을 개탄하고 있다. 울라시아, 아라끼스따인, 사비노 아라나 같은 민족주의를 지향하는 작가들은 목숨을 바쳐서라도 그들의 고귀한 혈통을 지켜야 한다고 주장한다. 이제 이들은 순수하고 덕성스러운 바스크인과 타락하고 공격적인 침략자 사이의 인종적인 대립하는 공간이다. 결국 사업화는 스페인의 자본가들에게 이득이 될 뿐 그들 삶을 부패시키고 타락시킬 뿐이다. "생활은 천박하고 단조롭고 가난했지만, 큰 산업발전 뒤에 따르는 구역질나는 빈곤도 모른 채 건강하고 자유로우며 행복했었다."[4]라고 하면서 지나간 날들을 아름다운 시절로 그린다.

이렇게 인구, 사회 정치 - 문화적으로 다중적인 변화는 사회 · 언어적 변화를 가져왔다. 나바로 지역에서는 급속하게 에우스께라가 사라지게 되었다. 그럼에도 불구하고 에우스께라를 말하는 사람들의 퍼센트는 줄어들지 않았다.

이런 맥락에서 주변과 중심의 관계를 다시 생각하게 된다. 바스크

---

3) Antonio Elorza, *Un pueblo escogido*, Barcelona, Crítica, 2001, p.69.

4) *Ibid.*, p.68.

지역은 정치적 소수로서 그들의 존재를 증명하기 위해서 주체적으로 정체성을 확립하려 한다. 그러나 획일화된 인위적인 차별성을 강조하다보면 위의 서문에서 간단히 지적했듯이 ETA라는 전투적이고 산에서 사는 집단의 이미지로 굳어져 버리고 사비노 아라나(1865～1903) 같은 민족주의자의 등장을 가능케 만든다. 또 문학에 있어서도 민족적인 bertsolarismo의 출현이 가능한 것이다.

나바라 지역의 깜뻬온같은 소수의 지식인들은 에우스께라에 적대적인 정책을 포기하라는 운동을 펼치게 만든다. 그렇게 해서 언어적으로 바스크 민족주의가 태어나게 되었다. 1892년 바스크 민족주의당(PNV)의 창립자인 아라나 고이리(Arana Goiri)에 의해서 제도화되었다.

그렇게 해서 바스크어의 사용을 찬성하는 대중적인 행동 또는 지적인 일에 있어서 동시적으로 행해지는 단체들이나 사람들이 등장하게 되었다. 바스크 축제, 신문의 출판, 연합체 같은 문화적인 행동의 대가들은 바스크의 르네상스라고 불리는 1876～1936년 동안에 꽃을 피우게 되었다. 이때 언어는 가장 기본적이고도 중요한 수단이 되었다.

문화적인 면에서는 “Revista Euskara”(1877, Navarra), “Euskalerria(1880, Donostia) y Euskal-Esnalea”(1980, Donostia), Eskualduna(1887, Baiona), Argia(1921, Donostia)에서 각각 문화 잡지가 발간되었다.

민족주의 정당들의 활동에 자극 받아서 수많은 단체들이 에우스께라의 합법화를 위한 운동에 노력을 기울인다. 이렇게 해서 1919년에 바스크 한림원 “Euskaltzaindia”가 설립되었다.

바스크의 르네상스 기간 동안 작가들은 더욱 더 바스크어로 작품 활동을 하는 것에 더욱 심열을 기울인다. 1930년대 리사르드, 라우아체타, 오리체 같은 시인들, 60년대에는 가브리엘 아레스티, 70～80년대에도 계속해서 작가들이 작품 활동을 한다. 그 중에서 소설가로는 Agirre가 농촌 생활을 배경으로 『Garoa』를, 바다 생활을 그린 『Kresala』가 대표적 작품이다. 시에서는 리사르디(Lizardi)란 필명으로 활동한 José

María Aguirre, Lauaxeta(1931, 본명 Esteban Urquiaga), Orixe(본명 Nicolás de Ormaechea)이 대표적이다.

1986년 통계에 의하면 에우스께라로 출판된 책이 600종에 이른다고 한다.[5] 이 숫자는 계속 증대될 것이다. 왜냐하면 바스크 자치 정부는 바스크어로이 번역에 중점을 두고서 바스크 지역에 사는 모든 사람들이 에우스께라를 말하는 것을 목표로 삼고 이를 통해서 정체성을 유지하려 하기 때문이다.

이제 바스크 문학은 상당항 성과를 거두고 있다. 이제 학교, 방송 미디어, 문학 작품, 잡지들 중에서 에우스께라로 말해지고 쓰여지는 것이 더 이상 신기한 현상도 아니다. 대학에서도 까스띠야어로 쓰여진 문학 강좌와 동시에 에우스께라로 쓰여진 강좌도 개설되었다. 물론 그렇다고 기존의 정전이 에우스께라로 쓰여진 작품으로 대체되지는 않았지만 다양성을 허용하는 자유스런 분위기에서 그 자리를 잡아가고 있다.

4. 바스크적 전통의 소수성

바스크 문학은 무엇보다 자신들의 언어를 보존하고 사용함으로써 까스떼야노로 이루어진 주류 문학의 전통과 자신들을 구별하려는 경향을 가지고 있다.

이들이 생각하는 민족정체성이란 고유한 민족적 특성들로 인해서 한 개인이 어느 특정 민족 집단에 대해 느끼는 소속감으로 규정된다. 이를 위한 필수적인 도구로 에우스께라를 삼는다. 만약 그들 고유의 언어를 계속 유지 할 수 없다면 그들은 스페인 사회에 통합되어버린다고 생각하기 때문이다. 앞에서도 언급했다시피 20세기 산업 혁명과 더불

5) José María Vélez de Mendizábal, “Politica de traducción del euskara a otras lenguas”, en *Congreso de literatura(Hacia la literatura vasca*, Madrid, Castalia, 1989, p.588.

어 스페인의 타지역에서 유입된 비(非)바스크인들 때문에 그들 정체성이 심하게 위협받는 상황에 처했다고 생각했고 또 최근에는 통신과 대중 매체의 발달로 스페인의 다른 지역과 교류가 증대되고 이로 인해 위기 의식과 반작용은 더욱 강해진다.

이런 위기 의식은 정치적으로 억압받고 있는 그들의 해방을 위한 투쟁의 일부로 간주된다. 이런 해방은 평등한 통합이나 독립을 목표로 삼는다. 그런데 이 분리주의나 동등한 통합전략 그 어느 것도 불가능하다는 점이다. 바스크어라는 자기 고유 언어에 대한 집착은 어떤 점에서 스페인 사람들이 라틴어로부터 분파된 그들 고유의 언어를 주장했던 중세와 유사하다. 스페인어는 라틴어의 지배로부터 벗어나기 위해 안또니오 데 네브리하가 『까스띠야어의 문법』이라는 책을 쓰면서 서문에서 '언어란 제국의 동반자'라고 표현했던 것에서 볼 수 있는 것처럼 자기들을 형성하는 가장 중요한 수단이었다. 스페인 사람들과 똑같이 바스크인들도 보편어이고 표준어인 스페인어에 대항하여 자신들의 전통과 언어를 유지하려 노력한다. 그러나 수적으로 소수이고 중앙권력으로부터 주변인인 그들은 이런 노력이 많은 난관을 내포하고 있다는 점을 너무나 잘 인식하고 있다. 현실적 필요성은 어쩔 수 없이 스페인어를 배우게 만든다. 그래서 우나무노나 뻬오 바로하는 스페인어로 작품 활동을 하지 않으면 안 되었다. 스페인의 모든 작가들이 그리스·로마 전통을 인정하고 이를 그들 문학의 정전으로 인정하듯이 비록 바스크어로 작품 활동을 한다하더라도 이들도 스페인의 다른 작가들과 다를 수가 없는 것이다. 그래서 그리스·로마를 고전으로 인정하지 않고 그들만의 정전을 만드는 것이 가능한가에 대해서 회의적일 수밖에 없는 것이다. 그들보다 경제적·정치적으로 훨씬 더 부유하고 영향력을 가지고 있는 까딸루냐도 자치에 만족하면서 살고 있다. 그러나 스페인의 다른 지역과 문화공동체를 이루면서 살아야 하는 것이 현실적인 제약 속에서 그들만의 정전과 변별적인 전통을 유지하는 것은 그렇게 쉬운 일은 아니다.

역사적으로 이들은 다른 지역과 대별되는 이미지를 지니고 있다. 이들은 산, 바다, 언어로 고립되어 있다. 그래서 그런지 산악 지대에서 사는 그들에게 바위 사이는 샛길이고 산에서는 두려워 할 게 없는 민족으로 여긴다. 또 거친 파도가 울렁이는 깐타브리아 바다는 어느 누구의 접근도 허락하지 않는 요새이다. 이런 의식은 단어와 구조에서 그대로 표현된다. 그들 옛날 노래 중에서 가장 오래된 노래인 Beotívar를 인용해 보도록 하자

바스크 사람들은 지금이나 옛날이나
항상 산에서는 으뜸이지
가끔씩은 죽을 수도 있지
하지만 복종은 하지 않는다네[6)]

1801년 훔볼트에 의해 출간된 '렐로의 노래'는 『Ibargüen Cachopín 연대기』에 부분적으로 기록되어 있다. 까를로스 5세의 비서에 의해 쓰여졌다는 설과 함께 작가 미상이라는 설이 있는 이 시는 외부의 침입자를 이기고 자기 종족에 의해서 패배 당한 그의 비극적 종말을 노래하고 있다. 이들은 패배 당하지만 결코 항복하지 않는 불굴의 정신을 가지고 있는 집단이다.

렐로가 죽었네, 렐로가 죽었네
렐로를 죽였다네
로마의 무기가 그것을 가능하게 만들지
그런데 비스까야가 절규로 이끌지.[7)]

---

6) José Luis Moralejo y otros, *Historia de las literaturas hispánicas no castellanas*, Madrid, Taurus, 1980, p.388.
7) *Ibid.*, 397면.

바스크의 비극을 예견이라도 하듯이 "Euskaldunak"는 나바라 지역의 작은 마을의 세세한 삶을 그린다. 또 루이스 데 하우레기의 "Pizkurde eguzkia"(sol de nacimiento)는 축제의 준비에서 할머니의 장례식장의 묘사를 통해서 그들의 비극적인 삶을 예견하고 것처럼 보인다.

> 에우스가리아의 오솔길은
> 다시 어둡게 하네…
> 떠오르는 여명은
> 다시 사그러드네…
> 게르니까에서 다시 울려 퍼지네
> 죽음의 신음 소리와 경기가
> 그의 풍요로운 곤명에서, 상처 입은
> 죽게 된 성스러운 나무를 돋아나게 하라[8)]

스페인의 많은 비평가들은 이런 비스크 구전 문학을 통해서 하나의 이미지를 만든다. 그래서 델 리오는 이들의 특징을 "빌바오의 바스크는 60년 동안 그들 종족의 활기에 차고 전투적인 기질을 보존하고 있다.[9)]라고 말한다. 또 앙헬 발부에나Ángel Valbuena는 "바스크 기원에서부터 감당하기 어려운 집요함, 강고한 정신, 스페인 적이고, 당돌하고 폭력적인 의미, 언어의 정복에 있어서 운문으로 된 작품의 형식적인 견고함을 유지한다.[10)]라고 하면서 저항성을 이들의 특징으로 든다.

이런 이미지는 마치 세르누다, 알베르띠, 살리나스 같은 27세대 시인들이 가르시아 로르까를 전형적인 안다루시아의 예로 여기고서, 그를 안다루시아를 대표하는 사람으로 여겨 버리는 것과 마찬가지 경우이다. 그의 작품 속에서 죽음마저도 안다루시아의 전형적인 것으로 여겨

8) *Ibid.*, p.421.
9) *Ibid.*, p.361.
10) *Ibid.*, p.230.

지고 로르까의 성공에 열광하는 것도 투우 경기에 열광하는 모습과도 비교된다. 98세대들이 까스띠야를 스페인적인 것으로 간주해서 말하듯이 27세대들은 안다루시아를 스페인적인 것으로 여긴다.

그래서 우나무노는 "본성이 완고하고 금욕적인 동시에 내성적이고 권위주의적었던 로욜라에게서 가장 전형적인 바스크인의 특성"으로 들었다.[11] 그는 바스크와 까스띠야 정신은 서로의 부족한 면을 보충해주는 거울 같은 존재로 규정한다. 라미로 데 마에추는 빌바오 경제의 활력을 바스크의 역사적 사실로 보았다. 바로하는 바스크의 전원 세계와 해양 전통에 매료되어 바스크는 모험 정신으로 충만한 해양 탐험가들의 고향으로 아메리카를 꿈꾸고, 그곳에 정착한 바스크인들을 바스크의 정신을 구현한 사람들이라고 이상화한다.[12] 바스크 세계의 전원적, 민족적 요소를 이상화하면서 끝내 돌아가야 하는 정신적 고향이다. 이들은 바스크인들의 공통적인 특징으로 인용한 구전 시의 내용처럼 독립심이 강하고 불만으로 가득 찬 정신을 소유한 사람으로 든다. 그래서 그런지 그들 작품의 주인공들은 자기 주변을 에워싸고 있는 모든 허위적인 것과 관습적인 것을 혐오하고 비판한다. 삐오 바로하의 경우에도 청년 시절에는 부정부주의 활동을 하고 쇼펜하우어와 니체의 영향을 받는 등 사회에 적대적이고 우상파괴적인 사상을 가진 비순응주의자였다.

이들은 바스크 밖의 까스띠야에 거주하면서 스페인어로 작품 활동을 한다. 바스크어 대신에 까스떼야노로 표현한다. 우나무노의 경우에 자신을 까스띠야인이라고 여긴다. 『안개』에서 "그렇다 분명히 나는 스페인 사람이다. 출생에서, 교육, 육체, 정신, 언어 그리고 직업에 이르기까지 어디를 보더라도 스페인 사람이다. 무엇보다도 먼저 나는 스페인

11) 존 H. 엘리엇 편집, 『히스파닉 세계』, 서울: 새물결, 2003, 396-397면.
12) 사비노 아라나(1865~1903)는 바스크의 정체성으로 그들 고유의 외모, 민족성, 언어를 들면서 바스크 민족주의를 부르짖는다.

사람인 것이다."[13]라고 말한다. 우나무노 자신이 바스크인이라는 의식을 버리고, 스페인어로 작품을 쓰고 자신을 스페인 사람이라고 정의한다. 그래서 가장 스페인적인 가치를 지향한 문학 사조로 여겨지는 집단을 형성하는 일원으로 여겨진다. 이런 구절을 통해서 봤을 때는 그는 스페인의 운명에 대해서 걱정하고 이런 현실을 타파하려는 적극적인 작가인 것처럼 보인다. 그러나 그의 대부분의 작품에서 구체적인 공간과 시간에서 벗어나 있다. 왜냐하면 그 주변을 둘러싸고 있는 세계는 그가 사랑하는 고향이 아니기 때문이다. 『전쟁 속의 평화』란 작품에서 만이 빌바오라는 바스크 지방의 도시가 무대가 되고 이 도시는 이상화된다. 까스띠야 지방에 대한 묘사와 바스크 지역에 대한 묘사에서도 대비된다. 까스띠야는 황량하고도 우수에 젖은 듯한 느낌인 반면에 바스크는 서정적인 지역으로 이상화된다. 『안개』에서 자신을 까스띠야인이라고 여기는 것과는 사뭇 이율배반적이고 역설적이다. 어떤 점에서는 스페인 사람의 전형으로, 다른 측면에서는 바스크 사람의 전형으로 보인다.

그러나 그가 바스크인이라는 사실 때문에 까스띠야인들에게 다르게 보이는 것은 당연하다. 그래서 세하도르는 바로하를 평하면서 "그의 영혼을 그리는데, 그 자체가 스페인 사람들의 반역적이고, 독립적, 망나니 같고, 악동같은 영혼이다."[14]라고 말한다. 우나무노의 작품이 경향도 호전적인 품성을 가진 작가로 여겨진다. 과격하고 선동적인 언어를, 시에서도 음악성이 결여돼 있고 형식미도 없다고 여겨진다. 이런 그의 관심은 에세이집에서 잘 표현되어 있다.[15] "우나무노의 언어에는 어떤 쌀쌀함과 냉혹함이 있는데, 구절을 심각하게 할 목적에서 기원한 것이 아니라 (…) 인종적인 근원에 있다. (…) 바스크-나바라 지역 출

13) 우나무노, 『안개』, 김현창 역, 서울: 범우사, 2001, 187면.
14) Cejador, p.278.
15) *op. cit.*, José Luis Moralejo y otros, p.364.

신의 거의 모든 작가들은 유려함과 유연성이 떨어진다."[16)]

마찬가지로 우나무노의 작품에 대한 편견과 이미지는 삐오 바로하에 대한 꼬레아 라사로 Correa-Lázaro의 평가에서도 드러난다. 그의 "언어적인 정확성의 부족은 – 그 자신이 그것을 행하는데 – 바스크 출신이라는 점에 돌려야할 것이다."[17)] 그는 바스크 출신이고 그래서 그의 스페인어는 모국어가 아닌 배운 언어이다. 그는 그가 바스크 출신이라는 사실을 자랑스럽게 여기고 있다. 하지만 다른 작가들이나 비평가가 보기에 이는 결정적인 결점으로 지적한다. 그가 아무리 스페인어에 능통하다하더라도 학습한 언어의 성격을 지니고 있다는 것이다.

작가 자신에 의해서 발전된 '자동-이미지들'에 바탕을 두고 있다. 바로하는 자신이 바스크 출신이라는 점을 너무나 잘 인식하고 있다. 그의 소설의 인물의 입을 통해서 "우리는 대지의 자식들이다. 우리는 느끼고 생각하는 같은 대지에서 태어났다. 착한 바스크

인으로서…, 문법이라는 이름을 가진 존경스럽고 명예로운 부인한테 조금은 불경스러운"이라고 말한다. 그래서 그의 문장에서는 구문상의 오류가 풍부하고, 자의적으로 신경을 안쓰는 이러 점 때문에 오히려 매력적으로 보인다. 자신도 이런 점을 잘 인식하고 있었다. 그는 순수한 까스떼야노를 쓰는 지역 출신이 아니라 바스크에서 사용하는 스페인어에 기인한다고 고백한다. 그러나 그런 문체적인 부정확인 작가의 결점이 아니다. 오히려 이를 이용해 표준적인 정해진 문법에서 벗어나 파괴과 자유스런 변용으로 다의적인 의미를 산출할 수 있을 것이다. 마치 바로크 풍의 시인들이 인위적인 도치법, 신조어, 문법 파괴를 통해서 새로운 의미를 스페인어를 만들었듯이 말이다.

20세기에 들어서 블라스 데 오떼로, 가브리엘 셀라야, 이그나시오 알데꼬아 같은 시인들 등도 까스떼야노로 작품 활동을 한 대표적인 들

---

16) Díez Echarri, p.1270.
17) 364면.

수 있겠다. 이들은 지방색이 강한 주제와 비전에도 불구하고 이에 안주하지 않고 전유럽적인 사고와 형식을 동시적으로 표현하려 했다.

5. 나오는 말

바스크 문제에 대한 고찰은 현재 스페인이 처한 사회·정치적 상황에 대한 보다 정확한 이해를 가능케 해 주고, 나아가 스페인의 지역적 다원성에 대한 연구로서의 가치도 함께 지닌다.

바스크 문학의 소수적 정치성은 위에서 간술한 사회적·역사적 맥락에서 태동된 지역주의 운동의 결과라고 할 수 있다. 그 동안 너무나 강압적으로 억압되어온 스페인 통합주의와 통일성에 근본적인 회의를 제기하고, 프랑코 집권 후 중심을 만들기 위한 구호들, 즉 위대한 스페인, 통일된 스페인의 가치에 주변으로 밀려난 지역주의 문화의 복권과 그 새로운 가능성에 주목한다는 점에서 새로운 문화 구성체를 생성 가능케 해준다. 왜냐하면 스페인이 까스띠야를 중심으로 통일되기 전 중세 때 다양한 지역적 문화들이 공존했을 때가 오히려 더욱 문화적으로 풍요로웠기 때문이다. 그러므로 까스띠야 중심의 지배 문화에 대항해 주변부이고 지역적인 소수인 지역 문화를 옹호한다는 점에서 다행스러운 흐름이다. 근대 초기 사회에서 유효한 가치들이 현대의 산업화되고 다른 지역과 교류가 많은 사회에서는 다른 가치가 요구되고 옛날 전통 방식의 사고는 오히려 고립만을 자초하는 결과로 귀착될 것이다. 이제 중심부는 주변부인 바스크를 동화시키거나 통합시키려고 더 이상 강제하지 않는다.

❑ 참고문헌

Arana, Vicente de(1982), *Los últimos iberos. Leyenda de Euskaria*, Madrid, Librería de Fernando Fe.

Aranzadi, Juan(1981), *Milenarismo vasco (Edad de oro, etnia y nativismo)*, Madrid, Taurus.

Baroja, Pío, *Obras completas*, Madrid, Biblioteca Nueva, 1946-1954.

Elorza, Antonio(1978), *Ideología del nacionalismo vasco*, San Sebastián, Luis Haranburu-Altuna, editor.

_____(2001), *Un pueblo escogido*, Barcelona, Crítica.

Fernández de Pinedo, Emiliano(1974), *Crecimiento económico y transformaciones sociales del País Vasco (1100-1850)*, Madrid, Siglo XXI.

Goizueta, José María(1851), *Leyendas vascongadas*, Madrid, García Pradós.

Iturralde y Suit, Juan(1912), *Cuentos, Leyendas descripciones euskaras*, Pamplona, J. García.

______(1916), *Tradiciones y leyendas navarras*, Pamplona, J. García.

Landa, Nicasio(1878), ≪*Visión en la niebla (Guerreros euskaldunes*≫, RE, I, pp.156-163; EE, 1885, XIII, pp.517-523.

Legadra, Anselmo(1953), *Lo* ≪*vizcaíno*≫ *en la literatura castellana*, San Sebastián, Biblioteca de la Real Sociedad Vascongada de Amigos del País.

Llorente, Juan Antonio, *Noticias históricas de las Tres Provincias Vascongadad*, Madrid, Imprenta Real, 1806-1808, 5 vols.

Manteli, Sotero(1872), *La dama de Amboto. Leyenda escrita sobre tradiciones vascongadas*, Vitoria, Imprenta de los hijos de Manteli.

Michelena, Luis(1960), *Historia de la literatura vasca*, Madrid, Minotauro.

Mina Apat, María Cruz(1981), *Fueros y revolución liberal en Navarra*, Madrid, Alianza Editorial.

Moralejo y otros, José Luis(1980), *Historia de las literaturas hispánicas no castellanas*, Madrid, Taurus.

Unamuno, Miguel(1966), *Obras completas*, ed. de Manuel García Blanco, Madrid, Escelicer, 8tomos.

Vélez de Mendizábal, José María(1989), "Politica de traducción del euskara a otras lenguas", en *Congreso de literatura(Hacia la literatura vasca)*, Madrid, Castalia.

가타리 - 들뢰즈(2000), 『소수 집단의 문학을 위하여』, 서울: 문학과지성사.

엘리엇 편집, 존 H.(2003), 『히스파닉 세계』, 서울: 새물결.

우나무노(2001), 『안개』, 김현창 역, 서울: 범우사.

IV. 아소린 소설 속에서의 선적 사유

1. 들어가는 말

스페인의 비평가들은 아소린을 스페인적인 가치의 부흥을 부르짖는 98세대 그룹의 작가로 분류한다. 이들 세대는 헤르더의 민족주의적인 언어 운동을 계승하면서 20세기 유럽의 새로운 글쓰기 방식과 대립한다. 암울한 현실을 타개하는데 적극적으로 참여해야 하는 시대적 요구를 받아들이면서 현실 개혁 지향적이고 반아방가르드적임을 표방한다. 그리고 비평가들은 미학적으로나 인식론적 바탕과 영향 관계의 시각에서 아소린을 98세대의 작가로 그들과 하나로 묶어서 전통적인 소설을 반복하는 것으로 분류한다.

그러나 아소린은 98세대의 시학과 달리 철학적이고 새로운 양식의 장르를 개척하면서 이들의 글쓰기와 낯선 성격을 가지고 있다. 그는 98세대적인 스타일과 주제에서 벗어나고, 스페인적인 지역성에서 벗어나고, 또한 그만의 고유성과 개성을 가진 언어 체계와 문체적 혁신을 시도한 소설가가 된다. 이는 과학주의를 신조로 출발한 자연주의 문학에 대한 회의이자 부정이고 전 시대의 논리적 판단과 형식을 깨고, 새로운 사상으로 듬뿍 세례 받고서 전 세기와 결정적인 단절을 시도한 것이기도 하다. 『의지』, 『어느 하찮은 철학자의 고백』, 『펠릭스 바르가스 』 같은 아소린의 대표적인 작품들은 전 세기의 사실주의적 미학과의 단절을 보여주는 작품들이다. 그는 이런 작품들에서 98세대의 특징인 암울한 국가 현실에 대한 비판과 좀 더 낳은 사회를 만들고자 하는 열정에서 벗어나 어떤 새로움을 추구한다. 그가 동시대 작가들로부터 독립을, 국가의 정치적, 민족주의적 이해에 맞서 자기 나름의 특별한 역사와 정치와 관계를 맺지 않은 고유의 논리를 추구한 작가라는 사실을 확인할 수 있다. 이러한 그의 소설들은 행동과 줄거리를 거의 갖지 않고 역사적, 정치적, 국민적인 문제들을 부정하면서 에세이와도 거의 구분이 되지 않는다.

그가 소설 속에서 표현 했던 언어, 인물과 인식 체계의 그 <새로움>은 동양이라는 이질적인 세계이고 선적 사유와 너무나 닮아 있다. 그는 정신의 방황과 진리에 대한 극심한 혼돈의 시대에 새로운 철학에 근거해 풍경과 자연을 묘사하고, 등장인물의 성격을 탐구하고, 인간 세계를 바라본다. 이를 표현하기 위한 소설 속의 언어는 간결하고 시적인 언어를 사용하고, 소설 속의 인물들은 무위적이고 정적이고, 인물들이 추구하는 것은 순간적인 깨우침과 자연과의 합일이다. 이에 그의 소설을 선적 사유라는 맥락에서 읽어 보고자 한다. 19세기부터 오늘날까지의 스페인 근, 현대 시에 선적 시공을 재현하려는 집요하면서도 다양한 흐름이, 때로는 명시적으로 때로는 암시적으로 존재하고 있음을 인지하면서[1) 20세기의 새로운 감수성, 표현, 우주관이 지배하는 철

---

1) 16~17세기를 겪으면서 스페인의 수많은 선교사, 여행가, 상인들이 동양을 여행하면서 동양은 현실이 된다. 임진왜란 때 한국 땅을 최초로 밟은 스페인 신부 그레고리오 세스페데스가 우리나라에 대한 기록을 남긴 것도 이때였다. 물론 종교의 전파와 무역이 주목적이었지만 동시에 예술적인 영감을 얻으러 여행하는 사람들도 많았다. 그 예로 포르투갈 사람인 카모이스를 들 수 있겠다. 이들을 통해서 알려진 중국과 일본은 무척 예의 바르고 문화인으로 기록된다. 그들에게 문화인이라는 이미지를 심어준 동양의 유교, 불교, 도교 같은 종교와 시경 서경 같은 경서에 이르기까지 모든 영역에 걸쳐서 자세하고 세세하게 설명하고 있다.

학적 배경을 살펴보는 것이다.

2. 선적 사유의 대두

2.1. 전 세기에 대한 비판과 새로움의 추구

르네상스를 거쳐 18, 19세기 실증주의에 이르기까지 서구는 과학주의적 사고를 지향해왔다. 보고 듣고 생각하고 증명할 수 있는 것이 아니면 실체가 아니라고 판단하고, 이런 인식 체계에서 비롯되는 논리 중심적 사변철학과 합리주의는 경제적 부흥과 기계적 지식의 발전을 가져 왔다. 이런 지적 전통은 형식주의, 구조주의, 기호학과 같은 현대 인문과학의 방법론을 비롯하여, 상상적, 심리적 기능의 자율적 특성에 보다 크게 근거하는 문학, 인류학까지도 자연과학적 방식으로 분석하고 접근하게 만든다.

그러나 역설적이게도 20세기에 들어서면서 서양인들 자신들이 근대사회의 과학주의 사고, 논리성, 합리성에 회의를 느끼기 시작한다. 이제는 억눌려온 인간성의 회복을 꾀하며 인간과 자아의 해방을 부르짖는다. 논리성과 체계성에 대항하는 외침은 개인의 자유와 권리를 속박하는 모든 권위, 전통과 도덕에 대한 경고였고, 다른 한편으로 자본주의, 물질문명에 대한 염증이었고, 제 1차 세계대전과 같은 비극을 가져온 유럽의 문명의 해체를 요구 하는 부르짖음이었다. 특히 헤세가 『클링조어의 마지막 여름』에서 20세기 그 당시의 문명을 '악마적인 과학기술주의'라고 표현한 것은 당시 작가들이 당대 문화에 대해 얼마나 증오감을 가지고 있었는지를 단적으로 보여주는 말이다. 그런 비판적 맥락에서 김진성은 20세기를 다음과 같이 정의한다. "주지하다시피 20세기 초반기는 전통적인 서구 사상의 지나친 합리주의·주지주의에 대

한 점증해 온 불만이 폭발하여 철학과 예술의 전 영역에서 반지성주의·비합리주의가 팽배하던 시대였다.[2)]

당대 사회에 대한 비판과 회의라는 이런 사회적 분위기에서 동양의 선적 사유에 대한 호기심과 관심이 출발한다. 이때에 선적 사유는 그 대안적 가치를 찾으려는 일련의 시도들 중의 하나이고 새로운 사유 방식인 것이다.[3)] 인본주의적 이성주의에 바탕을 둔 합리적 인식론의 한

---

2) 김진성, 『베르그송 연구』, 서울: 문학과 지성사, 1985, 11면.

3) 말도나도가 기록한 문헌에 의하면 동양 시는 "어휘의 사용에 있어서 짧고 적절한 표현을 대단히 좋아한다."라고 기록되어 있다. 이제 동양은 환상과 동경의 공간이 아니라 구체적인 현실의 공간, 동양의 시의 형식들을 모방한 영감의 원천으로 다가온다. 19세기와 20세기 중반까지 그들이 겪었던 초기의 막연한 신비감이나 이국 취향적 요소로서의 선의 열풍에서 벗어나, 보다 설득력 있는 학술적 설명과 분석을 유럽을 통해서 받아들인다. 19세기 초기 단순한 이국취향에 근거한 막연한 오리엔털리즘이 확산되어가던 시기를 거쳤고, 그러면서 낭만주의 문학 작품들과 다른 예술 영역, 특히 인상파들의 회화들 속에서 동양적인 기법들을 통해 나타나는 미학적 가치에 대한 추상적 지향성이 있다. 에드가 키네는 유럽사회 전체에 확산되는 이러한 경향을 «동양문화의 르네상스»라고 명명하였는데, 이 표현은 동양과 서양의 공통된 원천을 재발견하고자 하는 목표를 가지고 16세기 이후 고전주의 문화를 형성한 그리스로마의 휴머니즘을 쇄신할 수 있는 새로운 영감의 원천에 대하여 유럽인들이 많은 기대를 하고 있었다는 추정을 가능하게 한다. 1844년 출간된 뷔르누프(Burnouf)의 『불교사 입문』은 유럽의 지식인 작가 시인 예술가들에게 많은 지적 호기심을 불러일으켰을 것으로 추정된다. 말라르메의 시학과 작품들 그리고 특히 프랑스에서의 일본 선시 하이쿠들에 대한 열렬한 관심은 한순간의 인상을 삽화적으로 그려냈고 이는 유럽인들로 하여금 선과 여백의 창조적 힘에 대하여 성찰하도록 해주었다. 말라르메는 중국 예술과 일본화의 선을 "모방"할 것을 명시한 바 있다. 고답파와 상징파 작가들은 인상, 풍경, 삽화 등의 제목을 애용하고, 작품 속에 머나먼 동양에 대한 향수를 촉발하는 극도로 압축된 묘사를 선호하였다. 근대에 들어서 선불교적인 비전이나 감각은 19세기 프랑스에서 『불교역사 개관』, 『마하바라타』, 『라마야나』, 『바가바타 푸라나』 같은 불교 서적들이 번역되어 출판하게 했고, 스페인은 프랑스의 새로운 불교를 새로운 문예 사조를 받아들인다. 프랑스 사람들이 받아들인 선불교는 순간성, 찰라성에 초점을 두고서 현실이란 실체가 없고 영원히 움직이는 상태라고 이해한다. 그들이 수용한 찰라적인 포착에 대한 적극성, 현실의 비전을 시간과 공간의 지속으로 보는 것이 아닌 분석적·단편적 실상으로 보는 태도는 선불교의 안목을 생각게 하며 이성적인 사고의 전통에서 보면 대단한 변화이다.

계에 대한 대안으로서 또는 새로운 가능성으로서 동양의 세계관에 관심이고, 이성 중심적인 문화에 대한 부정으로서 찰라성과 우발성을 긍정한다는 의미이기도 하다. 또한 과도한 주관성을 불식시키고 주관과 객관, 사상과 세계 사이의 갈등을 넘어서서 도달하는 사고 체계로의 전환이기도 하다. 감각적이고 동시에 지적인 형태로서의 문학, 어떤 초월적인 지(知)로 생각되었을 문화에 대한 접근, 형상과 색채를 통해 묘사할 수 있는 모든 가능성을 추구하는 대신에 선과 윤곽을 통해 묘사할 수 없는 것에 대하여 생략과 여운의 미학을 강조하는 것이다.

물론 처음에 이러한 동양적 사고에 대한 관심은 긍정적 호기심, 인상이나 이미지의 수준에서 출발한다. 그러나 이러한 변화에 대한 호기심에서 시작된 관심은 기존의 질서를 무너뜨리고 새로운 도덕 및 정신 질서를 세울 정도로 확산된다. 항상 영원불변한 진리를 찾으려고 했던 그들의 전통적인 세계관과 단절하면서 생철학, 실존주의, 구조주의, 포스트모더니즘적 시각으로 세계를 바라본다. 니체의 디오니소스 정신, 키에르케고르, 하이데거의 실존주의, 쇼펜하우어의 생철학들은 전부 전통적인 기독교 정신에서 벗어나서 새로운 시각으로 세상을 바라보는 것이다. 그렇게 전통과 단절하고 새로움을 추구하는 대표적인 사상가로 니체를 예로 들 수 있는데, 김진성은 당대에 그가 가진 시대적 의미를 다음과 같이 정리 한다. “그는 도덕, 철학, 종교, 예술 등의 문화를 퇴폐주의로 만든 원인이 합리주의적 이성에 있다고 본다. 사실 니체가 『비극의 탄생』이나 『도덕의 계보학』에서 제시하는 것처럼 소크라테스주의 내지 합리주의와 기독교는 서양문화의 시초를 마련함으로써 서양 문화의 보편성을 절대성과 완전성에 제한시켜 놓았다.”[4] 그는 직관적 신비주의자로 전통적인 사고에 대한 대안으로 이분법적 사고를 해체하고 다양성과 생동감을 제안한다.

---

4) 강영계, 『니체와 예술』, 서울: 한길사, 2000, 30면.

20세기 사람들을 매혹시킨 이런 제 사상들의 공통점은 생명 중심의 세계관을 추구했다는 점이다. 사물이나 생각 등의 대상을 옳고 그름, 정상과 비정상, 흑과 백의 둘로 나누지 않고, 우주와 인간의 본질을 동일한 것으로 보는 일원론적 사고이고 인간 존중 사상이다. 그러므로 하나 된 흐름 안에서 중간자의 존재, 다양성과 생동감을 인정하는 것이고, 이는 선적 세계를 이해 하는 데 키워드인 선의 모호함과 간결성, 생의 적극적인 긍정, 비자아적 색채, 순간성, 갑작스러움과도 그 의미가 통한다. 순간적인 깨달음에 의하여 성취한 지식은 모든 논리적 논증을 초월하고, 순간을 포착하는 간결한 하이쿠적인 인식이며 동양적 사고인 것이다. 뻬레스 로뻬스는 당대 스페인에서 아소린이 추구했던 새로운 감수성으로의 변화에 대해 다음과 같이 설명 한다. "그래서 복잡한 모든 혁신적인 태도들을 결정하거나 가득 채우는 세기 말 위기의 근본적인 특징 또는 요인은 정신적인 것, 사회와 옛날의 문화를 고정시키고 있던 철학적 바탕의 붕괴이다. 다양한 시도들이 시도되는 기나긴 과정을 통해서, 현실과 인간의 관계를 방향 지웠던 인식론적인 상상들이 뒤로 물러났을 때, 전 세기의 미학적인 측면을 파괴하고 문학적으로 생명의 새로운 감수성으로 세상을 다시 건설할 수 있는 다른 것들을 찾는 것은 불가피했다."[5)]

주지하는 대로, 선의 본질은 불립문자, 교외별전, 직지인심, 견성성불(不立文字, 教外別傳, 直指人心, 見性成佛)에 있다. 가장 모순되어 보이는 불립문자란 '전할 수 없는 것으로써 전하므로 전하되 전하지 않는 것이 된다(以無傳爲傳 故傳而不傳也)'라는 또 하나의 모호한 해석으로 설명되는데, 요컨대 깨달음은 글을 써서 이루어지지 않는다라는 단순화된 의미로 일반적으로 이해되고 있다. 한편 불립문자에 대한 보다 설득력 있는 대답으로서 선 사상가들은 ≪장자≫의 외물편(外物篇)에 나

---

5) José Martínez Ruiz, *Antonio Azorín*, Madrid, Catedra, 1991, p.40.

오는 다음 구절을 인용하기도 한다. '말은 의미를 잡기 위한 도구이다. 의미를 잡으면 이미 말은 쓸모가 없어지므로 잊어버리면 된다.'

그런데 이와 같은 선적 사유의 논리 전개는 서구인들에게 양면적 효과를 일으키는 것으로 보인다. 우선'태초에 말이 있었다'라는 언어 중심론의 자명성과, 언어 없는 존재와 세계의 자명성 사이에서 망설이는 서구인들의 인식론적 한계 속에서,'언어 없이 인간의 사유와 깨달음이 있을 수 있다'는 대안은 매력적이다. 이는 색다른 것을 추구하는 상상적 호기심과 정서이며, 이원적 사고의 덫으로부터 벗어날 수 있는 현대 서양 철학의 마지막 희망이기도 하다. 그러나 동시에 그러한 선적 사유의 추론 방식은 이성적, 과학적인 추론 방식에 해가 되는 것으로, 비합리적인 신비주의로 간주하고, 그 수용에 있어서 신중해야 한다고 하는 비판하는 사람들도 있다.

하여튼 20세기 유럽의 사유 체계와 언어관은 선 시적 상상력, 적어도 동양적 세계관의 '문학화'의 원리를 내재하고 있다. 이러한 동양적 상징작용은 이성으로부터 벗어나 논리적 사고가 아닌 '사물 그 자체들간에 존재하고 있는 관계로의 귀환'이다. 따라서 선적 상상력은 소쉬르가 말하는 시니피에 혹은 기의와 연관을 맺고 있는 시니피앙 혹은 기표간의 '언어기호의 자의적 관계'를 과감히 파괴하고 이를 끊임없이 새로운 모습으로 정립해 나가는 선적 혹은 동양적 상상력이다.

예를 들어 표현주의 문학은 위에서 언급한 선적 사유와 동양적 모티브를 사용하며, 전쟁과 같은 끔찍한 체험을 통해서 영적인 체험을 한 자에게 관심을 돌리고, 그 영혼의 체험을 그들의 작품 속에 반영하고 있다. 특히 이들은 인도문학과 중국문학, 동양종교에 관한 서적들이 번역되어 나온 이후로 동양문화를 그들의 작품 속에 깊이 수용한다. 프란츠 베르펠와 알프레드 되블린 등이 대표적이며, 특히 되블린의 작품 『왕룬의 세 도약』속에는 동양의 도가사상을 작품에 기조사상으로 수용하고 있으며, 동양적 인간상을 형성하고 있다.

또한 동양에 매료된 일단의 프랑스 문학인들은 일본 선시인 하이쿠를 읽고 또 연구를 통해 스스로 선시를 시도하기도 하고, 연구자들은 다다이즘과 초현실주의의 본질과 선의 본질의 유사성을 설명하기도 한다. 트리스탕 차라는 불교적인 초월과 무의미한 '다다'의 관련성을 명시하였다. 특히 깨달음을 궁극의 목표로 하는 선적 사유의 본질인 동시에 방법인 선문답의 과정과 앙드레 브르똥이 명시한 초현실주의 시의 방법인 자동기술법과의 유사성 혹은 동질성에 연구가들은 주목하였다.[6]

사실 표현주의나 초현실주의는 유럽인들이 가지고 있던 연속성, 우주법칙, 인과관계 등 기계론적인 고전적인 개념을 파괴한 것은 사실이다. 또한 간결하며 애매한 어휘로 사물을 표현하려는 것도 그들의 명료성과 정확성을 추구하는 전통을 부정하는 것이다. 결과적으로 20세기 유럽의 언어 세계에서는 '모호성', '불확실성', '다의성' 등의 단어들이 키워드로 등장한다.

2.2. 스페인으로의 유입

20세기에 들어서 유럽, 특히 프랑스의 문학적 유행은 <세계의 문학>이라는 이름으로 스페인에 수입된다. 스페인의 작가들은 프랑스의 새로운 철학과 시학을 무조건적으로 도입 하면서 그들과 동시적인 글쓰기를 지향한다.

새로움을 추구하는 스페인의 소설가들은 감각적이고 초현실적인 표현주의, 미래주의, 입체주의, 다다이즘, 초현실주의뿐만 아니라 프랑스

---

6) 이에 대해서는 국내에서 많은 연구들이 이뤄졌는데, 그 중에서도 대표적인 연구들로 다음과 같다: 「불란서 상징주의와 극동의 선에 대한 고찰」(유평근, 1991년), 「선문답에 대한 라캉식의 해석」(임진수, 2003), 「서양문학에 비친 동양의 사상」(2000), 「근대 현대 유럽에서 "동양" 수용」(김남연, 2002), 「구한말에 나타난 한국관련 프랑스 문헌과 오리엔탈리즘」(이은숙, 2004), 「말라르메와 불교 예비적 고찰」, 「노장의 틀로 읽는 보들레르의 심층수사학」

에서 유행한 하이쿠와 에즈라 파운드의 이미지즘을 직접적으로 수입하면서 소설적 미학으로 삼는다. 이들은 옥타비오 빠스가 말하는 <모든 이들과 동시대에> 속하고자 하는 욕구로 동시대적 사고에 대한 그들의 놀라운 믿음을 추구한다.

그러면서 스페인 문화에 있어서 선적 사유는 이들을 사로잡는 매력적인 사유 방식이 된다. 스페인 사람들은 선을 종교, 철학 등 여러 의미로 받아들이면서 선적 사유에 열광한다. 동양하면 신비에 둘러싸인 세계이고 동양의 도승들은 초인적이 모습이라는 이미지로 바라보던 스페인 사람들이었지만 이제 선의 정신이 주는 매력, 도덕 윤리를 초월해서 정신적 자유의 가능성을 찾는다.

스페인의 대표적인 철학자인 오르떼가 이 가셋의 진리 포착의 방법과 선불교의 각(覺)의 순간과 유사하다고 한다. 칼 융, 에리히 프롬, 로버트 린센처럼 선불교의 영향을 받은 사상가들, 스즈키, 블리드처럼 선불교의 소개자들은 스페인에서 어느 사상가들보다도 많은 인기를 누린다.

또한 후안 라몬 히메네스, 라몬 고메스 데 라 세르나의 작품에서도 불교적 체념과 윤회 사상, 각(覺)이라는 개념의 찰라성과 우발성은 작품을 통해서 형상화 되었다.[7] 이것들은 선불교적 향기를 내뿜으면서 감각적이고 동시에 지적인 형체로 모습을 바꾼다. 물론 선은 어느 지각의 상태로 설명될 수 있는 것은 아니다. 그러나 이성 중심적인 문화에서 자란 그들의 눈에 비친 그것은 어떤 초월적인 지(知)로 생각되었을 것은 자명한 사실이다. 그들의 이런 생각은 시와 에세이에서 그대로 표현된다. 예를 들어 후안 라몬 히메네스의『갓 결혼한 시인의 일기』에서 찰라이면서 영원인 지금 여기의 영원을 적는 것이라고 이야기한다.

---

7) 이에 대한 좋은 선행 연구로 김현창, 『세계 문학 속의 동양 사상』(11장), 민용태, 『서양 문학 속의 동양 문학』(6장)가 있다.

확실한 것은 위에서 언급한 유럽의 사상가들과 시인들의 사상을 받아들여 새로운 시각으로 세상을 바라본다는 점이다. 이는 스페인의 작가들도 유럽의 이런 흐름을 받아들이면서 선에서 그 대안적 가치를 추구 하는 것이다. 그리하여 20세기 스페인의 새로운 문화 운동의 근저에는 선 시적 사고 같은 동양적 세계관이 이미 광범위하게 퍼지게 되었다.

가톨릭적 전통이 유럽의 어느 나라보다도 강했던 스페인에서 종교적 전통에서 벗어나 새로운 감각을 추구하고 표현하는 것은 과거와 단절하는 것이다. 하나님이라는 절대적인 존재와의 영적 합일을 통해서 완성을 추구하는 가톨릭의 신비주의적 전통이 뿌리 깊은 나라에서 인간 내부의 깨달음과 그 각(覺)에서 득도를 추구하는 동양적 매력을 받아들이는 것은 놀라운 변화이다. 당대 사람들에게 신이라는 절대적 존재와 결별하고 인간 내부의 비움을 통해서 인간의 완성을 추구하는 선은 새롭고 환상적이었다. 그들에게 선의 비논리성, 역설, 자유정신, 생의 통찰력에 대한 예지는 새로운 시대를 설명해 주는 마술로 다가온다.

3. 아소린의 구체적인 표현 양상들

3.1. 전통적인 사실성과의 단절과 순간성

선의 특징은 자아의 각(覺)을 추구하는 것이다. 그 중심체는 '나'이고, 부처도 내 속에서 찾는 것이다. 후안 라몬 히메네스 같은 이는 자기의 본 모습을 찾기 위하여 내적인 자기 성찰을 했는데, 이는 그의 시와 사상을 이해하는 데 있어 중요한 출발점이 된다. 부처의 '천상천하에 유아독존'이라는 말은 지극히 역설적이면서 이기적인 말이다. 즉 깨달음의 출발점은 나로부터라는 점, 내 속에 견성성불 할 수 있는 모든 가능성과 잠재력이 있다는 점이다. 각에 의하여 성취한 지식은 모든 논리적 논증을 초월한다. 순간을 포착하는 것이 간결한 시를 노래함이요, 하이쿠며 선인 것이다. 후안 라몬과 마찬가지로 아소린도 말할 수 없는 것에 대한 명상의 상태가 신비주의요, 자아의 발견이며 자연의 포착이다라고 받아들인다. 우리가 안다고 생각하는 실재와 모른다고 믿는 초월적인 것에 관한 우리의 명상과 창조로 인하여 시는 깊고도 내밀하게 우리의 내부에서 합일하는 것이다. 이런 실재와 초월적인 것에 대한 명상과 창조는 시와 우리의 합일을 가져온다고 아소린은 말한다. 우리 내면에서 말로 할 수 있는 것과 없는 것, 현상으로 나타나는 것과 초월적인 것의 결합을 실현한다는 것으로 이는 선의 공사상, 즉 공은 내재도 아니요, 초월도 아닌 두 가지가 동시에 하나로 된 상태라는 개념을 말하는 것이다. 다시 말해 색즉시공, 공즉시색인 것이다. 아소린에게 그의 소설 속에 무수히 반복되고 있는'나'는 이기적 부동의 나를 극복하려고 고단한 노력을 하는 나이며, 나아가서 우주와 합일하려는 '나'인 것이다.

간결 명확하고 생과 시간에 대한 예지가 번득이며 현세의 지혜를 뿜어내는 작품들, 일정한 플롯이 없이 소설의 주인공도 존재하지 않고 극적인 행동이나 사건도 없다는 점에서 보면 그의 소설의 모더니즘적 성격이 드러난다. 또한 언어적 도구성이나 인습성에서 벗어나 간결한 직관적 언어를 선호하는데, 이런 언어관은 내면의 감각적 삶에 의미를 부여하는 선적 특징이기도 하다. "시간과 공간 서술, 사건, 상황과 인물을 파괴해 버리는 소설로 특징되는 점 때문에 이해되지도 않고 가장 자리에 위치하게 된다. 단어들 또는 가볍고 제 멋대로 정신을 재현하는 것의 순수한 조합으로서, 소설 그 안에 갇혀 있는 소설은 현실에서 문학으로 복사되는 사실들을 다룬다.[8]) 그의 소설들의 이런 특징들은

8) José Payá Bernabé y Antonio Díez Meiavilla(coordinación, *Anales Joséianos*, Num. 2, Alicante, Casa-Museo Azorín, 1985, p.139.

프루스트의 『잃어버린 시간을 찾아서』가 떠오르게 만든다. 전 세기와 단절한 그의 소설의 혁신성에 대해서 뻬레스 로뻬스는 『안또니오 아소린』이라는 소설의 서문에서 다음과 같이 설명 한다. "1903년에 『안또니오 아소린』은 출판되었다. 사상적, 미학적으로 뿌리로부터의 혁신이라는 점을 결정적으로 확인 해주었는데, 이는 작가가 새로운 세기로 가는 과도기에서 경험했던 것이었다. 1년 전에 출판된 『의지』는 여전히 아직은 불안 하지만, 명백히 다르다는 것을 입증해 주었다."[9)]

현실의 순간성과 영원한 순간 같은 개념은 소설에서 본격적으로 표현되는데, 현실은 허상이며 순간적으로 나타났다 사라지는 그림자로 여겨진다. 눈앞에 나타났다 사라지는 현실을 직감으로 포착하는 것이 선이고, 이를 문자화 하는 것이 문학이라고 한다면 그의 소설은 전형적으로 선적 사유와 일치한다. 자아라는 것은 끝없는 환상의 일시적인 총합체, 하나의 환각의 껍질, 곧 부서질 물거품이다. 이 환상적인 자아가 본질 세계에 접근하는 방법은 직감적이고 무감각한 무의식적인 어떤 것이다. 현실 세계는 수많은 생각과 행위의 집합체이므로 우리는 그 속에서 어떤 영원한 느낌을 자아가 없는 빈 마음으로 받아들여야 한다. 소설은 그 순간의 사물의 영원한 생명적인 본질을 사심 없는 무아의 경지에서 포착하는 작업이다. 리빙스턴은 그의 소설 속의 영원성과 순간성의 조합에 대해 다음과 같이 설명 한다. "감성의 마법만이 분리되지 않는 전체성에 덧없음과 영원성을 통합할 수 있다. 아소린은 모든 것과 무, 영원과 너무나 덧없는 순간의 조합이 어떻게 실현될 수 있는지를 보여준다. 지속적으로 출발하는 시계의 똑딱 소리는 그 이미지를 보여 주는 예이다. 이 시계 소리는 시간의 흐름을 나타내는 좋아하는 상징을 형성한다."[10)]

---

9) José Martínez Ruiz, *op. cit.*, p.11.

10) León Livingstone, *Tema y Forma en las novelas de Azorín*, Madrid, Gredos, 1970, pp.129-130.

결국 경험론이나 실증적, 과학적 지식으로 만족하지 못하는 사람들이 최고의 상태에 다다르기 위해서는 감정의 지배를 받는 것이며 내면의 자아를 발견하는 것이다.

> "멀리 떨어진 그곳에서 가느다란 실을 통해서 전달되는 것처럼 혼돈스럽고, 정의할 수 없지만 내가 느끼는 대로의, 내 기억 속에서 돌아다니는 이런 감성을 그대로 놔두는 것이 나를 즐겁게 한다."[11)]

이성에 바탕을 둔 정확성과 법칙성이 아니라 꿈 상상, 열망으로 자아의 본성을 깨우치는 것이다. 깨달음은 열정과 감성이지 사실적이고 일관된 설명이 아닌 것이다. 이성에 기대어 모든 것을 설명하는 것이 아니라 떠다니는 구름을, 흔들거리고 있는 나뭇잎을 조용히 바라보는 것에서 순간적인 우연적인 깨달음의 기쁨을 얻을 수 있는 것이다.

> "본질은 유일하고 영원하다. 현상들은 본질의 유일한 표현이다. 현상은 나의 감성이다. 그리고 나의 감각에 의해 제한 받는 감성은 감각 그 자체처럼 허위적이고 우연적인 것이다."[12)]

진리를 발견하기 위해서는 인간과 자연 사이에 놓여 있는 순수함을 느끼고 내면의 기쁨을 체험하는 것이다. 신의 지혜에 도달하려 한다든지 구원을 지향하려 했던 삶에 대한 시각의 실현에 대한 부정이기도 하다. 이에 병들어 가는 인간성을 회복하고자 이성의 눈으로만 세상을 바라보는 인간상을 부정하고, 자신 내부에서의 신비스러운 열정을 느끼려고 한다. 20세기 암울하고 어두운 시대를 극복할 수 있는 새로운 인간상으로서 말이다.

---

11) Azorín, *Las Confesiones de un Pequeño Filósofo*, en *Obras selectas*, Madrid, Eosgraf, 1969, p.256. 이 후 작품 인용은 이 선집에서 인용함.

12) Azorín, *Voluntad*, p.78.

"아, 지성은 나쁜 것이다…이해하는 것은 슬퍼지는 것이다. 지켜보는 것은 사는 것을 느끼는 것이다… 그리고 사는 것을 느끼는 것은 죽음을 느끼는 것이고, 또한 우리들 모든 존재와 허무의 신비스러운 바다를 향해 우리들을 둘러싸고 있는 것들의 냉혹한 진행을 느끼는 것이다…"13)

위 인용문은 인간 이성에 대한 부정이며, 이성적인 것은 현실적인 것이라는 헤겔주의적 사고에 대한 거부이다. 자기를 명확한 언어로 표현하는 것은 불가능하다. 그러나 사람들은 이런 표현에만 관심을 쏟고 이런 행위를 본질에 대한 추구로 착각하고 있다. 아소린은 논리적인 언어적 틀을 넘어서는 감성과 열정을 추구함이 우리를 더욱 풍요롭게 만들어 준다고 한다.

"감성은 인식을 만들어낸다. 인식은 세상을 창조한다. 이미지보다 더 현실적인 것은 없고 인식보다 더 생명력 있는 것도 없다. 내적 현실이 외적인 것과 쌍을 이루지 못하는 것은 중요하지 않다. 더 강렬하다면 실수와 진실은 무관하다. 이미지가 모든 것이다. 그리고 가장 제정신인 것이 가장 미친 것이다."14)

그런 변화를 통해 새로운 자신을 창조한다. 자신이 끊임없이 변한다는, 그래서 부동적인 것은 하나도 존재하지 않으며, 끊임없는 변화와 창조의 과정 속에 진리가 있다. 끊임없이 흐르는 강과 구름은 그의 이런 사상을 표현해주는 가장 적당한 상징물로 표현 된다. 물론 그의 소설 속에서 자연은 어린 적 뛰놀던 추억이 서려 있는 아름다운 추억을 떠오르게 하는 매개물도 아니며, 정확하게 묘사를 해서 그 기록으로 남기고 싶을 정도로 매력적인 공간도 아니다. 오히려 일상에 평상심을

13) *Ibid.*, p.118.
14) *Ibid.*, 78.

가져다주고 겸손한 마음으로 내면으로의 침잠, 분열 되어 있던 자아의 통일이 생의 기쁨을 누릴 수 있게 해 주는 공간이다.

> "외적 현실의 자료들은 산재하고 가끔씩은 혼돈스럽고, 연대기적인 연속성과 공간적인 통일성은 기억과 욕망에 의해 지배되는 회고적이고 투사를 통해서 조각나고, 담화는 그림으로 책의 장식으로, 또 휘갈겨 쓴 기록으로 쪼개진다."15)

그러므로 참된 자기를 발견하기 위해서는 언어에서 해방돼야 하고 이성 위주의 개념적 사고에서 벗어나야 한다. 그 휘광으로 우리를 고정시키고 불변하게 만드는 지식, 모든 것을 수학적이고 구체적으로 사고하게 만드는 이성에서 벗어남이다. 위의 인용문들을 통해서 볼 수 있는 것처럼 생의 적극적인 긍정, 비자아적 색채, 순간성, 갑작스러움 등은 그의 선적 소설을 특징짓는 키워드가 된다.

3.2. 자연과의 합일

앞 장에서 살펴본 것처럼 사물의 순간성과 직관성에 의미를 두고 세계를 해석하는 것이 그의 정신적 세계를 특징짓는 태도라면 자연과의 조화와 합일을 추구하는 것은 자기를 둘러 싼 현실 세계을 바라보는 태도이다. 아소린은 자연에 대해 정서와 감성을 표현하였으며, 이런 관점에서 그의 작품을 바라보면 그의 작품은 소설이라기보다는 동양적 관념으로 가득 찬 에세이 같다. 사건의 전개에는 거의 관심을 나타내지 않고 삶의 의미를 자연을 통해서 시적으로 표현한다. 그에게 있어 자연은 문학적 표현의 공간이자 언어적, 시적 표현의 주된 요소로 작용면서 그가 살고 있고 숨 쉬고 있는 현실의 모순을 초월하는 미의 세

15) Azorín, *Superrealismo* (ed. Félix Vargas), Madrid, Catedra, 2001, pp.32-33.

계, 정신세계, 주관적 감성의 세계를 구성한다. 인간과 자연의 구분은 사라지고(超然物外), 자연은 인간이며, 인간이 자연으로 동화되는 관점이다. 아소린의 자연에 대한 이런 성격에 대해서 리빙스톤은 다음과 같이 설명한다. "사실, 심리적인 것의 중요성처럼 액세서리 역할에서 중요성으로 풍경의 고양은 근대 문학의 가장 중요한 혁신으로 아소린 자신이 생각했다."[16] 그에게 있어서 자연은 인간이 인위적으로 변화를 시도하는 대상이 아니며, 오히려 자연을 이루고 있는 강, 물, 나무 같은 것들이 세상을 이루는 본질적인 것이다.

자연과의 조화를 통해서 선적인 깨달음에서 추구하는 이러한 동화 및 합일의 경지를 보여주고 있다. "풍경의 감정의 진정한 어조는 독립적인 사실주의의 하나의 요소가 아니라 – 물질적, 심리적, 사회적으로 – 스페인의 환경 그 전체의 재현하는 통합적 부분으로, 스페인의 환경은 소설의 구성하는 부분이고 일반적으로 아소린의 중요한 노출이다.[17] 워즈워드가 어린 시절의 무지개를 쫓아다니던 순수성 상태, 이런 소박한 마음을 가지고 자연을 바라볼 때처럼 자연은 순수한 의미로 묘사한다. 자연을 바라볼 때 그는 종교적 구도자 같이 엄숙하게 바라보기도 하며, 새로운 감성으로 자연의 영원한 신비를 깨닫고 생의 진리를 채득하려고 한다. 자연의 순수한 상태에서 최고 존재성을 발견하려는 점에서 선과도 유사하다. 자연과의 일치를 경험한 그는 자연과 일체가 됨으로써 그의 내면은 깨달음의 기쁨에 빠진다. 미와 우주적 조화, 자연과 인간의 조화를 강조하는 시각은 선에서 자연을 바라봄과 그 내용과 용어가 유사하며 상응하는 점이 많다. 즉 자연은 외부 세계의 대상을 마음속에 담아내는 것이며 자연은 인간 의식의 반영인 것이다.

선적 진리의 발견과 깨달음을 위해서 마음과 자연이 일치하는 것을

---

16) León Livingstone, *op. cit.*, p.96.
17) *Ibid.*, p.97.

추구하는 것은 시사하는 바가 크다. 자연 앞에서의 겸허함이며, 자연 속에서 언어를 초월하는 진리성, 선적 진리의 암시성, 언어적 표현을 넘어서는 절제성을 깨닫는다.

무상한 세계에서 신의 의지에 따라 작동되는 자연과 세계가 아니라 인간과 자연의 화합을 추구하는 자연의 세계이다. 사실 서양 전통에서 자연은 항상 하위 개념이었다. 이 점에 대해 김인수는 이렇게 설명한다. “자연도 신의 하위 개념이다. 그러므로 진리(형이상학)도 가치(도덕)도 모두 신의 절대적 권위와 일치할 때 비로소 의미를 지닌다. 다시 말하면 하나의 절대 불변의 법法이 존재함으로써 이 세계는 존재할 수 있는 것이다.”[18] 이런 전통적인 자연에 대한 시각을 정면으로 부정하고 전통적인 인식이나 관념을 깨는 것이다. 자연에 친화감을 가지고 다가감이고, 순수한 사랑으로 자연과의 관계를 지향함이다. 관찰자가 관찰 대상자가 되고, 수평적 관계를 형성하고, 전통적 개념과 진리로 해결할 수 없는 새로운 시대를 열어주는 지적 태도인 것이다. 순수심으로 보는 자연에 대한 이런 관점과 태도가 선적 사유의 연장선인 것이다.

자연 속에서 직관적 사유를 통해 실체와 허상의 구분을 없애고 자연에 빠져듦으로써 우주의 무한함과 인간의 유한함, 인간의 왜소함을 자각하는 것이기도 하다. 자연 속에서의 왜소한 자기 존재의 의미는 자연과 조화를 이루면서 두려움을 떨쳐버리고 새로운 합일을 이룬다. 이는 자연과의 조화이며 만법귀일의 현상이다.

선에서 자연은 본질적인 요소이고 자연과의 합일은 윤리학적인 본성이다. 자연이 배제된 관념이나 존재는 성립이 안된다. 오감을 통해서 느끼는 자연, 이를 통해서 지금까지 간과했던 자연이 의미를 획득하며 자연에 내재되어 있는 영혼이 드러난다. 이때의 최고의 순간이 기독교

---

18) 한림대학교인문연구소 엮음, 김인수, 「불교의 선시와 허무주의의 순수시」, 『서양 문학에 비친 동양의 사상』, 서울: 예문서당, 2000, 224면

로 말하면 신비주의의 합일의 순간이고 선으로 하자면 깨달음의 순간이다. 한태호는 선에서의 자연의 의미에 대해 이렇게 같이 이야기 한다: "선시는 이러한 자연미를 칭송하고 몰입하는 기쁨을 기본으로 한다. 모든 자연과 삶 자체는 곧 기쁨이 되며, 자연을 닮고 그 속에서 녹아드는 것이 선이 기본 도이다. 자연 속이 미를 내재화하면서 인간은 신의 아름다움을 배우며 닮아 간다."[19] 결국 논리와 서구적 과학 세계의 한계를 인정하고 정신과 감성의 소박함과 겸손함으로 자연과 소통하고 내재하는 본원적 존재를 깨닫게 되는 것이다.

자연은 인간의 마음속에서 상징적으로 존재하는 대상이고, 상상력에 의해 변형되는 대상이다. 결국 그의 감성이 투영되어 재창조되고 재구성되는 자연에 대한 사상은 동양적 감수성을 드러낸다. 자연의 최고의 미를 묘사하는 데 인간이 발명한 최고 도구인 언어의 장점과 도구성에 한계를 느끼고, 표현 할 수 없음을 인정하고, 자연 앞에 침묵과 겸허함으로 받아들이는 것이다.

관념적 명상을 통한 자연과의 진실된 교감은 자유로운 영혼, 평안한 영혼이 된다. 그는 자연을 통해서 철학적 관념화를 꾀하는 게 아니다. 오히려 덧없는 세계에서 세계와의 집착을 끊은 상징이며 지적 깨달음이다. 사는 것은 시간이 지나 가는 것을 보는 것이며 영원히 반복되는 것이다. 그리고 우리들이 느끼는 모든 것은 반복될 뿐이다. 그런 사실을 구름과 바다를 보면서 깨닫는 순간 세속의 집착에서 벗어 날 수 있다.

> 구름은 불안정감과 영원의 느낌을 준다. 구름은 바다처럼 항상 변하고 또 그대로이다. 구름을 보고서 우리들의 존재가 어떤 것이고 모든 것은 무를 향해서 흘러가고 있다는 것을 느낀다. 그렇게 덧없는 구름은 영원이 변함이 없다. 지금 보고 있는 구름을 200년, 500년, 1,000년, 3,000년 전의 사람들이 우리들과 똑같은 감정과 고뇌를 가지고서 바라

---

19) 위의 책, 한태호, 「에머슨의 자연론과 미국시: 선禪선 전통」, 171면.

봤다.[20]

이런 합일에 도달하기 위해서는 자신의 영혼은 맑고 순수해져야 한다. 진보의 불안감에서 벗어났기 때문에 변하면서도 반복되는 자연의 세계에 빠져들 수 있는 것이다. 결국 자연과의 합일이 그를 구원해 주고, 어떤 이념적인 확신이나 다른 단계로 올라가고자 하는 욕망에서 벗어나게 해 준다. 변화와 무상의 현실 세계에서 벗어나는 것이다. 자연과 조화를 이루고 소통한 순간부터 이제 그에게 인생은 더 이상 고뇌가 아니다.

또한 언어성의 한계와 최고성에 대한 회의에서 자연과의 소통의 강조는 물질과 정신의 대비의 타파, 자연을 통한 영원한 순수성의 회복 등을 가능케 해 준다. 깨달음을 재현 할 수 있다는 언어의 합리적 도구성에 대한 회의는 허무주의로 이끌 것이다. 그러나 자연에 묻혀 조화를 추구하고 무위적인 삶을 추구하면서 언어적 도구성과 합리성을 치유하는 의미를 가지게 된다. 거대한 자연 과의 교감은 언어를 버림으로써 깨달음을 추구하는 언어 외적 언행이고 탈교의적 자세이다. 자연과 현실에 조화를 두고 회귀하는 존재성에서 정신과 지상의 삶의 조화, 자연의 불변의 진리를 포착하는 것이 선적 명상이자 언어적 한계성에 대한 해법인 것이다.

> "예술가의 한도가 주는 것은 그의 자연에 대한 감정, 풍경에 대한 감정이다… 작가는 풍경의 감동을 더 잘 해석할수록 더욱 뛰어난 예술가이다… 완전한 감동으로, 거의 완전히 근대적인 감정이다."[21]

이 말은 언어 타파, 기존 설법의 부정과 그 의미가 통한다. 선적 사

---

20) Azorín, *Castilla*, p.454.

21) Azorín, *voluntad*, p.99.

고는 이성과 지성을 넘어서는 것이며 망각하고 있는 자연의 진리를 상징과 언어로 포착하고자 한다. 그렇게 언어를 통해서 표현된 자연은 추상적인 사고, 교조적인 사고, 경전의 신비화에 지친 인간을 감싸주는 공간으로 다가온다. 그렇다고 인간에게 현실적으로 유용한 지식이나 지혜를 궁극적으로 제공하는 것은 아니지만 말이다.

자연에 대한 그의 이런 해석은 그만의 독창적인 사고라기보다는 당시의 유럽과 스페인에서 퍼져 있던 선적 사유의 시각에서 바라본 인식틀이기도 한다. 순수한 영혼과 마음을 갖고 자연을 바라봤을 때 자연은 생의 진리에 대해 해답을 준다는 선적 관점은 아소린의 소설을 통해서도 보여주고 있는 것이다. 이는 직접 몸으로 생의 진리를 깨닫는 것이고 기독교적 전통을 거부하고 새로움을 깨닫는 길이기도 하다.

4. 결론

비평가들은 아소린을 98세대의 역사적·사회적 문제 제기로서의 글쓰기를 시도한 작가와 20세기의 새로운 언어체계와 문체적 혁신을 이룩한 작가라는 양 극단에서 평가한다. 본 글은 후자의 관점에 동의하면서, 20세기 유럽에서 유행했던 철학과 모더니즘적인 글쓰기를 스페인에 수입한 작가로서 아소린의 소설을 읽고자 했다. 그의 소설은 당시 유럽과 스페인에서 유행한 새로운 지적 흐름을 따랐고, 그가 모방했던 인식 체계는 선적 특징과 일치한다. 그래서 그의 소설은 행동과 줄거리는 거의 갖지 않고 선에서 추구하는 순간성, 모호성, 간결성, 불확실성으로 가득 차 있다.

그러나 엄격히 말해 그의 소설을 가득 채우고 있는 선적인 가치는 선의 수행에서 궁극적으로 지향하는 선의 지고한 깨우침, 정신적 수행, 진지한 구도 같은 정신과는 구분된다. 오히려 유럽에서 유행했던 선적 사유의 틀을 받아들이고 자연과의 교감을 시도했다고 보는 것이 더 정확한 해석일 것이다. 그런 시각으로 그의 소설을 봤을 때는 시대정신에 영향 받아서 간접적으로 표현한 것에 지나지 않는다고 할 수 있다. 그러나 가톨릭적 전통의 뿌리가 너무나 깊게 자리 잡고 있는 스페인에서 선적 사유의 수용과 체화는 유럽의 다른 나라들과 차이를 지닐 수밖에 또 한계를 지닐 수밖에 없는 것은 당연할 것이다. 특히 모순적인 자기 구도법과 공 같은 개념은 너무나 어렵게 느껴졌을 것이고, 그래서 그런 개념의 선적 표현이나 그 형상의 드러냄에는 망설일 수밖에 없을 것이다. 그러나 후안 라몬 히메네스나 고메스 데 라 세르나 같은 당대의 대표적인 작가들이 형상화한 찰라성과 우발성을 접하고 그러한 사유 방식에 매혹되는 순간 선적 사유는 거부할 수 없는 매력적인 인식 체계로 다가 온다.

아소린은 정신적 행복은 사람들 스스로 그들 문명의 한계를 자각하고 그들의 선진성과 현대성이 환상이었음을 반성한데서 출발한다고 말한다. 그래서 적어도 정신적 차원에서 동양적인 선은 현대적이고 미래를 제시적일 수 있다는 가능성을 본다. 불안한 현실을 벗어나려는 초월적 공간을 추구하는 것이 아니라, 현실에서 자족하고, 자연에 묻혀서 현실에서 순응하며, 자족적 무위 자연 하는 주정적 감성을 추구하는 것에서 이성 중심적인 사회에 대한 대안적 가치를 발견 한다. 그에게 삶은 순환이며 조용하게 움직이는 자연의 변화와 그에 대한 인간 의식의 대응하려는 현실 인식이며, 자기 속에서 진리를 찾으려는 자기중심적인 노력이며, 세상에 대한 이런 태도는 선에서 추구하는 가치인 것이다.

그의 소설은 선의 이런 가치를 표현하기 위해 사변적이며 설명적 언어를 거부하고, 간결성과 상징성, 함축성 등을 지향하는 새로운 언어를 사용한다. 그러나 그의 이런 언어적 세계가 선적 탐구적 수준이나 궁극적인 깨달음이라기보다는 실증주의적 사고에서 탈피하고 관습에 얽

매이지 않는 선적 자유성을 추구하는 수준에 그치는 점은 그의 소설의 한계라고 할 수 있다.

마지막으로 이런 그의 소설은 문명이 서에서 동으로 흐른 것이 아니라 동에서 서로도 흐르고, 흘렀고, 흐를 수 있다는 역설적 문화이동의 모습을 확인해 주었다. '왜 달마는 동쪽으로 갔는가?'라는 질문에 앞서 우리는 달마는 서쪽으로도 갔고, 가야한다는 명제를 극명하게 보여준다고 할 수 있다. 바로 그 점에 아소린 소설 속에 있는 선적 사유는 깊은 의의를 갖는다.

❑ 참고문헌

강영계(2000), 『니체와 예술』, 서울: 한길사.

김진성(1985), 『베르그송 연구』, 서울: 문학과 지성사.

김현창(2000), 『세계문학 속의 동양 사상』, 서울: 서울대학교 출판부.

한림대학교인문연구소 엮음(2000), 『서양 문학에 비친 동양의 사상』, 서울: 예문서당.

Azorín(2001), *Superrealismo* (ed. Félix Vargas), Madrid, Catedra.

Azorín(1987), *Las Confesiones de un Pequeño Filósofo*, Madrid, Espasa-Calpe.

Martínez Ruiz(1991), José, *Antonio Azorín*, Madrid, Catedra.

_______(2001), *Félix Vargas, Superrealismo*, Madrid, Catedra.

_______(1975), *Estructura y sentido del Novecnetismo español*, Madrid, Alianza.

Cejador y Frauca, Julio(1973), *Historia de la lengua y literatura castellana (Época regional y modernista: 1888-1907)*, Madird, Gredos.

Cruz Rueda, Angel (ed.)(1969), *Obras selectas de Azorín*, Madrid, Eosgraf.

Díaz-Plaja, Guillermo(1975), *En torno a Azorín*, Madrid, Espasa-Calpe.

Dobón Anton, Mª Dolores(1996), *El Intelectual y la urbe: Clarín maestro de Azorín*, editorial Fundamentos, Madrid.

Granell, Manuel(1949), *Estética de Azorín*, Madrid, Biblioteca Nueva.

Livingstone, León(1970), *Tema y Forma en las novelas de Azorín*, Madrid, Gredos.

Martínez Cachero, José María(1960), *Las Novelas de Azorín*, Madrid, Insula.

Payá Bernabé, José y Díez Mediavilla, Antonio, (coordinación)(1985), *Anales Azorinianos*, Num. I, II, Alicante, Casa-Museo Azorín.

Pérez López, Manuel M.ª(1974), *Azorín y la Literatura Española*, Salamanca, Universidad de Salamanca.

Riopérez y Milá, Santiago(1979), *Azorín integro, (Estudio biográfico crítico, bioblioteco y antológico)*, Madrid, biblioteca Nueva.

Risco, Antonio(1980), *Azorín y la ruptura con la novela tradicional*, Madrid, Editorial Alambra.

Zulueta, Emilia de.(1974), *Historia de la crítica española contemporánea*, Madrid, gredos.

스페인 문학: 황금세기에서 은의 세기로

초판 1쇄 인쇄 2009년 5월 25일 **초판 1쇄 발행** 2009년 5월 30일
기획학술총서 **한국외국어대학교 외국문학연구소**
지은이 나송주 **펴낸이** 박성복 **펴낸곳** 도서출판 월인
등록번호 제6-0364호 등록일 1998. 5. 4.
주소 142-879 서울특별시 강북구 휜구름길 19-3(수유2동 252-9)
대표전화 (02) 912-5000 팩스 (02) 900-5036
e-mail worinnet@hanmail.net homepage http://www.worin.net

ISBN 978-89-8477-432-2 93870

값 12,000원